FUNDAMENTA JURIDICA
Hannoversche Beiträge zur
rechtswissenschaftlichen Grundlagenforschung

Band 4

Herausgegeben von
Jürgen Frank, Joachim Rückert,
Hans-Peter Schneider und Manfred Walther

Joachim Zekoll

US-Amerikanisches Produkthaftpflichtrecht vor deutschen Gerichten

Nomos Verlagsgesellschaft
Baden-Baden

CIP-Titelaufnahme der Deutschen Bibliothek

Zekoll, Joachim:
US-Amerikanisches Produkthaftpflichtrecht vor deutschen Gerichten / Joachim Zekoll. – 1. Aufl. – Baden-Baden: Nomos Verl.-Ges., 1987.
(Fundamenta juridica; Bd. 4)
ISBN 3-7890-1423-0
NE: GT

1. Auflage 1987

MEINEN ELTERN

Zur Reihe

Die *Fundamenta Juridica* werden Abhandlungen zur rechtswissenschaftlichen Grundlagenforschung vereinigen. Wenn auch die Wissenschaftlichkeit der Jurisprudenz immer wieder umkämpft war und sein wird, wurde doch ebenso hartnäckig über den juridischen Tagesbetrieb hinaus nach Gründen und Zusammenhängen gefragt.

Für Analysen, die derart Gründe und Zusammenhänge aufgespürt haben, wollen die Herausgeber ein hilfreiches Forum schaffen, sie ermutigen und zusammenführen. Gerade an einem auch sozialwissenschaftlich so intensiv ausgewiesenen Fachbereich, wie ihm die Herausgeber angehören, gibt es viel Anlaß und Gelegenheit, im Grenzgang zwischen Jurisprudenz und den gesamten Sozialwissenschaften rechtwissenschaftliche Grundlagenforschung zu betreiben, alte Methoden neu zu erproben und neue kennenzulernen. Aus diesem immer noch jungen Prozeß sind eine Reihe grundlegender Arbeiten hervorgegangen.

Die Reihe *Fundamenta Juridica* soll in Zukunft für solche Studien auch das äußere Band schaffen. Wegen des Tätigkeitsortes der Herausgeber und wegen der beschriebenen Zielsetzung wird es sich vorwiegend um »Hannoversche Beiträge« handeln.

Die Herausgeber

Vorwort

Die vorliegende Arbeit entspricht im wesentlichen der Dissertation, die von dem Fachbereich Rechtswissenschaften der Universität Hannover im WS 1986/87 angenommen wurde.

Auf eine Eingliederung des neugeregelten EGBGB (i.d.F. ab 1.9.1986) habe ich verzichtet, da die Novelle für die hier bearbeitete Thematik ohne Bedeutung ist: Die Vorschrift des Art. 12 a.F. wurde wortgleich unter neuer Nummer (Art. 38) übernommen. Der allgemeine ordre public-Vorbehalt kommt dagegen nun zwar in Art. 6 mit anderen (spezifisch auf die Unvereinbarkeit mit Grundrechten ausgerichteten) Worten zum Ausdruck; eine Änderung des sachlichen Gehalts gegenüber dem in der Arbeit noch zugrundegelegten Art. 30 a.F. bringt die Neuformulierung für die hier interessierenden ordre public-Fragen indessen ebensowenig.

Großer Dank gebührt Herrn Prof. Dr. Harald Koch, Hannover, der die Arbeit mit nie nachlassendem Interesse und profunder Sachkenntnis von Beginn an vorbildlich betreute. Dankbar bin ich auch für die Unterstützung von Herrn Prof. Dr. Dr. Christian Kirchner, LL.M., Hannover, der als stets engagierter Gesprächspartner wichtige Anregungen gab. Ein Stipendium nach dem Gesetz zur Förderung des wissenschaftlichen und künstlerischen Nachwuchses schuf den finanziellen Rahmen, der die kontinuierliche Bearbeitung des Themas sicherstellte. Mein Dank geht deshalb an all jene, die diese Form der Unterstützung möglich machten.

Nicht zuletzt danke ich den Herausgebern der Reihe für ihre Bereitschaft, diese Arbeit darin zu veröffentlichen, sowie Herrn Assessor Frank Lüttig für seine Betreuung des Manuskripts.

Hannover, im Dezember 1986 J.Z.

Inhaltsverzeichnis

1. Teil: Grundlagen

2. Teil: Kritik an der herrschenden Interpretation von Art. 12 EGBGB

1. Teil: Grundlagen

§ 1 Gegenstand der Untersuchung

Der einleitende Satz zu einer Arbeit mit internationalprivatrechtlichem Bezug kann kaum den Anspruch auf Originalität erheben, wenn er den Hinweis auf die Zunahme grenzüberschreitender wirtschaftlicher Aktivität enthält. In der Tat wird so oft auf diese Formel zurückgegriffen, daß sie mit Recht als mittlerweile zum Stereotyp verkommene Einleitung zu kollisionsrechtlichen Abhandlungen gewertet werden darf[1]. Für den Bereich des Produkthaftpflichtrechts – insbesondere wenn die Untersuchung das US-amerikanische System zum Gegenstand hat – besteht gleichwohl kein Anlaß, auf sie zu verzichten. Ungeachtet der wechselhaften Entwicklung des Dollarkurses auf den Devisenmärkten, trifft auch heute noch zu, was schon seit einiger Zeit gemeinhin angenommen[2] und statistisch bestätigt[3] wird: Der ausgesprochen positiven Handelsbilanz der Bundesrepublik Deutschland steht ein nach wie vor hohes Handelsdefizit der USA gegenüber, und ein Blick auf die Richtung der Warenströme verdeutlicht, daß die Vereinigten Staaten zu einem der bedeutendsten Abnehmer bundesdeutscher Produkte aufgestiegen sind. Die offensichtlich unvermeidbare Begleiterscheinung – eine ebenfalls anwachsende Rate von Schädigungen, die von Produkten ausgehen und den Endverbraucher treffen – tritt in einem Land auf, dessen Produkthaftpflichtsystem durchaus eine führende Stellung in der Welt zu attestieren ist. Eine scheinbar unübersehbare Zahl von veröffentlichten Entscheidungen, die in den Einzelstaaten unterschiedlich rasch verlaufenden Entwicklungen zu neuen, strikteren Haftungsregeln und Urteile, die vielfach weitaus höhere Schadensersatzsummen den Produktgeschädigten als hierzulande zusprechen, sind noch immer geeignet, Erstaunen, wenn nicht gar Unverständnis und Ablehnung[4] beim ausländischen Beobachter auszulösen.

Dort, wo es sich bei diesem Beobachter um den deutschen Richter handelt, liegt der Ausgangspunkt der vorliegenden Arbeit. Es soll den Problemen nachgegangen werden, die sich dem deutschen Rechtsanwender stellen, wenn er vom Kollisionsrecht in die USA geführt wird, das dortige Produkthaft-

1 *Birk*, Mitbestimmung und Kollisionsrecht, RIW 1975, 589
2 Vgl. *Gehrmann*, Ein unheimlicher Boom – Das Exportgeschäft übertrifft alle Erwartungen, Die Zeit vom 12.10.1984, 25 f.
3 Vgl. Statistisches Jahrbuch für die Bundesrepublik Deutschland – 1984, 566, 740 ff.
4 Zuletzt *von Hülsen/Brüning-Brinkmann*, Produkthaftung USA 1983/84, RIW 1985, 187 ff.

pflichtrecht hier anwenden und gleichzeitig eine Schranke berücksichtigen muß, die das deutsche Recht dem amerikanischen Deliktsstatut in Form der Vorbehaltsklausel des Art. 12 EGBGB setzt. Nach dieser Vorschrift können gegen einen Deutschen, der eine unerlaubte Handlung im Ausland begangen hat, nicht weitergehende Ansprüche geltend gemacht werden, als nach deutschen Gesetzen begründet sind.

Eine kritische Auseinandersetzung mit Art. 12 EGBGB[5], der in der Praxis zu einer schematischen Abwehr ausländischen Rechts geführt hat, im Rahmen amerikanischen Produkthaftpflichtrechts vorzunehmen, erscheint auch deshalb reizvoll, weil sich gerade hier aufzeigen läßt, was im Rahmen rechtsvergleichender Arbeiten zwar anerkannt scheint[6], was die deutsche Rechtsprechung bislang aber kaum für Art. 12 EGBGB beachtet hat: Die Notwendigkeit, sich von einer auf das materielle Recht beschränkten Betrachtungsweise zu lösen und andere Faktoren mit einzubeziehen, um den tatsächlichen Gehalt ausländischen Sachrechts ermessen zu können.

Das wird in den USA besonders deutlich, wenn man sich das schwach entwickelte System sozialer Sicherung bewußt macht, das zu einem steten Zuwachs von Produkthaftpflichtklagen geführt hat, denen damit schon seit geraumer Zeit eine quasi – Ersatzfunktion zugewachsen ist. Wie diese Interessenlage auf das materielle Recht durchschlagen konnte, ist darüber hinaus nur verständlich, wenn man sich auf die Ebene des Prozeßrechts begibt.

Das amerikanische Produkthaftpflichtrecht verdankt seine einzigartige Entwicklung insbesondere einigen prozeßrechtlichen Rahmenbedingungen, die in ihrer Tragweite hierzulande kaum[7] bekannt sind. Die Bedeutung dieses prozessualen Rahmens für die individuelle Geltendmachung und Durchsetzung von Ansprüchen wird Gegenstand einer umfassenden Untersuchung

5 Nach dem IPR-GesetzE von 1983 soll Art. 12 unverändert in die Neufassung des EGBGB als Art. 38 übernommen werden: BR DruckS. 222/83, Art. 1 Ziff. 5. Als Motiv wird angeführt, daß man einer Gesamtneuregelung des Kollisionsrechts nicht vorgreifen wolle; BR DruckS 222/83, 34. Ein erster Referentenentwurf aus dem BMJ vom 15.05.1984 zur Neuregelung der außervertraglichen Schuldverhältnisse und Sachen im IPR (dazu *Spieckhoff*, VersR 1985, 124 f.) will die Vorschrift ersatzlos streichen. Ein entsprechender Regierungsentwurf liegt bislang jedoch noch nicht vor.

6 Vgl. etwa *Großfeld*, Probleme der Rechtsvergleichung im Verhältnis Vereinigte Staaten von Amerika – Deutschland, RabelsZ 39 (1975), 5 ff.

7 Prozeßrechtliche Institute werden in den einschlägigen Abhandlungen meist ausgeklammert oder nur vereinzelt und ergebnisorientiert zitiert. Vgl. dazu z.B. *von Hülsen/Brüning-Brinkmann*, a.a.O., 188, die sich zum Verhalten von Laienrichtern im amerikanischen Zivilprozeß äußern. Danach seien die ausgeurteilten Schadensersatzbeträge so hoch, weil die Juroren wüßten, daß ein wesentlicher Teil der dem Kläger zugesprochenen Summe dem Klägeranwalt als Erfolgshonorar zufließe. Belege für diese Annahme bleiben die Autoren freilich schuldig.

sein; denn diese Bedingungen fehlen im deutschen Verfahren, in dem materielles amerikanisches Recht anzuwenden ist.

Zu diesen prozessualen Instituten zählt das ›trial by jury‹, d.h. die außerhalb der Vereinigten Staaten unübliche Geschworenenbank im Zivilprozeß und deren besondere Bedeutung für den Ausgang von Produkthaftpflichtfällen. Es soll u.a. überprüft werden, ob sich die oft vertretene Meinung halten läßt, die Jury schaffe ein unternehmerfeindliches Sonderrecht in Produkthaftpflichtprozessen, indem sie tendenziell zu Gunsten des geschädigten Verbrauchers entscheide.

Mittelbar gehört auch das spezifische Richterbild im amerikanischen Zivilprozeß hierher. Die gerade in den höheren Instanzen anzutreffende Innovationsfreudigkeit des Richters als ›social engineer‹[8] drückt sich augenfällig in einer Vielzahl von Entscheidungen aus.

Ein weiterer prozeßrechtlicher Anknüpfungspunkt im Zusammenhang mit der Entwicklung des Produkthaftpflichtrechts und dessen rechtstatsächlicher Bedeutung findet sich im amerikanischen Kostenrecht und in der Rolle der Anwaltschaft: Anwaltschaftliches Erfolgshonorar (das Schadensersatzsummen in die Höhe treiben soll), die Möglichkeit des Anwalts, intensiv mit Werbung an die Öffentlichkeit zu treten sowie die von der deutschen Kostenregel des § 91 ZPO grundsätzlich verschiedene Prozeßkostenlast in den USA sind Grundbedingungen für die amerikanische Sonderentwicklung im Bereich der Produzentenhaftung.

Ferner ist auf das amerikanische Beweisermittlungsverfahren einzugehen. Was hierzulande nicht selten als unzulässiger Ausforschungsbeweis bewertet wird, bedeutet für den amerikanischen Zivilprozeß und dessen strenge Beweisregel ein nicht wegzudenkendes Element: ›Discovery‹, ein Beweisermittlungsverfahren, das darauf angelegt ist, den Prozeßparteien umfassenden Zugang zu Beweismaterial bereits vor der Hauptverhandlung zu verschaffen.

Ein Hauptziel der Arbeit ist es mithin zu zeigen, daß es erst die Auseinandersetzung mit dem amerikanischen Sachrecht vor dem Hintergrund seiner sozio-ökonomischen Funktion unter besonderer Berücksichtigung prozessualer Rahmenbedingungen ermöglicht, eine befriedigende Antwort auf die in Art. 12 EGBGB aufgeworfene Frage zu geben, ob der amerikanische Anspruch tatsächlich »weitergeht« und deshalb nicht zum Zuge kommen soll.

Über die Rechtsanwendung hinaus soll ferner auf die Probleme eingegangen werden, die auftreten, wenn die Anerkennung eines amerikanischen

8 *Rheinstein*, Die Rechtshonoratioren und ihr Einfluß auf Charakter und Funktion der Rechtsordnung, RabelsZ 34 (1970), 1, 10.

Urteils aus einem dort geführten Produkthaftpflichtprozeß in der Bundesrepublik Deutschland begehrt wird (§§ 328, 722, 723 ZPO). Die eben genannten prozeßrechtlichen Institute erlangen hier besondere Bedeutung für die in § 328 I Nr. 4 ZPO enthaltene Vorbehaltsklausel, nach der die Anerkennung des Urteils eines ausländischen Gerichts ausgeschlossen ist, wenn sie gegen die guten Sitten oder den Zweck eines deutschen Gesetzes verstoßen würde. Die Untersuchung wird sich auf die Frage richten, ob die prozessualen Besonderheiten des amerikanischen Zivilprozesses dem deutschen prozessualen ordre public des § 328 I Nr. 4 ZPO im Rahmen des Exequaturverfahrens genügen.

Für das amerikanische Beweisermittlungsverfahren etwa gilt es zu prüfen, ob es sich im Widerspruch zum deutschen ordre public befindet, wenn es die (im deutschen Recht durchaus nicht einheitlich verlaufenden) Grenzen der Ausforschung nicht beachtet.

War eine Partei in dem zu begutachtenden Verfahren anwaltlich auf der Basis eines Erfolgshonorarskontraktes (contingent fee arrangement) vertreten, so ergibt sich eine ähnliche Fragestellung : Muß die (volle) Anerkennung des amerikanischen Urteils an § 328 I Nr. 4 ZPO scheitern, weil Erfolgshonorare im hiesigen Zivilprozeß als standeswidrig und normalerweise auch als sittenwidrig nach § 138 BGB gelten?

§ 2 Bestandsaufnahme und Problemstellung

A. Anknüpfungsregeln

Das Einführungsgesetz zum BGB enthält zwar keine direkten Anknüpfungsregeln für Schuldverhältnisse aus unerlaubter Handlung, Art. 12 EGBGB setzt aber stillschweigend voraus, daß unerlaubte Handlungen nach dem Recht des Tatorts zu beurteilen sind[1]. Tatort i.S. dieser inzwischen wohl gewohnheitsrechtlich[2] anerkannten Regel ist sowohl der Handlungs- als auch Erfolgsort[3]. Fallen Handlungs- und Erfolgsort auseinander, dann kommt das dem Geschädigten günstigere Deliktsstatut vorbehaltlich anderslautender Staatsverträge[4] oder Rechtswahlvereinbarungen[5] zum Zuge (»Ubiquitätsregel«[6] verstanden als Günstigkeitsprinzip).

Für Produkthaftpflichtklagen, in denen ein in den USA geschädigter Amerikaner ein deutsches Unternehmen vor einem deutschen Gericht belangt, ist diese Ausgangslage typisch: Handlungsort in dieser Gestaltung ist die Bundesrepublik Deutschland als Herstellungsort des schädigenden Produkts[7], während der Erfolgsort – der Ort, an dem sich das geschützte Rechtsgut zur Zeit der Verletzung befindet[8] – in dem betreffenden Bundesstaat der USA zu sehen ist. Die Anwendung der Ubiquitätsregel[9], ob von Amts wegen oder aufgrund eines vom Geschädigten ausgeübten Wahlrechts[10], kann dann dazu führen, daß materielles amerikanisches Recht im

1 HM; *Palandt-Heldrich* Art. 12 EGBGB Anm. 1; *Firsching*, Einführung in das IPR, § 35 2c; *Neuhaus*, Die Grundbegriffe des IPR, § 11 II 3

2 Vgl. *MünchKomm-Kreuzer* Art. 12 EGBGB RdNr. 35

3 *Soergel-Lüderitz* Art. 12 EGBGB Rz. 1

4 Vgl. *MünchKomm-Kreuzer*, a.a.O., Rd.Nr. 20

5 Zur Zulässigkeit solcher Rechtswahlvereinbarungen BGH NJW 1981, 1606, 1607 = IPRax, 1982, 13 (Benomyl) und *MünchKomm-Kreuzer*, a.a.O., Rd.Nr. 57 ff. m.w.N. aus Rechtsprechung und Literatur.

6 Z.B. BGH NJW 1981, a.a.O.; BGH NJW 1964, 2012 = VersR 1964, 1027, 1028; *Kegel*, IPR,308; *Ferid*, IPR, 6-120

7 Vgl. dazu OLG Karlsruhe, 26.05.1975 in *Schmidt-Salzer*, ES II 417, die soweit ersichtlich einzige veröffentlichte Entscheidung zu der Frage, was bei internationalen Produkthaftpflichtfällen als Handlungsort gilt (Handlungsort = Herstellungsort).

8 *Neuhaus*, a.a.O., § 30 III 1

9 Grundsätzlich bestätigt für Produkthaftpflichtfälle durch BGH NJW 1981, a.a.O.

10 Zu dieser Frage vgl. *Kreuzer*, Apfelschorf im »Alten Land«- kollisionsrechtliche Probleme der Produkthaftung, IPRax 1982, 1,3 f.

deutschen Produkthaftpflichtprozeß gilt, wenn man dieses für »günstiger« befindet[11].

Aber auch Anknüpfungsregeln, die nicht von einer Anwendung der Tatortregel i.S. der Ubiquitätstheorie ausgehen[12], sind im Ergebnis vielfach identisch. So soll Deliktsstatut zwingend etwa das Recht des Kauf- und Vertriebsorts sein[13], oder Schäden, die bei einem vertraglich ungebundenen Dritten (bystander) auftreten – ein namentlich im amerikanischen Produkthaftpflichtrecht durchaus häufiger anzutreffender Fall – dem Recht des Unfallorts unterstellt werden[14].

Darüber hinaus würde die am 1.10.1977 in Kraft getretene, von der Bundesrepublik Deutschland noch nicht gezeichnete Haager Konvention vom 2.10.1973 über das auf die Produkthaftpflicht anwendbare Recht[15] der Anwendbarkeit amerikanischen Rechts in der o.g. Fallkonstellation nur in den wenigsten Fällen widersprechen.

B. Grundsätzlicher Anwendungsumfang des Deliksstatuts

Art. 12 EGBG setzt voraus, daß eine Schädigung durch eine unerlaubte Handlung entstanden ist. Dazu gehören nach dem deutschen IPR nicht nur alle Verschuldenstatbestände, sondern auch jede Form von Gefährdungshaftung[16]. Die einzelnen Haftungstatbestände im Produkthaftpflichtrecht der Vereinigten Staaten (im wesentlichen sind dies negligence, warranty und strict liability) werden von diesem weitgestreckten Geltungsbereich selbstverständlich erfaßt, so daß der Frage, ob der Begriff »unerlaubte Handlung« nach der lex fori oder nach der lex causae zu qualifizieren ist[17], nicht weiter nachgegangen werden muß.

Hat das deutsche Gericht nach den obigen Grundsätzen amerikanisches Produkthaftpflichtrecht anzuwenden, muß es dies grundsätzlich[18] im vollen

11 Zum materiellen Recht der USA und dessen Bedeutung s. unten §§ 4, 5
12 Zum Streit um die korrekte Anknüpfung vgl. *MünchKomm-Kreuzer*, a.a.O., RdNr. 201 ff
13 *MünchKomm*, a.a.O.; *Soergel-Lüderitz*, a.a.O, Rz 21 (Absatzort) m.w.N.
14 *Palandt*, a.a.O, Anm. 2 c cc; *Lorenz*, Das internationale Privatrecht der Produkthaftpflicht, 185, 203
15 Abgedruckt in RabelsZ 37 (1973), 594
16 Vgl. nur *Soergel-Lüderitz*, a.a.O, Rz 46 m. vielen Nachweisen
17 Vgl. zum Meinungsstand *Soergel-Kegel*, vor Art. 7 EGBGB Rzn 68 ff.
18 Zur begrenzenden Wirkung von Art. 12 sogleich unter D.I.

Umfang bezüglich aller Tatbestandsvoraussetzungen und -folgen tun[19]. Amerikanisches Recht müßte danach auch die gerade für Produkthaftpflichtfälle so wichtigen Aspekte wie Kausalitätsanforderungen, Verjährungsfragen und insbesondere die Höhe des Schadensersatzes bestimmen[20]. Selbst die Beweislast ergibt sich aus dem durch die Kollisionsnorm berufenen ausländischen Recht[21].

Das anzuwendende Verfahrensrecht bleibt demgegenüber der lex fori unterstellt[22]. Materielles amerikanisches Recht ist also im Rahmen eines deutschen Verfahrens anzuwenden, sofern keine Rückverweisung beachtlich ist[23].

C. Tendenzen zur Anwendung des inländischen Deliktsrechts

Die Tatortregel i.S. des Ubiquitätsprinzips ist in Produkthaftpflichtfällen – obwohl mittlerweile höchstrichterlich bestätigt[24] – bislang kaum[25] praktisch geworden. In den wenigen veröffentlichten Entscheidungen der Untergerichte wird ausschließlich auf deutsches Recht als Recht des Erfolgsorts ohne detaillierte Begründung zurückgegriffen[26]. Eine Tendenz zur Anwendung des inländischen Deliktsrechts ist also unverkennbar. Die grundsätzliche Bestätigung des Ubiquitätsprinzips durch den BGH[27] vermag diese Entwicklung keineswegs zu durchbrechen. Aus der Entscheidung läßt sich vielmehr ableiten, daß sich das angerufene Gericht mit der Frage nach dem günstigeren Recht erst auseinandersetzen wird, wenn sich eine Partei auf Vorschriften des

19 *MünchKomm-Kreuzer*, a.a.O, RdNr. 251

20 Vgl. *Soergel-Lüderitz*, a.a.O., Rzn. 55 ff.; *Palandt-Heldrich*, a.a.O., Anm. 3; *MünchKomm-Kreuzer*, a.a.O, RdNr. 251 ff.

21 *Birk*, Schadensersatz, 144; RGZ 6, 413

22 *Neuhaus*, a.a.O., § 53 II, der diesen Grundsatz näher präzisiert; *Firsching*, a.a.O., § 4; vgl. dazu auch *Nagel*, Die Grundzüge des Beweisrechts im europäischen Zivilprozeß, 424 f.

23 Dazu *Dessauer*, Zum renvoi im internationalen Deliktsrecht, ZVglRWiss 81 (1982), 215

24 BGH NJW 1981, 1606, 1607, wo jedoch das Tatortprinzip in dem zu entscheidenden Fall als durch eine konkludente, nachträgliche Rechtswahlvereinbarung zwischen den Parteien verdrängt angesehen wurde.

25 Lediglich das OLG Karlsruhe geht in seinem Urteil vom 31.5.1977 – allerdings denkbar knapp – auf das dem Geschädigten günstigere Recht ein; Text: *Schmidt-Salzer* (ES II), 417

26 OLG Celle ES II, 448; OLG Celle ebenda, 462; OLG Frankfurt ebenda, 440; OLG Düsseldorf NJW 1980, 533; LG Saarbrücken ES I,392, enthält überhaupt keine Ausführungen zur internationalprivatrechtlichen Problematik

27 Vgl. BGH in Fn. 24

ausländischen Deliktsstatus ausdrücklich beruft. Schweigen der Parteien wertet der BGH als konkludente Willenserklärung, die auf die Anwendung des inländischen Deliktsrechts gerichtet sein soll; daß er das notwendige Bewußtsein der Beteiligten für eine derartige Rechtswahlvereinbarung ohne jede Erörterung voraussetzt, kommt einer Fiktion nahe[28].

Eine Einschätzung solcher Rechtsprechung darf allerdings nicht übersehen, daß es sich um Verfahren handelte, in denen auf Klägerseite – soweit ersichtlich[29] – Deutsche standen. Ob sich dieses »Heimwärtsstreben«[30] der Gerichte fortsetzt, wenn ein außerhalb der Bundesrepublik Deutschland geschädigter Ausländer Ansprüche vor einem inländischen Gericht gegen ein deutsches Unternehmen geltendmachen würde, läßt sich aufgrund dieser bisher vorliegenden Rechtsprechung für den Bereich des Produkthaftpflichtrechts nicht feststellen.

Eine Antwort ergibt sich jedoch aus der allgemein herrschenden Rechtsprechung zur Vorbehaltsklausel des Art. 12 EGBGB. Die Anwendung dieser Schutzvorschrift zugunsten deutscher Täter hat in der Praxis dazu geführt, daß im Ergebnis fast immer deutsches Recht trotz eines an sich maßgeblichen ausländischen Deliktsstatuts zum Zuge kommt.

D. Art. 12 EGBGB

I. Die Schutzwirkung von Art. 12 EGBGB

»Aus einer im Auslande begangenen unerlaubten Handlung können gegen einen Deutschen nicht weitergehende Ansprüche geltend gemacht werden, als nach deutschen Gesetzen begründet sind.«

Art. 12 EGBGB setzt also zunächst voraus, daß ein Deutscher eine unerlaubte Handlung begangen hat. Deutsche i.S. dieser Vorschrift sind nicht nur natürliche Personen mit deutscher Staatsangehörigkeit einschließlich Deutscher i.S.v. Art. 116 Abs. 1 GG; auch juristische Personen und nicht rechtsfähige Personenverbindungen sowie Vermögensmassen mit deutschem Personalstatut werden von der Vorschrift erfaßt[31]. Hersteller mit Hauptverwaltungssitz in der Bundesrepublik Deutschland können sich also regelmäßig auf den Schutz des Art. 12 EGBGB berufen.

28 So auch mit Recht *Kreuzer*, IPRax 1982, 1,4.

29 Aus der Entscheidung des LG Saarbrücken (Fn. 26) geht das nicht hervor.

30 Der Begriff geht zurück auf *Nußbaum*, Deutsches IPR (1932), 43.

31 Vgl. *Ferid*, a.a.O., 6-147; *Kegel*, IPR, 317; BGH VersR 1958, 109.

Ferner muß die unerlaubte Handlung[32] im Ausland stattgefunden haben und das dortige Deliktsstatut anzuwenden sein[33]. Sind diese Voraussetzungen erfüllt, dann greift der Schutz der Vorbehaltsklausel ein und »begrenzt die Haftung eines Deutschen eigenartig«[34]. Das deutsche Gericht hat den Anspruch sowohl nach dem fremden Deliktsstatut als auch nach deutschem Recht vergleichend zu prüfen. Ansprüche, die danach aus deutscher Sicht als überhöht oder unbegründet gelten, werden reduziert oder abgelehnt[35]. Obwohl als rechtspolitisch verfehlt angesehen und daher weithin mißbilligt[36], soll dieser den meisten anderen Rechtsordnungen unbekannte Sonderschutz[37] auch nach Inkrafttreten des Gesetzes zur Neuregelung des Internationalen Privatrechts als künftiger Art. 38 EGBGB beibehalten werden[38].

Bei der Anwendung ausländischen Rechts als Handlungs- oder Erfolgsortsrecht kommt es also regelmäßig zu Friktionen in dem nach Art. 12 EGBG notwendigen Vergleich zum deutschen Recht. Diese werden in der Praxis offenbar einfach durch die Anwendung deutschen Rechts (trotz ausländischen Deliktsstatuts!) gelöst, das z.B. für die Beweislastverteilung[39] oder für Verjährungsfragen[40], insbesondere aber auch hinsichtlich der auszuurteilenden Schadenshöhe[41] gelten soll.

II. Systematische Einordnung

1. Das Verhältnis von Art. 12 EGBGB zu Art. 30 EGBGB

Art. 12 EGBGB gilt allgemein[42] als spezielle Vorbehaltsklausel, die den allgemeinen ordre public-Gedanken des Art. 30 EGBGB (künftig Art. 6

32 Zum Begriff s.o. S. 20.
33 *Kegel*, IPR, a.a.O.; *Soergel-Lüderitz*, a.a.O., Rz 69.
34 *Ferid*, a.a.O., 6-138
35 Vgl. *MünchKomm-Kreuzer*, a.a.O., RdNrn. 279, 285; *Schack*, Art. 12 EGBGB in deutschen Urteilsanerkennungs- und Regreßverfahren, VersR 1984, 422; *Nußbaum*, a.a.O., 289.
36 Die Vorschrift stelle eine Ausnahme dar, »deren man sich eigentlich schämen müsse«.So schon *Neubecker* 1912, 85; w.N. bei *MünchKomm-Kreuzer*, a.a.O., RdNr. 276. *Birk*, Schadensersatz, 245, weist darauf hin, daß die Vorschrift ursprünglich gar nicht vorgesehen war.
37 Vgl. *Birk*, ebenda, 268 m.N.
38 Vgl. oben § 1 Fn. 5
39 OLG Karlsruhe, VersR 1981, 739 f.
40 BGH VersR 1958, 109.
41 OLG Karlsruhe, a.a.O; BGH VersR 1966, 283, 285 (Schmerzensgeld)
42 Z.B. *MünchKomm-Kreuzer*, a.a.O., RdNr. 289; *Ferid*, a.a.O., 3-39 ff; *Kegel*, IPR, 243, 317; a.A. *Neuhaus*, a.a.O., 384 f. (bloße Inländerschutzklausel); einschränkend *Birk*, Schadensersatz, 249.

EGBGB) in ihrem Anwendungsbereich verdrängt. Die Annahme, Art. 12 EGBGB sei lex specialis zu Art. 30 EGBGB, setzt voraus, daß sich die beiden Vorschriften in ihrem wesentlichen Gehalt entsprechen. Eine Untersuchung der dem allgemeinen Vorbehalt von Art. 30 EGBGB zugrundeliegenden Grundsätze zeigt jedoch, daß sich diese Annahme kaum halten läßt.

Beiden Vorschriften gemeinsam ist zunächst, daß sie sich naturgemäß nur gegen materiellrechtliche Abweichungen richten: Es geht um die Anwendung ausländischen Rechts vor einem deutschen Gericht, das deutsches Verfahrensrecht anzuwenden hat[43]. Nach Art. 30 EGBGB ist die Anwendung eines ausländischen Gesetzes aber nur ausgeschlossen, »wenn die Anwendung gegen die guten Sitten oder gegen den Zweck eines deutschen Gesetzes verstoßen würde«. Schon aus dem Wortlaut ergibt sich, daß sich der ordre public-Vorbehalt nicht gegen das ausländische Recht per se, sondern nur gegen dessen konkrete Anwendung im Inland richten kann. Es kommt darauf an, ob das fremde Statut bei seiner tatsächlichen Anwendung im Einzelfall gegen die in Art. 30 EGBGB aufgeführten Grundsätze verstößt[44]. Wann ein solcher Verstoß vorliegt, läßt sich aufgrund der generalklauselartigen Fassung der Vorschrift abschließend nicht sagen. Es wird jedoch immer wieder auf den Ausnahmecharakter von Art. 30 EGBGB hingewiesen[45], der nur in krassen Fällen zur Anwendung gelangen soll[46]. Ein Verstoß gegen den Zweck eines deutschen Gesetzes ist danach nicht immer schon dann anzunehmen, wenn die Anwendung ausländischen Rechts zu einer bloßen Abweichung von der inländischen Regelung führt. Eine gegenteilige Annahme ließe sich nur rechtfertigen, wenn man dieses Tatbestandsmerkmal wörtlich nähme, also darauf abstellte, daß jedes deutsche Gesetz einen Zweck verfolge, der bei jeder Abweichung verlorenginge[47]. Der Bundesgerichtshof hat mit seinem Urteil aus dem Jahre 1969[48] deutlich gemacht, daß Art. 30 EGBGB der Anwendung ausländischen Rechts nur höchst selten im Wege stehen wird. Es kommt darauf an,«ob das Ergebnis der Anwendung des ausländischen Rechts zu den Grundgedanken der deutschen Regelung und der in ihm liegenden

43 Zu verfahrensrechtlichen Abweichungen, die einem ausländischen Urteil zugrundeliegen, dessen Anerkennung in der Bundesrepublik Deutschland im Rahmen eines Exequaturverfahrens nach §§ 328 I Nr. 4, 722, 723 ZPO angestrebt wird, s. unten, §§ 6-9

44 *Ferid*, a.a.O., 3-16; *Soergel-Kegel*, Art. 30 EGBGB Rz 4 m.w.N. aus der Rspr.; *MünchKomm-Kreuzer*, Art. 30 EGBGB RdNr. 45; *Firsching*, a.a.O., § 10 2; *Roth*, Der Vorbehalt des Ordre Public im Internationalen Privatrecht, NJW 1967, 134, 139.

45 Z.B. *Neuhaus*, a.a.O., 370 (»Notventil«).

46 *Ferid*, a.a.O., 3-13; *Firsching*, a.a.O.; *Kegel*, IPR, 239; *MünchKomm-Kreuzer*, a.a.O., RdNrn. 72 ff.

47 Dazu schon RGZ 60, 296, 298 ff.

48 BGHZ 50, 370, 375 f. = FamRZ 1968, 642 Anm. Bosch = JZ 1969, 299, Anm. Heldrich.

Gerechtigkeitsvorstellungen in so starkem Widerspruch steht, daß es von uns für untragbar gehalten wird«[49].

Der BGH löst sich mit dieser Entscheidung von der früheren, durch das Reichsgericht in ständiger Rechtsprechung aufgestellten Formel, die als zu eng empfunden wurde, weil sie lediglich staatspolitische und soziale Anschauungen als Beurteilungsmaßstab heranzog[50].

Am Ausnahmecharakter von Art. 30 EGBGB ändert sich auch nichts, wenn man auf das zweite Tatbestandsmerkmal der Vorschrift, die guten Sitten, abstellt. Der Begriff der guten Sitten, denen ohnehin nur subsidiäre Bedeutung für die Frage zukommt, ob ein ordre public-Verstoß vorliegt oder nicht[51], entspricht grundsätzlich dem der §§ 138, 817, 826 BGB[52] und erfährt darüber hinaus sogar noch eine weitere Einschränkung dadurch, daß die Besonderheiten einer fremden Rechtsordnung u.U. in die Gesamtbeurteilung wohlwollend mit einzubeziehen sind[53].

Die durch die generalklauselartige Fassung von Art. 30 EGBGB bedingte kaum noch überschaubare Kasuistik[54], entspricht zumeist dem vom BGH aufgestellten »Untragbarkeitstest«[55] von dem nur wenige Ausnahmen zu verzeichnen sind[56]. Die Abwehr fremden Rechts als ordre public-widrig ist danach nur unter großer Zurückhaltung vorzunehmen, d.h. nur dann, wenn die Anwendung des fremden Statuts in einem nicht mehr hinnehmbaren Widerspruch zu den Grundlagen der deutschen Rechtsordnung stehen würde.

Art. 30 EGBGB trägt also einen flexiblen, am Einzelfall orientierten ordre public-Gedanken in sich, der Abweichungen durchaus toleriert.Für das Recht der unerlaubten Handlungen im allgemeinen und den hier besonders interessierenden Bereich des Produkthaftpflichtrechts muß das aber heißen, daß z.B. eine ausländische Haftung, die strikter als die deutsche Regelung ausfällt oder längere Verjährungsfristen des ausländischen Deliktsstatuts nicht a priori gegen den deutschen ordre public verstoßen. Die Praxis zu Art. 12 EGBGB verläßt aber diesen vorgegebenen Rahmen, indem sie zu einer mechanischen Abwehr ausländischen Deliktsrechts gelangt; in vielen Fällen stellt sie insofern

49 Ebenda.

50 Vgl. RGZ 60, 296, 300.

51 *MünchKomm-Kreuzer*, a.a.O., RdNr. 59; zur Kritik an der Trennung des in Art. 30 EGBGB enthaltenen Tatbestandpaares »gute Sitten« und »Zweck eines deutschen Gesetzes« vgl. *Soergel-Kegel*, a.a.O., Rzn. 7, 14, der diese Trennung aufgeben will.

52 Vgl. statt aller *Kegel*, IPR, 235

53 Ebenda, 235 f.

54 Vgl. nur die umfangreichen Rspr.-Nw. bei *Soergel-Kegel*, a.a.O., Rz 15, Fnn. 12 ff.

55 Nachweise bei *Soergel-Kegel*, a.a.O., Fn. 12.

56 Dazu *Soergel-Kegel*, a.a.O., Fn. 13.

nicht die bloße Konkretisierung der allgemeinen Vorbehaltsklausel dar, sondern kann sich sogar im Widerspruch zu ihr befinden[57]. Art. 12 EGBGB darf insofern nicht als spezialgesetzliche Ausprägung von Art. 30 EGBGB gelten.

2. *Die Einbeziehung außerdeliktischer Vorschriften*

Der Grundsatz, daß im Rahmen des nach Art. 12 EGBGB erforderlichen Gesamtvergleichs Anspruchsgrundlagen und andere Vorschriften mit einzubeziehen sind, die im deutschen Recht neben dem deliktischen Anspruch gelten, soll[58] den scharfen Begrenzungen durch Art. 12 EGBGB wenigstens zum Teil die Wirkung nehmen. In diesem Zusammenhang wird immer wieder[59] auf eine Entscheidung des Reichsgerichts verwiesen[60]; im zugrundeliegenden Fall waren die ausländischen deliktischen Ansprüche gegen den deutschen Beklagten zwar nach § 852 BGB bereits verjährt – er haftete aber unbeschadet Art. 12 EGBGB nach deutschen bereicherungsrechtlichen bzw. (dienst-)vertraglichen Regeln. Diese weite Auslegung mag mit dem Wortlaut von Art. 12 EGBGB vereinbar sein, da er sich nicht ausdrücklich auf das Deliktsrecht beschränkt (»nach den deutschen Gesetzen«); systematisch betrachtet erscheint sie indessen bedenklich, weil sie dem deliktsrechtlichen Charakter von Art. 12 EGBGB nicht gerecht wird[61]. Überdies erreicht sie auch nicht zwingend das behauptete Ziel. Die Berücksichtigung nicht-deliktischer Vorschriften kann sich sogar weiter benachteiligend für den Kläger auswirken, wie z.B. ein Urteil des Bundesgerichtshofes aus dem Jahr 1978[62] belegt. Unter Zuhilfenahme dieses Grundsatzes verwehrte das Gericht der Klägerin die Durchsetzung eines Anspruchs, weil dieser nicht der längeren Verjährungsfrist des § 852 BGB, sondern § 558 BGB unterfalle, der die deliktische Verjährungsvorschrift verdränge[63].

Birk regt für diesen Problemkreis an, eine enge Auslegung von Art. 12 vorzunehmen[64]. Er will Ansprüche, die neben dem deliktischen Anspruch bestehen, einer rechtlich selbständigen Qualifikation – also eigenen Anknüp-

57 So auch *Birk*, Schadensersatz, 248.
58 So *Kegel*, IPR, 317; *Frankenstein*, IPR II, 379 f.; a.A. *Birk*, Schadensersatz, 266 f.
59 Z.B. *Schack*, VersR 1984, 422; *MünchKomm-Kreuzer*, Art. 12 EGBGB Rdnr. 285; *Kegel*, a.a.O.
60 RGZ 118, 141, 143 f.
61 Vgl. dazu *Birk*, Schadensersatz, 266 f.
62 BGH NJW 1978, 1426.
63 Ebenda, 1427
64 *Birk*, a.a.O., 266 f.

fungsregeln – unterwerfen, wobei es gleichgültig sei, ob diese auf deutsches oder ausländisches materielles Recht verweisen[65]. Dieser Ansatz ist schon deshalb befriedigender, weil er entgegen der h.M. systematisch richtig den deliktischen Charakter von Art. 12 EGBGB beachtet. Die Nichtberücksichtigung anderer Vorschriften im Rahmen von Art. 12 EGBGB führt aber auch unter dem Gesichtspunkt der klägerischen Interessenlage zu vertretbaren Ergebnissen: Die Reichweite dieser Vorschrift würde verkürzt; nicht-deliktische Ansprüche eines ausländischen Statuts könnten nur noch von der weniger strikten Vorschrift des Art. 30 EGBGB aufgehalten werden und ließen sich mithin sowohl dem Grunde als auch der Höhe nach einfacher durchsetzen.

III. Die Anwendung von Art. 12 EGBGB über § 328 I Nr. 4 ZPO im Urteilsanerkennungsverfahren

Die Frage,ob Art. 12 EGBGB für Produkthaftpflichtfälle auch relevant werden kann, wenn nicht die Anwendung ausländischen Rechts, sondern die Anerkennung eines ausländischen Urteils ansteht, ist streitig[66]. Es geht hier um die Diskussion darüber, ob der Sonderschutz von Art. 12 EGBGB im Rahmen eines Exequaturverfahrens (§§ 328, 722, 723 ZPO) eingreifen kann.

Zur praktischen Bedeutung dieser Fragestellung ist anzumerken, daß der Stellenwert autonomen Rechts im Vergleich zu bilateralen und multilateralen Anerkennungs- und Vollstreckungsverträgen zwar insgesamt im Abnehmen begriffen ist[67]; für den deliktsrechtlichen Bereich besteht aber zwischen den USA und der Bundesrepublik Deutschland ein vertragsloser Zustand mit der Folge, daß auf das Verfahren nach §§ 722 f. ZPO zurückgegriffen werden muß. Insbesondere für die mittelständische deutsche Exportwirtschaft, die in den USA kaum Vermögen hat, in das vollstreckt werden könnte, gewinnt dieses Verfahren insofern zunehmend an Relevanz, als solche Unternehmen bei dort auftretenden Produktschäden häufiger in Rechtsstreitigkeiten vor amerikanischen Gerichten hineingezogen werden. Der Grund hierfür liegt in

65 Ebenda.

66 Dies bejahen *Hoechst*, Zur Versicherbarkeit von punitive damages, VersR 1983, 13, 15 f.; *MünchKomm-Kreuzer*, Art. 12 EGBGB RdNr. 288; *Raape*, IPR, 139; *Frankenstein*, IPR II, 381; *Schack*, Art. 12 EGBGB in deutschen Urteilsanerkennungs- und Regreßverfahren, VersR 1984, 422, 423 ff.; verneinend: *Martiny*, Hdb.IZVR III/1, Rzn. 1031 ff., 1045; *Zöller-Geimer*, ZPO, 14. Aufl., § 328 Anm. 188; LG Gießen IPRspr. 1964-65 Nr. 261, 743, 747 = MDR 1965, 986 f. (dort insoweit nicht abgedruckt); im Ergebnis wohl auch *Roth*, Der Vorbehalt des Ordre Public gegenüber fremden gerichtlichen Entscheidungen, 107.

67 Vgl. dazu *Martiny*, a.a.O., Rzn. 71 ff. m. umfassenden Nw.

der Großzügigkeit und Flexibilität, mit der die Gerichte ihre Zuständigkeit (jurisdiction) bejahen. Notwendig ist lediglich, daß die Beziehung des Beklagten zum Forum einen ›minimum contacts test‹ besteht, dessen Anforderungen durch die sogenannten ›long arm statutes‹ sehr herabgesetzt wurden[69]. Der die Zuständigkeit begründende Minimalkontakt zum außerstaatlichen oder ausländischen Unternehmen wird bereits angenommen, wenn es im Zuständigkeitsbereich des betreffenden Gerichts z.B. geschäftlich tätig ist[70]. Deutsche Exporteure, die in den USA über ein eingerichtetes und überschaubares Absatzsystem verfügen, werden danach von dem »langen Arm« amerikanischer Gerichte ohne weiteres erreicht[71].

Die oben aufgeworfene Frage nach Berücksichtigung von Art. 12 EGBGB im Rahmen eines Anerkennungsverfahrens stellt sich immer dann, wenn das ausländische Gericht mehr zuspricht, als nach deutschen Gesetzen vorgesehen ist[72]. Sie ist zu bejahen, wenn man annimmt, die ausländische Entscheidung verstoße dadurch gegen den »Zweck eines deutschen Gesetzes« i.S. von § 328 I Nr. 4 ZPO [73], daß sie Art. 12 EGBGB nicht beachtet habe[74]. Sowohl dieses

68 Ausgangsfall im amerikanischen Recht war hierfür International Shoe Co. v. State of Washington 326 U.S. 310, 66 S.Ct. 154, 90 L.Ed. 95 (1945).

69 Bis heute haben mehr als 30 Staaten solche ›long arm statutes‹ eingeführt.

70 Vgl. dazu z.B. das ›long arm statute‹ des Staates Illinois, das bereits 1956 in Kraft trat, Ill. C.P.A. § 17 (1)(a): »The transaction of any business within this state«.

71 *Stiefel*, »Discovery«-Probleme und Erfahrungen im Deutsch-Amerikanischen Rechtshilfeverkehr, RIW 1979, 509, 517; *Steinebach*, Verbraucherschutz und Produkthaftpflicht im amerikanischen Kollisionsrecht, 180 f., m.Nw. aus der amerikanischen Rspr. Unrichtig, soweit Produkthaftpflichtentscheidungen betroffen sind, ist in diesem Zusammenhang die Auffassung von *Schütze*, WM 1979, 1174, der die Anerkennung von Urteilen, »die in diesen exorbitanten Gerichtsständen ergangen sind«, schon an § 328 I Nr. 1 ZPO scheitern lassen will. Er verkennt die dem § 32 ZPO innewohnende Tatortregel, unter die sowohl Handlungs- als auch Erfolgsort zu subsumieren sind und die sich daraus ergebende Wahlmöglichkeit für den Kläger, auf die er sich nach deutschem Recht berufen darf. Da aber Produkthaftpflichtklagen mit deutschen Beklagten vor amerikanischen Gerichten typischerweise auf Produktschäden zurückgehen, die sich in den USA als Erfolgsort eingestellt haben,ist die örtliche Zuständigkeit des amerikanischen Gerichts auch nach § 32 ZPO gegeben, ein Verstoß gegen § 328 I Nr. 1 ZPO scheidet aus. Dazu auch *von Westphalen*, Die US-amerikanische Produzentenhaftung – ein Risikofaktor für den deutschen Exporteur, WM 1979, 542, 547; *Martiny*, a.a.O., Rz. 686; *Bernstein*, Prozessuale Risiken im Handel mit den USA, in FS *Ferid* (1978), 75 ff.

72 Verfahrensrechtliche Abweichungen spielen für die Einbeziehung von Art. 12 EGBGB naturgemäß keine Rolle, da sich diese Vorschrift lediglich auf materielle Unterschiede richtet. Zu den verfahrensrechtlichen Aspekten des deutschen ordre public bei der Anerkennung von amerikanischen Entscheidungen in Produkthaftpflichtprozessen vgl. unten, §§ 6-9.

73 Das setzt freilich zunächst voraus, daß man diese ordre public-Vorschrift als Auffangtatbestand zu § 328 I Nr. 3 ZPO auffaßt. Selbstverständlich ist dies nicht, denn Art. 12 EGBGB wird unter den in Nr. 3 aufgeführten, vom ausländischen Gericht zwingend einzuhaltenden Kollisionsnormen, nicht erwähnt. Zum Streitstand vgl. *Martiny*, a.a.O., Rz. 1033.

74 Diese Problemstellung setzt im folgenden die herrschende mechanische Praxis zu Art. 12 EGBGB voraus. Zur einschränkenden Auslegung von Art. 12 EGBGB selber, s. §§ 3 C., 5 B., 11.

Tatbestandsmerkmal als auch die »guten Sitten« in § 328 I Nr. 4 ZPO entsprechen der Formulierung der allgemeinen kollisionsrechtlichen Vorbehaltsklausel des Art. 30 EGBGB im Wortlaut nicht ohne Grund: Im Zuge der Beratungen über die Neufassung der Zivilprozeßordnung von 1898 wurde der ordre public-Begriff des heutigen § 328 bewußt dem Entwurf der allgemeinen kollisionsrechtlichen Vorbehaltsklausel angeglichen[75]. Daß beide Vorschriften daher auch von ihrem Inhalt her sehr ähnlich sein müssen, ist evident.Der Schluß, die Anerkennung eines ausländischen Urteils mit Hilfe des Art.12 EGBGB als spezialgesetzliche Ausprägung von Art. 30 EGBGB abzuwehren, ist indes selbst bei völliger Kongruenz der beiden allgemeinen ordre public-Sätze nicht zwingend. Voraussetzung dafür wäre, daß Art. 12 EGBGB tatsächlich lex specialis zu Art. 30 EGBGB ist. Dem ist nur bedingt so, wie gezeigt wurde[76], da Art. 12 EGBGB in vielen Fällen über die Vorschrift der allgemeinen Vorbehaltsklausel hinausgeht, d.h. nicht immer deckungsgleich ist. Entscheidend ist jedoch, daß sich die allgemeinen Vorbehaltsklauseln von § 328 ZPO und Art. 30 EGBGB – trotz aller Ähnlichkeit – in ihren Anforderungen unterscheiden[77]. Die Divergenz in den Prüfungsmaßstäben ist darauf zurückzuführen, daß das deutsche Gericht grundsätzlich nicht eine ›révision au fond‹ vornehmen, also nicht eine ausländische Entscheidung darauf prüfen darf, ob sie in verfahrensrechtlicher, tatsächlicher oder materiellrechtlicher Hinsicht zu Recht ergangen ist[78]. Bei § 328 I Nr. 4 ZPO als Ausnahme zu diesem strikten Grundsatz kommt ein abgeschwächter ordre public zum Tragen[79], der unter noch engeren Voraussetzungen eingreift als die internationalprivatrechtliche Vorbehaltsklausel des Art. 30 EGBGB. Für die Anerkennung einer ausländischen Entscheidung sind mithin größere Abweichungen hinzunehmen als bei der Anwendung fremden Rechts. Diese hohe Toleranzschwelle, die ihre Berechtigung im wesentlichen aus dem völkergewohnheitsrechtlich bedingten Respekt vor der ausländischen res iudicata bezieht[80], wird danach nicht schon immer dann überschritten, wenn der ausländischen Entscheidung ein Verstoß gegen eine zwingende deutsche

75 Vgl. *Martiny*, a.a.O., Rzn. 960-962 m.N.

76 Oben S. 23 ff.

77 Ausführlich dazu *Geimer*, in: *Geimer/Schütze*, Internationale Urteilsanerkennung, Bd. I.2., 1984, 1583 ff.

78 Ebenda, 1465; vgl. auch *Zöller-Geimer*, ZPO, § 328 Anm. 176; *Raape/Sturm*, IPR, Bd. 1, 1977, 353.

79 Vgl. nur die Nachweise bei *Martiny*, a.a.O., Rz. 1014, Fnn. 2948 ff.; a.A. OLG Celle IPRspr. 1962-63 Nr. 193; OLG München IPRspr. 1964-65 Nr. 264.

80 Alternativ-Kommentar-ZPO*(Koch)*, (1987), § 328 RdNr. 2; ähnlich *Raape/Sturm*, a.a.O., 204; *Martiny*, a.a.O.; einschränkend *Roth*, Der Vorbehalt des ordre public gegenüber fremden gerichtlichen Entscheidungen, 34, Fn. 8.

Vorschrift zugrundeliegt. Es muß sich vielmehr um einen Verstoß handeln, der so schwerwiegend ist, daß er schlechthin unvereinbar mit der Wertordnung des deutschen Rechts ist[81]. Eine derartige Mißachtung internen Rechts wird aber kaum anzunehmen sein, wenn das ausländische Gericht Art. 12 EGBGB nicht i.S. der h.M. beachtet hat, also etwa höhere Schadensersatzsummen ausgeurteilt, großzügigere Verjährungsfristen zugrunde gelegt oder geringere Beweisanforderungen im Rahmen einer strikteren Haftung gestellt hat. Um ein solches Urteil anzuerkennen, bedarf es auch nicht einer Auslegung des Wortlauts von Art. 12 EGBGB dahingehend, daß sich diese Vorschrift lediglich auf die Rechtsanwendung in Verfahren vor inländischen Gerichten, nicht aber auf die Anerkennung beziehe[82]. Es genügt vielmehr, Art. 12 EGBGB dem in § 328 I Nr. 4 ZPO enthaltenen Maßstab gegenüberzustellen und dabei in Erinnerung zu rufen, daß Art. 12 EGBGB allgemein rechtspolitisch mißbilligt[83] und de lege ferenda[84] für verzichtbar erklärt wird. Der Verstoß einer ausländischen Entscheidung, die über das hinausgeht, was ein deutsches Gericht zusprechen würde, besteht also schlimmstenfalls in der Nichtbeachtung einer obsoleten Vorschrift. Tragende, unabdingbare Voraussetzungen unserer rechtlichen Wertordnung werden dadurch nicht tangiert, eine ›révision au fond‹ hat zu unterbleiben.

Um eine Anerkennung dennoch zu versagen, wird das Argument des ›forum shopping‹ von der Gegenmeinung angezogen: Der Geschädigte weiche auf ein ausländisches klägerfreundliches Forum aus, um so der Wirkung von Art. 12 EGBGB zu entgehen[85]. *Schack*[86] hat mit dieser Kritik eine viel beachtete jüngere Entscheidung des Bundesgerichtshofes[87] angegriffen, in der es um die inländische Anerkennung eines rechtskräftigen Urteils des LG Florenz ging. Der nach einem Autounfall in Italien schwer verletzten Klägerin wurde das beantragte Armenrecht in der beabsichtigten Klage gegen den Unfallgegner wegen mangelnder Erfolgsaussicht sowohl vom LG Frankfurt als auch vom OLG Frankfurt versagt. Das von ihr daraufhin angerufene italienische Gericht verurteilte die beiden Beklagten – Fahrer und Halter des

81 *Zöller-Geimer*, a.a.O., Anm. 177.

82 So wohl *Martiny* a.a.O., Rz. 1034

83 S. oben, Fn. 36.

84 *Lorenz*, Die allgemeine Grundregel betreffend das auf die außervertragliche Schadenshaftung anzuwendende Recht, in: Vorschläge und Gutachten zur Reform des deutschen IPR der außervertraglichen Schuldverhältnisse 1983, 97, 126 f.; *Kühne*, IPR-Gesetz-Entwurf,1980, 206; RefE aus dem BMJ, oben § 1, Fn. 5.

85 So *Schack*, VersR 1984, 422, 423

86 Ebenda.

87 BGH v. 22.6.1983, BGHZ 88, 17=VersR 1983, 874=JZ 1983, 903 m. Anm. Kropholler=WM 1983, 914=JuS 1984, 387 m. Anm. Hohloch (im folgenden nur unter VersR zitiert).

anderen Unfallfahrzeugs – zur Zahlung von Schadensersatz in Höhe von DM 300.000,– und 5 % Zinsen vom Tag des Unfalls an. Der BGH bestätigte in letzter Instanz, daß dieses Urteil mit einer Vollstreckungsklausel zu versehen sei. Hintergrund für diese Entscheidung bildet das EuGVÜ[88]. Bedenken dagegen, daß die italienische Entscheidung weitergehende Ansprüche zusprach, als nach deutschen Vorstellungen gerechtfertigt erschien, verwarf das Gericht. Im wesentlichen stützte es sich dabei auf das in Art. 29 EuGVÜ festgelegte Verbot der ›révision au fond‹ und verwies auf die im Abkommen enthaltene ordre public-Vorschrift des Art. 27 Nr. 1[89], die nicht verletzt sei, da die italienische Entscheidung keine Haftungsfolgen enthalte, »die schlechthin mit unseren Vorstellungen unvereinbar wären«[90].

Schacks Argument, daß diese Rechtsprechung des Bundesgerichtshofes ›forum shopping‹ ermutige und Art. 12 EGBGB unangemessen aushöhle[91], verkennt die Bedeutung der in Art. 5 Nr. 3 EuGVÜ enthaltenen Möglichkeiten für den Geschädigten, sich nach seiner Wahl das Tatortgericht auszusuchen. Wenn sich die Bundesrepublik Deutschland ohne entsprechenden Vorbehalt dem EuGVÜ angeschlossen hat[92], dann ist darin ein Verzicht auf die bedingungslose Durchsetzung deutschen Rechts zu sehen[93].

Aber selbst außerhalb des Anwendungsbereichs des EuGVÜ kann sich das Argument vom ›forum shopping‹ auf Deliktsrechtsebene nicht durchsetzen. Die in Art. 5 Nr. 3 EuGVÜ geregelte Wahlmöglichkeit schreibt nur fest, was nach der Tatortregel ohnehin schon gilt: Bei Auseinanderfallen von Handlungs- und Erfolgsort steht dem Geschädigten frei, sich an das Gericht zu halten, in dessen Zuständigkeitsbereich der Schaden letztlich tatsächlich eintrat[94]. Für den in den USA durch ein deutsches Produkt geschädigten Amerikaner kann daher nichts anderes gelten, als für einen innerhalb des EuGVÜ-Bereich Verletzten. Alle Argumente[95], die die Anerkennung einer

88 EG Übereinkommen über die gerichtliche Zuständigkeit und die Vollstreckung gerichtlicher Entscheidungen in Zivil- und Handelssachen v. 27.9.1968, BGBl. 1972 II, 774.

89 Nach Nr. 1 dieser Vorschrift ist eine Entscheidung nicht anerkennungsfähig, »wenn die Anerkennung der öffentlichen Ordnung des Staates, in dem sie geltend gemacht wird, widersprechen würde«. Ohne den in § 328 I Nr. 4 ZPO enthaltenen dualistischen ordre public-Gedanken aufzunehmen, ist sie inhaltlich damit identisch; vgl. BGH -VersR, a.a.O., 875.

90 BGH VersR, a.a.O., 876.

91 *Schack*, a.a.O., 423.

92 Vgl. dazu die dem EuGVÜ mit Protokoll v. 27.9. 1968 beigefügten Bestimmungen, abgedr. bei *Zöller-Geimer*, 14. Aufl., V. Texte IZPR, A 2, 2551 f.

93 Vgl. *Martiny*, a.a.O., Rz. 1045.

94 S. oben, Fn. 71.

95 Dazu muß auch der Versuch *Geslers*, § 328 ZPO, Ein Beitrag zur Lehre von der zwingenden Natur der Kollisionsnormen (1933), 59 ff., gezählt werden, der Art. 12 EGBGB in Analogie zu § 328 I Nr. 3 ZPO berücksichtigt wissen will.

ausländischen Entscheidung mit Art. 12 EGBGB zu verhindern suchen, sind letztlich Ausdruck einer überkommenen Vorstellung, die einen unbedingten nationalen Sonderschutz auch heute noch verteidigt und damit einen integrationsfeindlichen Weg beschreitet, der Bestrebungen, den internationalen Rechtsverkehr zu fördern, abträglich sein muß.

Im folgenden soll nach alledem davon ausgegangen werden, daß § 328 I Nr. 4 ZPO mit dem ihm eigenen abgeschwächten ordre public-Gedanken keinen Raum für Art. 12 EGBGB im Urteilsanerkenntnisverfahren läßt.

2. Teil: Kritik an der herrschenden Interpretation von Art. 12 EGBGB

§ 3 Vorbemerkungen

A. *Stand der Lehre und Rechtsprechung*

Der allgemeinen Mißbilligung von Art. 12 EGBGB[1] stehen nur vereinzelte Versuche gegenüber, der Vorschrift einen von der h. M. abweichenden Inhalt zu geben. Die Unabänderlichkeit der Wirkungsweise scheint festzustehen und wird selbst von denen kaum in Zweifel gezogen, die sich um eine engere Auslegung bemühen[2].

In dem Bestreben, die Vorschrift in einem anderen Licht zu sehen, ist *Neubecker* am weitesten gegangen[3]. Ausgehend von dem Grundsatz, daß für Deliktsansprüche das Recht des Tatorts[4] maßgeblich ist, will er Art. 12 EGBGB nur eingreifen lassen, soweit es um das Maß des Schadensersatzes geht[5]. Um der Tatortregel gerecht zu werden, soll es auf deutsches Deliktsrecht im übrigen überhaupt nicht ankommen[6]. Gefolgschaft hat dieses Argument indessen nirgendwo gefunden.

Auch ein weiteres mögliches Einfalltor für die Kritik, nämlich der Ansatz, daß der von der herrschenden Praxis im Rahmen von Art. 12 EGBGB vorgenommene Vergleich zwischen der Anspruchsgrundlage, die in einer fremden Rechtsordnung besteht und der deutschen Regelung wenig oder gar nicht aussagekräftig für die Frage sein kann, ob das fremde Deliktsstatut tatsächlich »weitergeht«, ist im Schrifttum bislang wenig beachtet worden. Immerhin hat schon *Nußbaum* einen differenzierten Standpunkt angedeutet, indem er darauf abstellte, daß ausländische Vorschriften »schon wegen der Verschiedenheit der Lebensverhältnisse einen ganz anderen Inhalt haben

1 Vgl. § 2,bei Fn. 36.

2 *Soergel-Lüderitz*, a.a.O.,Rz. 73; *Birk* Schadensersatz, 245: »An dieser Stelle haben wir diese Vorschrift lediglich als Tatsache hinzunehmen und uns um ihre angemessene Auslegung zu bemühen«. Auf seinen Versuch, Art. 12 EGBGB durch Auslegung zu beschränken, wird sogleich einzugehen sein.

3 Jahrbuch für den Internationalen Rechtsverkehr 1912/1913, Internationales Privatrecht auf deutsch-rechtlicher Grundlage, 84 f.

4 *Neubecker* spricht zwar vom »Recht des Handlungsortes«, aus dem Zusammenhang ergibt sich aber, daß Tatort gemeint ist.

5 *Neubecker*, a.a.O., 85.

6 Sonst »hätte man besser gleich gesagt, daß Deutsche, die im Ausland ein Delikt begehen, nach deutschem Recht verantwortlich sind, es sei denn, daß die betreffende Handlung nach dem Recht des Ortes der Begehung keine unerlaubte Handlung darstellt«. *Neubecker*, a.a.O.

müssen, als bei uns«[7]. Eine über diesen Hinweis hinausgehende Auseinandersetzung mit der Problematik hat freilich auch *Nußbaum* nicht verfolgt.

Einen derartigen, auf das Deliktsrecht allgemein bezogenen Versuch unternimmt *Birk*[8]. Die Probleme, die bei dem für Art. 12 EGBGB notwendigen Vergleich zwischen der lex fori und dem Recht des Tatorts auftreten – die ausländische Regelung findet im deutschen Recht keine bzw. keine anwendbare Entsprechung, ein direkter Vergleich scheidet aus – , verarbeitet er für die einzelnen deliktischen Tatbestandsmerkmale jeweils gesondert. Übergreifender theoretischer Ansatz seiner Überlegung ist, daß den Schwierigkeiten, die durch das Nebeneinander zweier Rechtsordnungen entstehen, mit einer Technik beizukommen sei, die mit der Frage der »Angleichung und des Auslandssachverhalts Kegel'scher Prägung«[9] auf der Ebene des materiellrechtlichen Tatbestandes in Berührung stehe[10]. Praktisch heißt das, den »Normenmangel« durch Anleihen beim anwendbaren ausländischen Recht beheben. Das Unwerturteil für die Fragen von Rechtswidrigkeit und Schuld etwa ist unter Einbeziehung des Umstandes zu treffen, daß die Tat im Ausland begangen wurde[11]. Ebenso ist zu verfahren, wenn es um einen Verstoß gegen im Ausland bestehende, im Inland nicht vorhandene Schutzgesetze geht: Solche Lücken in § 823 II BGB sind dann mit dem ausländischen Schutzgesetz auszufüllen[12].

Birk bleibt mit seinem Versuch, einen pauschalen Vergleich mit der fremden Rechtsordnung und die starre Abwehr deren Deliktsstatuts durch eine solchermaßen differenzierende Betrachtungsweise zu vermeiden jedoch

7 *Nußbaum*, a.a.O., 289; vgl. *MünchKomm-Kreuzer*, a.a.O.,RdNr. 285, der vorschlägt, diese Frage » unter Vergleichung der funktionsäquivalenten Ansprüche zu entscheiden«. Dazu auch *von Westphalen*, »Punitive Damages« in US-amerikanischen Produkthaftungsklagen und der Vorbehalt des Art. 12 EGBGB, RIW 1981, 141, 149, der auf einen Sonderposten amerikanischen Schadensersatzrechts, allerdings im Rahmen von Urteilsanerkennungsverfahren, eingeht: ›punitive damages‹ sind dem Grunde nach keine Ansprüche, die dem System des deutschen Anspruchsrechts – insbesondere unter Berücksichtigung von § 847 BGB – wesensfremd sind«. (RIW 1981, 141, 149). Der Autor gelangt damit zu einem merkwürdig inkonsequenten Ergebnis: Erst setzt er die Anwendbarkeit von Art. 12 EGBGB über § 328 I Nr. 4 ZPO stillschweigend voraus, führt dann aber eine restriktivere Auslegung der kollisionsrechtlichen Vorbehaltsklausel durch.

8 *Birk*, Schadensersatz, 255 ff.

9 Aus zwei Gründen sollte – genauer – nur von »Annäherung« die Rede sein: Einmal ist der Bedeutungsinhalt beider Begriffe nicht völlig mit der hier skizzierten Vorgehensweise kongruent; zum anderen lassen sich die Begriffe, wie *Birk* zutreffend feststellt, für den vorliegenden Problemkreis ohnehin nicht trennscharf abgrenzen.

10 *Birk*, a.a.O., 259, 263.

11 *Birk*, a.a.O., 261 f.; vgl. auch *MünchKomm-Kreuzer*, a.a.O., RdNr. 286, der wie *Birk* auf das klassische, leicht nachvollziehbare Beispiel ausländischer Verkehrsregeln abhebt (Linksfahr- oder Rechtsfahrgebot im Ausland).

12 *Birk*, a.a.O., 259 f. m.HW. auf *Zitelmann*, IPR II, 507 ff.

nur konsequent, soweit er das »Ob«, die Tatbestandsmerkmale des deliktischen Anspruchs untersucht. Bei der Frage nach dem »Wie«, dem Haftungsumfang, gibt er seinen Grundsatz im wesentlichen auf. Für immaterielle Schäden etwa deutet er lediglich an, daß er beschränkt darauf zurückgreifen will, wenn zwischen inländischem und ausländischem Recht Unterschiede in der Anspruchshöhe auftreten[13]. Andererseits behandelt er quantitative Abweichungen wie die h.M.: »Soweit es sich um reine Quantitätsvergleiche handelt, ist die Sache einfach. Es macht keine besondere Mühe, eine kleinere Ziffer mit einer größeren zu vergleichen«[14]. Ebenso im Einklang mit der herrschenden Praxis befindet er sich, soweit er den Ersatz von immateriellen Schäden beurteilt, die nach deutschem Recht grundsätzlich nicht erstattungsfähig sind: Danach ist die Durchsetzung solcher ausländischen Ansprüche wegen der Sperrwirkung von Art. 12 EGBGB gänzlich ausgeschlossen[15]. Seine von den eigenen Annäherungsregeln abweichende Auffassung hinsichtlich des Haftungsumfangs nimmt *Birk* auch nicht dadurch zurück, daß er bei unterschiedlichen Arten des Ersatzes für materielle Schäden (z.B. Geldersatz statt Naturalrestitution) der Regelung des ausländischen Rechts Vorrang einräumt[16]. Denn diese Entscheidung zugunsten des ausländischen Rechts läßt sich nach seiner zuvor geschilderten Wertung über quantitative Unterschiede nur solange vertreten, wie die fremde Haftungsform nicht mehr zugesteht als die inländische Schadensersatzregel.

Für den Bereich der Rechtsprechung zeichnen sich keine innovationsfreudigen Abweichungen von der starren Handhabung der Vorschrift ab. Einzelne, eng begrenzte Ausnahmen fallen dabei nicht ins Gewicht. Bemerkenswert ist hier allein eine Entscheidung des Bundesarbeitsgerichts aus dem Jahr 1963[17]. Das Gericht lehnte eine Haftungsbeschränkung zugunsten des beklagten Arbeitgebers nach dem deutschen Unfallversicherungsrecht (§§ 636, 637 RVO) ab, weil sich der in Rede stehende Arbeitsunfall im Ausland ereignet hatte und der Verletzte nicht in Deutschland sozialversichert gewesen war[18]. Von diesem Urteil abgesehen, verfährt die deutsche Praxis weniger sensibel.

13 *Birk*, a.a.O., 263.
14 Ebenda.
15 Ebenda.
16 *Birk*, a.a.O.,264
17 NJW 1964, 990 ff.
18 »Nur wenn alle an dem Unfall beteiligten Personen von dem deutschen Sozialversicherungsrecht erfaßt würden, müßten die Vorschriften der deutschen gesetzlichen Unfallversicherung in Betracht gezogen werden, und zwar insbesondere hinsichtlich der Frage, ob der Kläger nach diesen Vorschriften Versicherungsschutz genießt«. BAG,a.a.O., 991.

Die Entwicklung der einschlägigen Rechtsprechung gipfelt in der Entscheidung des Bundesgerichtshofes aus dem Jahre 1983[19]. Ausländisches Recht wird dort überhaupt nicht mehr geprüft, da Art. 12 EGBGB ohnehin limitierend zugunsten des deutschen Beklagten eingreife[20]. Dieses Urteil verkennt bereits, daß der Anspruch nach dem ausländischen Deliktsstatut geringer hätte ausfallen können als nach deutschem Recht begründet war.

B. Die Notwendigkeit der Kritik und die Relevanz für das vorliegende Thema

Insgesamt ist danach festzustellen, daß die Tatortregel i.S. des Ubiquitätsprinzips durch die mechanische Anwendung von Art. 12 EGBGB ein theoretischer Ansatz ohne praktische Folgen geblieben ist[21]. Die Auffassung *Kreuzers*, Art. 12 EGBGB verliere ständig an Bedeutung, da die »Auflockerung des Deliktsstatuts« immer häufiger zur Anwendung des deutschen Rechts führe[22], wird angesichts dieses Befundes fragwürdig. Auf eine »Auflockerung« kommt es gerade durch die herrschende Interpretation der Vorschrift nicht mehr an[23]. Art. 12 EGBGB gewinnt in dem Maße an Bedeutung, in dem sich die allgemeine Rechtsprechung zugunsten deutscher Schädiger konsolidiert hat.

Für Produkthaftpflichtklagen im allgemeinen und insbesondere für Verfahren, in denen auf Klägerseite ein amerikanischer Geschädigter auftritt, gilt nichts anderes. Diese Annahme mag zunächst nicht recht einleuchten, weil es für den Bereich insgesamt nur sehr wenige[24], für die hier interessierende Fallkonstellation gar keine veröffentlichten Entscheidungen gibt. Der Schein

19 BGHZ 86, 234 ff. = VersR 1983, 342 f.

20 BGHZ 86, 236 ff. = VersR 1983, 343 ; so auch schon OLG Freiburg JZ 1951, 223, 224: »Praktisch wird in solchen Fällen (Ansprüche gegen einen Deutschen aus unerlaubter Handlung) auf Grund des Art. 12 EGBGB, ..., nur deutsches Recht angewendet«. Vgl. dazu auch die Anmerkung von *Ballerstedt*, ebd., 227, der deutsches Recht auf Grund der VO über die Rechtsanwendung bei Schädigungen deutscher Staatsangehöriger außerhalb des Reichsgebiets vom 7.12.1942 für anwendbar hält, da beide Parteien deutsch waren. Die Fortgeltung der RanWVO ist zwar vom BGH ausdrücklich bestätigt worden, BGHZ 34, 222, 225; es ist indessen fraglich, ob sie zukünftig Bestand haben wird. Nach einem jüngeren Referentenentwurf aus dem BMJ (Art. 2 RefE) soll sie entfallen. Fundstelle: Oben § 1 Fn. 5.

21 *Hohloch*, Das Deliktsstatur, 100f.

22 *Münchkomm-Kreuzer*, a.a.O., RdNr. 278.

23 *Hohloch*, a.a.O.

24 Siehe oben § 2, Fn. 26.

mangelnder praktischer Relevanz dürfte gleichwohl trügen. Daß sich das Produkthaftpflichtrecht mit anwachsendem Güterfluß in die USA zu einem ständig wichtiger werdenden Problem entwickelt, ist bereits oben[25] angeklungen.

Wenn sich diese Konflikte nicht in veröffentlichten Entscheidungen niederschlagen, dann liegt das zuvorderst an der Regulierungspraxis der betroffenen deutschen Unternehmen[26]. Die ohnehin schon vorhandene allgemeine Tendenz, Forderungen wegen Schäden durch fehlerhafte Produkte routinemäßig an die Versicherungsabteilung des betreffenden Unternehmens zur vergleichsweisen Regulierung im Vorfeld einer potentiellen Klage abzugeben[27], wird durch eine gefestigte Spruchpraxis zu Art. 12 EGBGB auf anderen Gebieten des Deliktsrechts nur noch weiter gefördert. Den Beteiligten ist bewußt, daß Ansprüchen, die nach dem amerikanischen Deliktsstatut begründet sind, bei dem leisesten Verdacht einer »Abweichung nach oben« die Durchsetzung in der Bundesrepublik Deutschland ohnehin versagt würde.

C. Eigener Kritikansatz

Die starre Auslegung von Art. 12 EGBGB ist aus mehreren Gründen bedenklich. Wenn man, wie die h.M., Art. 12 EGBGB als besondere ordre public-Vorschrift (speziell zu Art. 30 EGBGB) ansieht[28], dann stellt die gegenwärtige Handhabung eine pauschale Abqualifizierung amerikanischen Produkthaftpflichtrechts als ordre public-widrig dar. An sich anwendbares ausländisches Recht wird in diesem Fall also als gegen die guten Sitten oder gegen den Zweck eines deutschen Gesetzes verstoßend abgelehnt, ohne daß auf die Besonderheiten, die prägenden Faktoren der fremden Rechtsordnung, abgehoben wird. Wenn man aber bereit ist, Art. 12 EGBGB als bloße verselbständigte Inländerschutzklausel zu mißbilligen, dann muß das denknotwendig zu dem Bestreben führen, sie möglichst eng auszulegen. Unter beiden Prämissen erscheint es wichtig, das System des amerikanischen Produkthaftpflichtrechts näher auf dessen Gehalt hin zu untersuchen, um zunächst zu

25 Vgl. Seite 1

26 *Steinebach*, a.a.O., 36, der darüber hinaus annimmt, daß Veröffentlichungen von ergangenen Urteilen bewußt verhindert werden.

27 Das Ausmaß des Problems läßt sich auf Grund der betriebsinternen Regulierungspraxis nicht beziffern; dazu *Steinebach*, a.a.O., 35.

28 Vgl. dazu oben § 2 D.II.1.

ermitteln, welche Abweichungen zum deutschen Recht auftreten. Diese Untersuchung soll sich nicht auf die bloße Darstellung der einschlägigen materiellen Rechtsregeln beschränken. Wie schon oben angedeutet[29], ist die amerikanische Sonderentwicklung auf diesem Gebiet untrennbar mit einer Reihe prozessualer Rahmenbedingungen verknüpft, von deren maßgeblicher Bedeutung für den jetzigen Status quo materieller amerikanischer Rechtswirklichkeit immer noch wenig Notiz genommen wird. Abweichungen, die in Gestalt einer strikteren Haftung und höherer Schadensersatzsummen auftreten mögen, dürften ordre public-Bedenken relativieren, wenn man sich mit eben diesem besonderen prozeßrechtlichen Rahmen vertrauter macht.

Besondere Kritik verdient die derzeitige Vorgehensweise im Rahmen von Art. 12 EGBGB, die regelmäßig dazu führt, die Anspruchshöhe dem deutschen Maß schematisch anzugleichen. Es ist schwer verständlich, daß der geschädigte Amerikaner im Prozeß in Deutschland nicht die Schadenshöhe soll durchsetzen können, die nach amerikanischen Maßstäben zu definieren und zu berechnen ist. Schadensersatzsummen für Verletzungen, die durch fehlerhafte Produkte verursacht werden, mögen in den Vereinigten Staaten im Durchschnitt sicherlich höher ausfallen als hierzulande. Wenn man Art. 12 EGBGB den überschießenden Betrag zugunsten des deutschen Schädigers abschneidet, dann verkennt diese Praxis die besondere Funktion, die dem amerikanischen Ausgleichsanspruch zukommt. In einem Land, das Schadensvorsorgesysteme, wie sie in Europa und nachgerade in der Bundesrepublik Deutschland existieren, nicht kennt, wird die private (Produkthaftpflicht-) Klage zur ökonomischen Notwendigkeit für den je Geschädigten. Mit anderen Worten: Das amerikanische Produkthaftpflichtrecht kann als Substitut eines nicht oder doch nur spärlich vorhandenen sozialen Netzes begriffen werden. Vor diesem Hintergrund wird deutlich, daß sich ein bloßer nomineller Vergleich verbietet, weil er Ansprüche unterschiedlicher Qualität gegenüberstellt, die nicht ohne weiteres zur Deckung zu bringen sind. Die für Art. 12 EGBGB vorzunehmende Prüfung verlangt mehr: Sie sollte unter Einbeziehung der vorstehenden Erwägungen einen funktionsäquivalenten Anspruchsvergleich als Maßstab für die Frage enthalten, ob, und ggf. inwieweit Ansprüche nach amerikanischem Produkthaftpflichtrecht tatsächlich weitergehen, als nach deutschen Gesetzen begründet sind.

Im folgenden gilt es dafür, zunächst die amerikanischen Haftungsgrundlagen und Haftungsfolgen näher darzustellen (§ 4). Eine erste Bewertung der auftretenden Abweichungen zum deutschen Sachrecht soll alsdann in einem

29 Vgl. § 1.

weiteren Schritt erfolgen, der sich mit den besonderen »Motiven« für die Schadensausgleichsregeln im Produkthaftpflichtprozeß auseinandersetzt (§ 5). Schließlich ist den prozeßrechtlichen Sonderbedingungen nachzugehen, die weiteren Aufschluß versprechen über die allgemeine Entwicklung amerikanischen Produkthaftpflichtrechts und über dessen tatsächliche Bedeutung für den individuell Betroffenen (§ 6-9).

§ 4 US-amerikanisches Produkthaftpflichtrecht

Schäden, die von fehlerhaften Produkten ausgehen, werden von amerikanischen Gerichten im wesentlichen unter drei haftungsrechtlichen Gesichtspunkten beurteilt: ›negligence‹ (Haftung wegen fahrlässigen Verhaltens); ›warranty‹ (Haftung aus Garantie); ›strict liability‹ (strenge[1]Haftung). Die Aufzählung entspricht in ihrer Reihenfolge den zeitlichen Entwicklungsstufen, die amerikanisches Produkthaftpflichtrecht – im Unterschied zu anderen Gebieten des Common Law – hauptsächlich im 20. Jahrhundert durchgemacht hat. Schadensersatzansprüche wegen Produktschädigungen ergeben sich aus anderen Haftungsgrundsätzen nur ganz selten und sollen mangels praktischer Bedeutung hier außer Betracht bleiben[2].

Doch auch die Beschränkung auf dieses Trio von Haftungsgrundlagen läßt eine allgemein verbindliche, einheitliche Standortbestimmung amerikanischen Sachrechts nicht zu. Dieser Bereich unterfällt mangels ausdrücklicher Zuweisung an die Bundeszuständigkeit[3] (Art. VI Sec. 2 Const.) der Kompetenz der Einzelstaaten und wird dort ganz überwiegend[4] durch das Fallrecht des Common Law geregelt. Trotz aller Versuche, Produkthaftpflichtrecht bundesweit zu vereinheitlichen[5], ist es bei den großen Unterschieden geblieben, die

1 Da im Rahmen dieser Anspruchsgrundlage – wie noch zu erörtern sein wird – durchaus auch Fahrlässigkeitserwägungen zum Tragen kommen können, soll nicht von einer reinen Gefährdungshaftung die Rede sein; so aber *von Westphalen*, Die US-amerikanische Produzentenhaftung, WM 1979, 542 (»deliktische Gefährdungshaftung«).

2 Es sind dies: ›mispresentation‹ (Falschdarstellung); ›fraud or deceit‹ (arglistige Täuschung); ›negligence per se‹ (Haftung für Fahrlässigkeit, die bei einem Verstoß gegen eine Schutzvorschrift angenommen wird, ohne daß es dabei auf nachprüfbares Verschulden ankäme); ›battery‹ (Körperverletzung); ›nuisance‹ (Belästigung,Störung, die hauptsächlich in nachbarrechtlichen Streitigkeiten relevant wird).

3 Produktbezogene Gesetze auf Bundesebene, wie z.B. der Traffic Vehicle and Motor Safety Code (15 U.S.C. §§ 1381 ff.), regeln in öffentlich-rechtlicher Funktion zumeist Sicherheitsstandards für Erzeugnisse der Konsumgüterindustrie. Haftungsrechtliche Bedeutung erlangen sie, wenn ihre Vorschriften als Maßstab für die Sorfaltspflichten beklagter Hersteller dienen. Vgl. dazu etwa Stonehocker v. General Motors Corp., 587 F. 2d 151 (4th Cir. 1978).

4 Zu den in den Einzelstaaten unterschiedlich weitreichenden Versuchen, diesen Bereich durch gesetzliche Vorschriften zu regeln, s.unten D.VI.; schon jetzt sei darauf hingewiesen, daß auch solche ›statutes‹ von den Gerichten nach den Grundsätzen des Fallrechts – also mittels Präzedenzfallbildung – angewendet werden, wobei freilich wenig oder gar kein Spielraum bleibt, wenn es etwa um die Anwendung von Verjährungsvorschriften geht. Allgemein dazu auch *Schurtmann/Walter*, Der amerikanische Zivilprozeß, 14 f.

5 Zu den Bemühungen mit dem Uniform Products Liability Act (1979) und dem Products Liability Act (1983) Einheitlichkeit zu erzielen, s. unten D.VI.

von der Rechtsprechung der Einzelstaaten gerade in den letzten 25 Jahren hervorgebracht wurden. Ist ein Rechtsstreit an einem der Bundesgerichte anhängig – etwa wegen unterschiedlicher Staatenzugehörigkeit der beteiligten Parteien (diversity jurisdiction) – gilt nichts anderes: Das Gericht hat das nach den kollisionsrechtlichen Regeln berufene Einzelstaatenrecht anzuwenden[6]. Es ist daher keineswegs zu kühn, wenn man feststellt, daß praktisch über keine einzelne Rechtsfrage, bundesweit gesehen, völliger Konsens herrscht. Immer wieder sind Abweichungen nicht nur in Nuancen zu verzeichnen, die einer umfassenden Betrachtungsweise im Wege stehen.

Über die einzelstaatenrechtlich bedingte Uneinheitlichkeit hinaus finden sich Abweichungen oder gar Widersprüche aber selbst innerhalb der Rechtsprechung eines einzelnen Staates. Solche Divergenzen sind insbesondere dort anzutreffen, wo dem höchsten Gericht des betreffenden Staates eine Streitfrage noch nicht zur Entscheidung vorgelegen hat[7].

Die folgende Darstellung[8] kann sich also nicht im Detail mit den zahlreichen Wegen beschäftigen, die von den einzelnen Staaten beschritten worden sind und sollte daher nicht dahingehend mißverstanden werden, daß sie ein in sich geschlossenes Konzept amerikanischen Produkthaftpflichtrechts präsentierte. Ein solches Konzept existiert nicht. Neben erfaßbaren groben Tendenzen gilt es allerdings auch auf die Extreme, die sogenannten ›landmark cases‹ aufmerksam zu machen, da von ihnen erfahrungsgemäß wichtige Impulse für die Rechtsfortbildung im allgemeinen ausgehen.

A. Negligence (deliktische Haftung wegen fahrlässigen Verhaltens)

Eine Klage, die sich auf Negligence stützt, ist begründet, wenn eine dem Geschädigten gegenüber bestehende Sorgfaltspflicht (duty of care) bestand, deren Verletzung durch den Beklagten kausal für den Schadenseintritt war. Im Anschluß an eine englische Entscheidung aus dem vorigen Jahrhundert[9]

6 Grundlegend: Erie Railroad Co. v. Tompkins, 304 U.S. 64, 58 S.Ct. 817, 82 L.Ed. 1188 (1938).

7 Interagency Task Force on Product Liability, Final Report, U.S. Department of Commerce (1977), II-49; im folgenden abgekürzt als Final Report

8 Aus dem deutschen Schrifttum vgl. etwa *Marschall v. Bieberstein*, Die Produkthaftpflicht in der neueren Rechtsprechung der USA; *Zeller*, Zur Produkthaftpflicht aus Exporten nach USA und ihre Versicherung; *Hoechst*, Die US-amerikanische Produzentenhaftung.

9 Winterbottom v. Wright, 10 M.R.W. 109, 152 Eng. Rep. 402 (1842).

konnte Schadensersatz ursprünglich nur verlangen, wer in einer unmittelbaren vertraglichen Beziehung (privity of contract) zum Anspruchsgegner stand. Wenn auch diese Rechtslage durchaus Spiegelbild einer vorindustriellen Gesellschaft mit unkomplizierten Handlungsverbindungen zwischen Käufer und Hersteller gewesen war, so entsprach sie doch immer weniger den Konsequenzen einer sich im Zuge der industriellen Revolution entwickelnden Massenproduktion. Arbeitsteilung und Mehrstufenabsatz von Produkten führten zu dem Dilemma, daß der Käufer dem Hersteller schutzlos, weil vertragslos, ohne Anspruch gegenüberstand. Eben diesem Schutzbedürfnis wurde mit fortschreitender Rechtsprechung zunehmend Rechnung getragen. Der Grundsatz der ›privity of contract rule‹ erfuhr nach und nach Ausnahmen. Schadensersatz wurde trotz fehlender vertraglicher Bindung zunächst zugesprochen, wenn Schädigungen durch Produkte entstanden, die als potentiell gefährlich (inherently dangerous) eingestuft wurden, worunter man etwa Medikamente, Gifte, Sprengstoffe und Waffen verstand[10].

Die vollständige Abkehr von der ›privity of contract rule‹ für Negligence-Fälle wurde 1916 durch die New Yorker Entscheidung MacPherson v. Buick Motor Company[11] vollzogen. *Judge Cardozo* begründete das Urteil, das die früheren Ausnahmefälle zur Regel erklärte, die alle fahrlässig fehlerhaft hergestellten Produkte erfassen sollte, mit den berühmt gewordenen Worten:

> «If the nature of a thing is such that it is reasonably certain to place live and limb in peril when negligently made, it is then a thing of danger«[12].

Die neue Regel fand rasche Akzeptanz in der Rechtsprechung[13], die sie in den folgenden Jahren ständig weiterentwickelte. Der Haftungsrahmen, der vorher nur Gesundheitschäden (personal injuries) umfaßte, wurde unabhängig von vertraglichen Bindungen auf Eigentumsverletzungen ausgedehnt[14]. Dies galt auch für Fälle, in denen ein Risiko für Leib und Leben des Verletzten – ehedem Voraussetzung für die Ersatzfähigkeit des Schadens – gar nicht bestanden hatte, wie z. B. bei der mangelhaften Herstellung von

10 Ins Rollen gebracht wurde diese Entwicklung durch eine New Yorker Entscheidung, Thomas v. Winchester, 6 N.Y. 397 (1852); ein mit Gift gefülltes Behältnis war mit einem falschen Etikett ausgezeichnet worden. Dem verletzten Kunden wurde ein Schadensersatzanspruch gegen den Erstverkäufer zugesprochen, der das Etikett versehentlich falsch angebracht und das Behältnis an einen Zwischenhändler (Drogisten) veräußert hatte, obwohl zwischen Erstverkäufer und Endabnehmer keine vertragliche Beziehung bestand.

11 217 N.Y. 382, III N.E. 1050 (1916).

12 Ebenda, N.Y., 389, N.E. 1053.

13 Johnson v. Cadillac Motor Car Co., 2d Cir. 261 F. 878 (1919)

14 Gosnell v. Zink, 325 P. 2d 965 (Okl. 1958).

Tierfutter, das eine vorhersehbare Gefahr nur für die Tiere selber darstellte[15].

Die (in den Einzelstaaten nicht einheitlich verlaufende) Entwicklung der Haftungsgrundlage Negligence hat ferner dazu geführt, daß Klagen wegen Produktschäden auch über den Bereich der fahrlässigen fehlerhaften Herstellung hinaus erfolgversprechend sein können. Eine Schadensersatzpflicht wegen Fahrlässigkeit kann insbesondere eintreten

- beim Unterlassen von Warnungen und Instruktionen, die dem gefährlichen Umgang mit dem Produkt vorbeugen[16]
- beim Unterlassen von vollständigen Produktkontrollen oder -tests[17]
- beim Außerachtlassen gebührender Sorgfalt in Werbe- und Verkaufspraktiken, die zu einer Falschdarstellung des Produkts führen[18].

Die Haftung wegen Negligence im Rahmen von Produkthaftpflichtklagen ist jedoch nicht nur auf diese Hauptkategorien beschränkt. Unter der gegenwärtig sehr weitherzig gehandhabten Regel macht sich allgemein für die fahrlässige Herstellung oder für den fahrlässigen Verkauf eines Produktes deliktisch schadensersatzpflichtig, wer vorhersah oder vorhersehen mußte, daß es infolge seiner Fehlerhaftigkeit erheblichen Schaden beim Benutzer oder selbst beim unbeteiligten Dritten (casual bystander) anrichten kann[19].

Auch der Kreis der Passivlegitimierten hat sich deutlich erweitert. Als Beklagte kommen neben dem Hersteller nun in Frage:

- der Veräußerer (auch wenn nicht einmal der Anschein bestand, er sei gleichzeitig der Herstellter der Ware)[20];
- der Ankäufer von aus Fremdprodukionen stammenden Zubehörteilen, die er zu einem Gesamtprodukt verarbeitet[21];
- derjenige, der Reparaturen an beweglichen Sachen vornimmt[22] und in vielen Staaten
- Unternehmer, die planerisch und ausführend an der Bebauung von Grundstücken beteiligt sind[23].

15 Dunn v. Purina Co., 38 Tenn. App. 229, 272 S.W. 2d 479 (1954); Pine Grove Poultry Farm, Inc. v. Newtown By-Prods. Mfg. Co., 248 N.Y. 293, 162 N.E. 84 (1928).

16 Blitzstein v. Ford Motor Co., 288 F. 2d 738 (5th Cir. 1961)

17 Ford Motor Co. v. Zahn, 265 F.2d 729 (8th Cir. 1959)

18 Wise v. Hayes, 58 Wash. 2d 106, 361 P.2d 171 (1961)

19 Pitts v. Basile, 55 Ill. App. 2d 37, 204 N.E.2d 43 (1965); Flies v. Fox Bros. Buick Co., 196 Wis. 196, 218 N.W. 855 (1928).

20 Flies v. Fox, a.a.O.

21 Sheward v. Virtue, 20 Cal. 2d 410, 126 P. 2d 345 (1942).

22 Wright v. Creative Corp., 30 Colo. App. 575, 498 P.2d 1179 (Colo. 1972).

23 Ebenda

Da sich der außerhalb des Produktions- oder Verkaufsprozesses stehende Kläger in notorischer Beweisnot befindet, eine Sorgfaltspflichtverletzung auch nur ausreichend substanstiiert vorzutragen, wurde das Prinzip des ›res ipsa loquitur‹ (die Sache spricht für sich selbst) entwickelt, das der in der deutschen Rechtsprechung bestehenden Beweislastumkehr in Produkthaftpflichtverfahren sehr nahekommt, die fehlerhafte Produkte mit Konstruktions- oder Fabrikationsmängeln zum Gegenstand haben[24]. ›Res ipsa‹ greift ein und schafft die widerlegbare Vermutung fahrlässigen Verhaltens auf Beklagtenseite, wenn drei Voraussetzungen vorliegen:

- Der Beklagte hatte die ausschließliche Kontrolle über das schadensstiftende Produkt;
- Der Unfall war solcher Natur, daß er ohne Fahrlässigkeit des Beklagten unter normalen Umständen nicht aufgetreten wäre;
- der Kläger hat nicht durch wissentliches Handeln eine (mitwirkende) Bedingung für den Erfolgseintritt des Schadens gesetzt[25].

Die erste Voraussetzung hat zu Mißverständnissen Anlaß gegeben und wurde von einigen Gerichten mittlerweile ausdrücklich präzisiert. Danach genügt es, wenn das fehlerhafte Produkt zur Zeit des Herstellungsprozesses, nicht aber zum Zeitpunkt des Erfolgseintrittes unter ausschließlicher Kontrolle des Beklagten (in dieser Variante ist das der Produzent) stand[26].

Durch die Ausbildung neuer und weitreichender Anspruchsgrundlagen im Bereich des Produkthaftpflichtrechts hat Negligence sicherlich an Bedeutung verloren[27]. Bedeutungslos geworden ist sie indessen nicht. Das kann einmal damit zusammenhängen, daß die Frage, ob eine schuldhafte Sorfaltspflichtverletzung vorliegt, der Jury als ›question of fact‹ gestellt wird. Ganz offensichtlich hält sich unter der Anwaltschaft hartnäckig der Glaube an die Beeinflußbarkeit der Laienrichter, die, konfrontiert mit den Einzelheiten pflichtwidrigen Verhaltens, zu höheren Schadenssummen fänden[28]. Darüber hinaus darf nicht verkannt werden, daß sich Strict Liability in ihrer Anwendung oft gar nicht so weit von den traditionellen Elementen der Negligence-Regeln entfernt hat. In einer Vielzahl von Fallgestaltungen bleiben Verschuldensmerkmale – wie noch zu zeigen sein wird – durchaus von zentraler Bedeutung für das Konzept der strengen Haftung.

24 Eingeleitet durch BGHZ 51, 91 = VersR 1969, 155 = NJW 1969, 269 m. Anm. *Diederichsen* = JZ 1969, 387 m. Anm. Deutsch (Hühnerpestviren).

25 Escola v. Coca Cola Bottling Co. of Fresno, 24 Cal. 2d 453, 150 P.2d 436 (1944).

26 Zentz v. Coca Cola Bottling Co. of Fresno, 247 P.2d 344 (1952)

27 *Prosser*, Torts, 644.

28 Ebenda; grundsätzlich zu dieser Frage, unten § 6 C.

B. Warranty

Ein Kläger, der Gesundheitsschäden oder Eigentumsverletzungen durch die Benutzung, den Verzehr oder die Aufbewahrung eines verkauften Produktes erlitten hat, kann sich neben Negligence oder statt ihrer auf den Bruch einer Express- oder Implied Warranty berufen. Die für Negligence-Klagen verbleibenden Beweisprobleme stellen sich bei diesen Anspruchsgrundlagen nur in geringerem Umfang, da bei ihrer Anwendung eher auf die Beschaffenheit des Produkts denn auf das Verhalten des Beklagten abgestellt wird. Zur Anspruchsbegründung hat der Kläger, neben der Warranty selber den Produktfehler, seinen Schaden sowie die Kausalität zwischen beiden Elementen zu beweisen.

I. Breach of Express Warranty

Diese Haftungsgrundlage kann mit Einschränkungen der Eigenschaftszusicherung im deutschen Kaufrecht gleichgestellt werden. So bedarf etwa eine Express Warranty auch nicht der Schriftform, sie kann formfrei[29] mündlich gegeben werden[30]. Im Unterschied zur deutschen Regelung setzt die Annahme einer Express Warranty allerdings nicht voraus, daß die Zusicherung unmittelbar dem Käufer gegenüber abgegeben wird. Es ist üblich, Angaben die z. B. durch Werbung ein breiteres Publikum erreichen, als haftungsbegründende, sogenannte außervertragliche, ausdrückliche Zusicherungen zu werten[31]. Die Ansicht, daß eine ›privity of contract‹ kein notwendiger Bestandteil für die Haftung aufgrund einer ausdrücklichen Zusicherung sei, geht auf eine Entscheidung aus dem Jahre 1932 zurück[32]. Der Kläger kaufte ein Kraftfahrzeug von einem Ford-Händler, der es seinerseits von der beklagten Ford Motor Company erworben hatte. Während der Fahrt wurde das vom Kläger gelenkte Fahrzeug von einem Kieselstein an der Windschutzscheibe getroffen. Das berstende Glas, das von der Beklagten in Katalogen und anderen Druckerzeugnissen als absolut bruchsicher angepriesen worden war, fügte dem Kläger Augenverletzungen zu. Das Gericht sah in den öffentlichen Werbeaussagen eine Express Warranty, auf die sich der Kläger

29 Dazu sogleich

30 Compton v. M.O'Neal Co., 101 Ohio App. 378, 1 Ohio Ops. 2d 315, 139 N.E. 2d 635, 67 ALR 2d 613 (1955).

31 Vgl. *Zeller*, a.a.O., 15 m.Nw. aus der Rspr.

32 Baxter v. Ford Motor Co., 168 Wash. 456, 12 P.2d 409 (1932).

ungeachtet fehlender vertraglicher Bindungen zu Beklagten hätte verlassen dürfen[33]. Nachfolgende Entscheidungen zu ähnlich gelagerten Sachverhalten führten zur Bestätigung und allgemeinen Anerkennung dieser neuen Regelung[34].

Unter welchen Umständen im einzelnen eine Express Warranty besteht, regelt § 2-313 des Uniform Commercial Code (UCC)[35]. Gemäß § 2-313 Abs. 1 UCC besteht eine Express Warranty bei Tatsachenbehauptungen oder Versprechen, die hinsichtlich des Produkts abgegeben wurden, bei Warenbeschreibungen oder bei Hingabe von Proben oder Modellen[36]. Absatz 2 der Vorschrift bestimmt, daß es dabei weder auf den Gebrauch besonderer Worte wie »Zusicherung« oder »Garantie«, noch auf den wirklichen Willen des Veräußeres ankommt. Andererseits ist es für die Annahme einer Express Warranty aber auch nicht ausreichend, wenn der Veräußerer bloße Wertangaben macht bzw. nur unverbindlich seine Meinung zum Ausdruck bringt[37].

Da sie einem venire contra factum proprium gleichkämen, sind allumfassende Haftungsausschlüsse (disclaimers of liability) im Zusammenhang mit Express Warranties unwirksam, wenn diese spezifische Zusicherungen enthalten[38].

33 Baxter, a.a.O., 460, 462-463, 12 P.2d 411-412.

34 *Prosser*, a.a.O., 651.

35 Der UCC gilt heute in seinem hier maßgeblichen Titel 2 mit unterschiedlichen Ausprägungen in allen Bundesstaaten bis auf Louisiana, dessen Rechtsstruktur sich traditionell am Code Civil orientiert. Zu den Gründen dieser für amerikanische Verhältnisse seltenen bundesweiten Kodifikation vgl. *Zeller*, a.a.O., 14.

36 § 2-313 UCC, Abs. (1)
Express Warranties by the seller are created as follows:
a) Any affirmation of fact or promise made by the seller to the buyer which relates to the goods and becomes part of the basis of the bargain creates an express warranty that the goods shall conform to the affirmation or promise.
b) Any description of the goods which is made part of the basis of the bargain creates an express warranty that the goods shall conform to the description.
c) Any sample or model which is made part of the basis of the bargain creates an express warranty.

37 § 2-313 UCC, Abs. (2)
It is not necessary to the creation of an express warranty that the seller use formal words such as »warrant« or »guarantee« or that he have a specific intention to make a warranty; but an affirmation merely of the value of the goods or a statement purporting to be merely the seller's opinion or commendation of the goods does not create a warranty.

38 Vgl. § 2-316 UCC; *Owles*, Development of Products Liability in the United States, 28; Chrisholm v. J.R. Simplot Co., 94 Idaho 628, 495 P.2d 1113. Spezielle Haftungsausschlüsse werden aber auch für Express Warranties als möglich und nicht unbillig angesehen, da Ansprüche daraus ja schon entstehen können, wenn nur ein Produktmuster oder -modell überreicht bzw. eine Produktbeschreibung gegeben wird; vgl. dazu 63 Am.Jur. 2d, Products Liability § 511.

II. Breach of Implied Warranty

Diese Haftungsgrundlage fußt nicht, wie voreilige Übersetzungsversuche vermuten lassen, auf einem schlüssigen Verhalten des Beklagten[39]. Es handelt sich vielmehr um eine gesetzliche Fiktion, die eine bestimmte Qualität von verkauften Produkten voraussetzt und unabhängig von Erklärungen des Beklagten eingreift[40]. Aber auch die Annahme, dieses Rechtsinstitut sei mit den deutschen gesetzlichen Gewährleistungsbestimmungen für Sachmängelfreiheit von Kaufgegenständen identisch, weil eine Haftung ohne ausdrückliche Zusicherung eintritt, wäre nicht exakt[41]. Wie noch zu zeigen sein wird, kommt eine Breach of Implied Warranty vielfach auch dann als Anspruchsgrundlage in Frage, wenn vertragliche Beziehungen zwischen den Parteien nicht bestehen.

Die einschlägigen Vorschriften des UCC unterteilen Implied Warranties in zwei Kategorien. § 2-314 bestimmt im Kern, daß Waren immer dann wenigstens mittlerer Art und Güte sein müssen (merchantable), sobald sie von jemandem verkauft werden, der regelmäßig mit dem Absatz solcher Waren befaßt ist. § 2-315 regelt die besondere Gebrauchstauglichkeit eines veräußerten Produkts. Danach liegt eine Implied Warranty vor, wenn der Veräußerer den besonderen Zweck (particular purpose) kannte oder erkennen mußte, für den das Produkt erworben wurde, und wenn der Käufer sich auf das Fachwissen des Veräußerers dahin verließ, daß dieser ein diesbezüglich geeignetes Produkt auswählen oder beschaffen werde[42].

Als potentielle Beklagte kommen alle gewerbsmäßigen Verkäufer vom Einzelhändler bis zum Hersteller in Betracht. Grundsätzlich gelten die Bestimmungen des UCC nur für den Warenverkauf, nicht aber für die Erbringung von Dienstleistungen. Comment 2 zu § 2-313 UCC hebt jedoch hervor, daß Implied Warranties auch außerhalb von Rechtsgeschäften denkbar sind, die den Verkauf beweglicher Sachen zum Gegenstand haben. Es gibt Entscheidungen, mit denen diese Anspruchsgrundlage auch bei Grundstücksverkäufen[43] und selbst im Zusammenhang mit Besitzmittlungsverhältnissen[44]

39 *Zellers* Übersetzung des Begriffs mit »stillschweigender Zusicherung« ist daher bedenklich; vgl. *Zeller*, a.a.O., 14 ff.

40 63 Am.Jur. 2d, a.a.O., § 470.

41 Im folgenden soll dieses Rechtsinstitut unübersetzt bleiben.

42 Vgl. Smith v. Burdine's Inc., 144 Fla. 500, 198 S.E. 223 (1940); diese Entscheidung erging vor Inkrafttreten des UCC. Zur Funktionsweise des UCC im Zusammenhang mit dem einzelstaatlichen Fallrecht sogleich.

43 Humber v. Morton, 426 S.W.2d 554 (Tex. 1968)

44 48 A.L.R. 3d 668.

für analog anwendbar erklärt wurde. Darüber hinaus liegt Rechtsprechung vor, nach der eine Implied Warranty Bestandteil eines Rechtsgeschäfts ist, das sich teils aus Dienstleistungen, teils aus Warenverkäufen zusammensetzt, vorausgesetzt, dem Verkaufsaspekt wird ein höherer Stellenwert in dieser gemischten Transaktion beigemessen[45].

Die Bedeutung des UCC sollte rechtsquellen-theoretisch nicht überschätzt und dahingehend mißverstanden werden, es handele sich bei diesem bundesweiten Gesetzgebungswerk um eine allseits verbindliche Gesamtkodifikation. Ziel der Verfasser[46] des UCC ist es, lediglich die Tendenzen des Fallrechts in einer möglichst richtungsweisenden Form festzuhalten, dabei aber offen für innovative Abweichungen der Rechtsprechung zu bleiben. Damit wird eine Tradition fortgesetzt, die auf den Vorgänger des UCC, den Sales Act[47] zurückreicht. Den Gerichten wird großzügiger Freiraum bei der Interpretation der Vorschriften eingeräumt und insofern die Voraussetzung für eine fortwährende Weiterentwicklung des Rechtsinstituts[48] geschaffen. Die allmähliche Abkehr vom Erfordernis einer ›privity of contract‹ und die damit verbundene Rückbesinnung auf den deliktischen Ursprung der Anspruchsgrundlage[49], veranschaulichen diese weiten Entwicklungsmöglichkeiten. Wie anfänglich bei der Negligence-Klage konnte sich auf eine Implied Waranty zunächst nur berufen, wer in direkter vertraglicher Beziehung zum Veräußerer stand[50]. Da die Haftung eines Herstellers also höchstens bis zum Zwischenhändler reichte, ging auch hier der geschädigte Endverbraucher regelmäßig leer aus. Die ersten Durchbrechungen dieses Prinzips erfolgten mit Entscheidungen, denen der Verkauf verdorbener Lebensmittel und Getränke zugrunde gelegen hatte[51]. Die theoretische Rechtfertigung für diese Ausnahmen lieferten anfänglich die unterschiedlichsten Konstruktionen. Um das ›privity of contract‹-Erfordernis als noch gewahrt ansehen zu können, unterstellte man z.B., daß der Händler als Vertreter des Herstellers aufgetre-

45 Newmark v. Gimpel's Inc., 54 N.Y. 585, 258 A.2d 697 (1969); Riffe v. Black, S.W.2d 175 (Ky. App. 1977)

46 Der UCC geht zurück auf einen Gesetzesvorschlag der National Conference of Commissioners on Uniform State Laws und des American Law Institute, einer privaten Vereinigung von Hochschullehrern und Praktikern mit Hauptsitz in Philadelphia. Allgemein dazu, *Zweigert/Kötz*, Einführung in die Rechtsvergleichung, Bd. I (2. Aufl.), 292 f.

47 § 12 definierte Express Warranties, §§ 14-16 regelten Implied Warranties.

48 Das trifft auch für Express Warranties zu.

49 Vgl. dazu *Prosser*, a.a.O., 634, 635, 654; inkorrekt insofern *Zeller*, a.a.O., 17 (»kaufvertragliches Rechtsinstitut«); vgl. auch oben, bei Fn. 40.

50 63 Am. Jur. 2d, a.a.O., § 596.

51 Vgl. Mazetti v. Armour & Co., 75 Wash. 622, 135 P. 633 (1913); die Kläger, Eigentümer eines Restaurants, hatten einen Behälter mit gekochter Zunge erworben, in dem sich eine übelriechende und brechreizauslösende Substanz befand.

ten sei, oder daß eine Implied Warranty bis zum Geschädigten als Begünstigten eines Vertrages zugunsten Dritter reichte[52]. Solche und andere systematisch wenig überzeugende Begründungsversuche, die auch der deutschen Doktrin nicht fremd sind[53], machten zunehmend einer Betrachtungsweise Platz, nach der es auf einen direkten vertraglichen Nexus zwischen Schädiger und Geschädigten für die Annahme einer Implied Warranty nicht mehr ankam. In der Folge setzte sich die quasi-deliktische Qualität dieser Anspruchsgrundlage vermehrt auch bei Schädigungen durch, die nicht auf den Verzehr verdorbener Lebensmittel zurückzuführen waren. Schadensersatz wegen Breach of Implied Warranty ohne vertragliche Bindung wurde zunächst für Tierfutter[54], dann für Artikel der Kosmetikindustrie[55] gewährt. 1960 kulminierte diese Entwicklung in der ›landmark decision‹ Henningsen v. Blomfield Motor, Inc.[56]. Der Grundsatzentscheidung für die Haftung aus Negligence sehr nahekommend[57] hob das Gericht die Unterscheidung zwischen einzelnen Produktarten auf und erklärte jedes fehlerhafte Produkt einer Implied Warranty für zugänglich.

Die Entwicklung der Rechtsprechung hat sich deutlich im UCC niedergeschlagen. § 2-318 regelt die Ansprüche aus Implied- und Express Warranty für Produktgeschädigte, die sich nicht auf eine vertragliche Beziehung zum Beklagten berufen können. Dem unterschiedlichen Stand des Fallrechts in den Einzelstaaten wird diese Vorschrift dadurch gerecht, daß sie wahlweise drei unterschiedlich weitreichende Varianten anbietet. Nach der ersten Variante (A), die in der Mehrzahl aller Staaten gilt[58], erstreckt sich die Haftung auch auf Familien- und Haushaltsmitglieder des Erwerbers sowie auf dessen häusliche Gäste[59]. Wichtig und typisch für die Unverbindlichkeit der

52 *Prosser*, The Assault Upon the Citadel, 69 Yale L.J. 1106 (1960)

53 Vgl. dazu den Überblick bei *Kötz*, Deliktsrecht, 195 f.

54 McAfee v. Cargill, Inc., S.D. Cal., 121 F. Supp. 5 (1954).

55 Rogers v. Toni Home Permanent Co., 167 Ohio St. 244, 147 N.E.2d 612 (1958).

56 32 N.J. 358, 161 A.2d 69 (1960).

57 S. oben Fn. 11.

58 Vgl. die Aufstellung bei *Zeller*, a.a.O., 19. Ursprünglich hatten die Verfasser des UCC lediglich diese Regelung vorgeschlagen. Die Varianten B und C wurden hinzugefügt, um auftretenden Abweichungen in einigen Jurisdiktionen Rechnung zu tragen; dazu 63 Am.Jur.2d, a.a.O., § 597, Fn. 79.

59 § 2-318 UCC, Alternative A:
A Seller's warranty whether express or implied extends to any natural person who is in the family or household of the buyer or who is a guest in his home if it is reasonable to expect that such person may use, consume or be affected by the goods and who is injured in person by the breach of the warranty. A seller may not exclude or limit operation of this section.
Die Texte der Varianten B und C sind abgedruckt bei *Zeller*, a.a.O., 17f.. Für die Gerichte einiger Staaten (z.B. Florida) gelten Regelungen, die von allen drei Wahlmöglichkeiten des UCC abweichen; vgl. 63 Am.Jur.2d., a.a.O.

im UCC enthaltenen Vorschriften ist der in Comment 3 zu § 2-318 enthaltene Vorbehalt zu dem Kreis anspruchsberechtigter Personen. Darin heißt es, daß § 2-318 weder als Förderung noch als Einschränkung des sich fortentwickelnden Fallrechts verstanden werden dürfe. Mit anderen Worten: Dem in den einzelnen Varianten unterschiedlich weitgezogenen Kreis von Aktivlegitimierten kommt keine abschließende Bedeutung zu[60].

Probleme bei der Durchsetzung eines Anspruchs, der auf Breach of Implied Warranty gestützt wird, können für den Geschädigten in zweierlei Hinsicht enstehen: Einmal ist Schadensersatz nach § 2-607 (3) (a) UCC ausgeschlossen, wenn er es unterläßt, den schadensverursachenden Produktmangel umgehend beim Veräußerer anzuzeigen (timely notice). Zum anderen gilt unabhängig von Entscheidungen wie Henningsen[61], die einzelne Haftungsausschlußerklärungen für unwirksam erklärt haben, daß der Veräußerer gem. § 2-316 UCC Implied Warranties ausschließen oder begrenzen darf, solange er dies nur sprachlich deutlich genug kennzeichnet[62].

C. Strict Liability

Mit ›strict liability in tort‹ wird jener Schritt in der Entwicklung des amerikanischen Produkthaftpflichtrechts beschrieben, der sich gänzlich von vertragrechtlichen Konstruktionen und – im Grundsatz – auch von den herkömmlichen Verschuldenskategorien löste, um eine eigenständige Anspruchsgrundlage zu schaffen.

Implied Warranties stellen auch heute noch eine wichtige Haftungsgrundlage in Produkthaftpflichtprozessen dar[63]. Dies gilt insbesondere in den wenigen

60 Ein ähnlicher Vorbehalt findet sich, wie schon weiter oben erwähnt, in Comment 2 zu § 2-313 UCC, der die Anwendbarkeit des UCC über den ursprünglich vorgesehenen Bereich hinaus auf Rechtsgeschäfte erlaubt, die nicht einen Warenverkauf zum Gegenstand haben.

61 S. oben Fn. 56.

62 Eine wichtige Einschränkung erfährt dieser Grundsatz insofern, als bei Haftungsausschlüssen für Körperverletzungen durch Konsumgüter von einer (widerlegbaren) Vermutung der Sittenwidrigkeit und damit der Unwirksamkeit des ›disclaimer‹ ausgegangen wird, § 2-719 (3) UCC.

63 Nach *Zeller*, a.a.O., 45, der sich auf eine Studie des Insurance Office in New York aus dem Jahr 1977 beruft, ist bei 37% aller Produkthaftpflicht-Personenschäden Warranty (Express und Implied) die zentrale Anspruchsgrundlage. Ob diese Angabe auch heute noch zutrifft, dürfte zweifelhaft sein. Zu bedenken gilt es darüber hinaus, daß solche Zahlen soweit sie Implied Warranties betreffen, grundsätzlich schwer zu verifizieren sind; diese Anspruchsgrundlage und Strict Liability werden von den Gerichten z.T. immer noch synonym behandelt, d.h., Tenor und Begründung eines Urteils weisen nicht aus, welcher Haftungsgrundsatz letztlich ausschlaggebend war. Dazu auch sogleich.

Staaten[64], deren Gerichte Strict Liability dem Konzept nach ablehnen oder in ihrem Forum für nicht anwendbar befinden. Grundsätzlich kann die Anwendung der Implied-Warranty-Prinzipien auch zu durchaus funktionsäquivalenten Ergebnissen führen[65]. Den geschilderten Problemen[66] konnte aber nicht immer, etwa durch eine verbraucherfreundliche richterliche Inhaltskontrolle von Haftungsausschlußklauseln, abgeholfen werden, was als unbillig empfunden wurde[67]. Andererseits empfand man es als zunehmend unbefriedigend, daß das Konstrukt Implied Warranty aus Billigkeitsgründen häufig ergebnisorientiert überstrapaziert wurde, so daß es letztlich eine Frage der Methodenehrlichkeit war, die strenge Haftung für schädigende fehlerhafte Produkte einzuführen[68]. Dort, wo beide Anspruchsgrundlagen gelten (in Staaten, deren Gerichte Schadensersatz wegen Breach of Implied Warranty nur bei einer Vertragsbeziehung zwischen Kläger und Beklagtem zusprechen), herrscht auch heute noch Unklarheit über die dogmatische Einordnung der Implied Warranty. Selbst aus Urteilsbegründungen geht oft nicht klar hervor, ob die Gerichte diese quasi-deliktische Rechtsfigur oder Strict Liability als Anspruchsgrundlage herangezogen haben[69]. Der wachsende Unmut über die verwischten dogmatischen Konturen der Implied Warranty und die Überzeugung, daß deren Haftungsrahmen durch Ausschlußmöglichkeiten unangemessen eingeengt würde, waren wesentliche Argumente für den Durchbruch von Strict Liability.

Einen frühen Vorstoß in Richtung strenge Haftung hatte Justice Traynor vom California Supreme Court schon 1944 unter einem anderen Blickwinkel unternommen. Mit seiner damals nur ›concurring opinion‹[70] in Escola v. Coca Cola Bottling Co. of Fresno[71] argumentierte er, daß der Hersteller und nicht der Benutzer eines Produkts am besten in der Lage sei, die Risken produktbe-

64 Dies sind die Gerichte der Staaten Delaware, Massachusetts, Michigan und North Carolina; vgl. 63 Am.Jur.2d, a.a.O., § 538 m. Nw. aus der Rspr. Aus Virginia und Wyoming liegt keine veröffentlichte Entscheidung vor, die aufgrund der Haftung aus Strict Liability ergangen ist.

65 Z.B. Dickey v. Lockport Presstress, Inc., 52 App. Div. 2d 1075, 384 N.Y.S. 2d 609 (4th Dept., 1976), (Strict Liability und Breach of Implied Warranty werden gleichgesetzt).

66 *Prosser* hat sie treffend » the boobytrap for the unwary consumer« genannt; The Assault, 1130.

67 *Kionka*, Torts, 265.

68 Vgl. *Prosser*, a.a.O., 656, der dazu ausführt:
»... it gradually became apparent that »warranty«, as a device for the justification of strict liability to the consumer carries far too much luggage in the way of undesirable complications, and is more trouble than it is worth. The suggestion was therefore a sufficiently obvious one, that we get rid of the word, which was originally adopted only because it provided a theory ready to hand to accomplish the desired result.«

69 *Marshall von Bieberstein*, a.a.O., 15 m. Rsprnw.

70 Eine dem Urteil im Ergebnis folgende, in der Begründung aber von der Mehrheit des Gerichts abweichende Meinung.

71 Oben Fn. 25

dingter Schädigungen sowie die daraus resultierenden Kosten zu tragen. 1963[72] war dasselbe Gericht mit der Frage befaßt, ob die umgehende Schadensanzeige zwingende Voraussetzung für eine Klage war, die auf der Geltendmachung einer Implied Warranty gegen den Hersteller eines fehlerhaften Elektrowerkzeugs beruhte, das einen Heimwerker verletzt hatte[73]. Einstimmig gefolgt von den anderen zur Entscheidung berufenen Richtern des California Supreme Court konnte Traynor seinen neunzehn Jahre vorher formulierten Grundsatz nun im Rahmen der von ihm verfaßten Urteilsbegründung einbringen. Der Klage des verletzten Verbrauchers wurde nicht aufgrund einer Breach of Warranty, sondern zum ersten Mal offen, gestützt auf Strict Liability, stattgegeben:

> «A manufacturer is strictly liable in tort when an article he places on the market, knowing that it is to be used without inspection for defects, proves to have a defect that causes injury to a human being«[74].

Diese Entscheidung löste eine Welle der Zustimmung unter den Gerichten anderer Jurisdiktionen aus, die sich die strenge Haftung schnell zu eigen machten. Noch im selben Jahr schloß sich das höchste Gericht New Yorks, der Court of Appeals, diesem Haftungsprinzip an[75] und bis heute ist es in 45 Staaten, einschließlich dem District of Columbia, im Grundsatz anerkannt[76]. Mitentscheidend für diese Entwicklung war das American Law Institut, das Strict Liability in seinem Restatement of Torts[77] in den Jahren 1963 und 1964 ausdrücklich aufnahm[78].

72 Greenman v. Yuba Power Products, Inc., 59 Cal. 2d 57, 377 P. 2d 897, 27 Cal. Rptr. 697 (1963).

73 Der Verletzte meldete sich erst 10 1/2 Monate später beim Hersteller und beim Einzelhändler, von dem seine Gattin das Werkzeug als Weihnachtsgeschenk erworben hatte.

74 Vgl. Fn. 72, auf 62, 377 P.2d auf 900, 27 Cal.Rptr. auf 700

75 Goldberg v. Kollsman Instrument Corp., 12 N.Y. 2d 432, 240 N.Y.S. 2d 592, 191 N.E. 2d 81.

76 63 Am.Jur. 2d, a.a.O., §§ 536 ff.

77 Restatements sind keine Gesetze, wie etwa der UCC; sie haben lediglich Richtlinien- bzw. Vorschlagscharakter und sollen dem Auseinanderdriften der unterschiedlichen Rechtsprechungsansätze der Einzelstaaten vorbeugen; vgl. *Hay*, Einführung in das amerikanische Recht, 12 und *Zeller*, a.a.O., 21.

78 Restatement (Second) of the Law of Torts § 402 A hat folgenden Wortlaut:

Special Liability of Seller of Product for Physical Harm to the User or Consumer

1) One who sells any product in a defective condition unreasonably dangerous to the user or consumer or to his property is subject to liability for physical harm thereby caused to the ultimate user or consumer, or to his property, if,
   a. the seller is engaged in the business of selling such a product, and
   b. it is expected to and does reach the user or consumer without substantial change in the condition in which it was sold.
2. The rule stated in Subsection 1 applies although
   a. the seller has exercised all possible care in the preparation and sale of his product, and
   b. the user or consumer has not bought the product from or entered into any contractual relation with the seller.

I. Haftungsvoraussetzungen – insbesondere: Produktfehler

Nach Strict Liability ist ein Anspruch ungeachtet rechtzeitig erfolgter Mängelrügen oder Haftungsausschlußerklärungen begründet, wenn ein mangelhaftes Produkt ursächlich zum Schaden auf seiten des Klägers führt. Erste und wichtigste Haftungsvoraussetzung ist das Vorliegen eines Produktfehlers. Wie im deutschen Recht haben sich Fallgruppen entwickelt: Man unterscheidet zwischen Fabrikationsfehlern (defect in manufacture), Konstruktionsfehlern (design defect) und Informationsfehlern (failure to warn). Die letzte Fehlerkategorie kann im wesentlichen in drei Fallgestaltungen auftreten: dort, wo Warnungen unterlassen werden, obwohl der Beklagte vorhersehen konnte, daß ein Produkt auch bei sachgemäßer Verwendung gefährlich für den Benutzer werden kann[79]. Hierunter fallen typischerweise auch Produkte, auf die ein signifikanter Bevölkerungsanteil allergisch reagieren kann, vorausgesetzt, diese Gefahr ist nicht allgemein bekannt[80]. Eine Untergruppe hierzu bilden Produkte, die unvermeidbar gefährlich (unavoidably unsafe) für alle Verbraucher sein können. Insbesondere Medikamente müssen mit Instruktionen und Warnungen versehen werden, um das Risiko für den Benutzer so kalkulierbar wie möglich zu gestalten[81]. Schließlich kann auch wie nach deutschem Recht[82] schadensersatzpflichtig werden, wer es unterläßt, Rückrufaktionen durchzuführen, obwohl der Produktmangel nach der Vermarktung erkannt wurde[83].

Nach dem Ansatz des Restatement wird das Produkt nur als haftungsbegründend fehlerhaft angesehen, wenn es unangemessen gefährlich ist, d.h., wenn es nicht dem entspricht, was ein gewöhnlicher Verbraucher vernünftigerweise erwarten darf[84]. Für Fabrikationsfehler ist diese Definition relativ unproblematisch: Maßstab ist der Produktionsstandard, der sich in den anderen Produkten der betreffenden Baureihe manifestiert. Ein Fabrikationsfehler besteht in der Abweichung von dieser Norm, mit der ein Verbraucher grundsätzlich nicht zu rechnen braucht[85].

Bei der Rüge von Konstruktions- und Informationsfehlern erweist sich die Definition des Restatements als weniger trennscharf. Das zur Haftungsbe-

79 Restatement, ebenda, comment h.
80 Cochran v. Brooke, 243 Or. 89, 409 P.2d 904 (1966)
81 Love v. Wolf, 226 Cal.App. 2d 378, 38 Cal. Rptr. 183 (1964)
82 Zur Produktbeobachtungspflicht im deutschen Recht schon RGZ 163, 21 (Bremsen).
83 Toole v. Richardson-Merrell, Inc., 251 Cal. App. 2d 689, 60 Cal.Rptr. 398 (1967).
84 Restatement a.a.O., comments i und j.
85 Vgl. *Traynor*, The Ways and Meanings of Defective Products and Strict Liability, 32 Tenn.L.Rev. 363, 367 (1965).

gründung erforderliche Argument, daß etwa eine bestimmte Konstruktionsart Gefahren heraufbeschwöre, die unangemessen gefährlich seien, trägt im Kern einen Schuldvorwurf gegen den Beklagten in sich, diese Konstruktionsweise und nicht eine andere, vielleicht sicherere, gewählt zu haben. Elemente der Haftung aus Negligence sind hier genauso unverkennbar wie beim Unterlassen von Warnungen oder Instruktionen, weil nach wie vor an das Verhalten des Beklagten angeknüpft wird und nicht, wie manchmal behauptet[86], an die Beschaffenheit des Produkts selber. Auch hier gilt freilich, was eingangs vorangestellt wurde: Dieser Befund ist nicht verallgemeinerungsfähig. Immerhin hatte das Restatement aber schon bis 1980 Eingang in die Rechtsprechung von 33 Staaten gefunden[87]. Auch wenn das Fehlerkriterium der ›reasonable consumer expectations‹ dort durchaus unterschiedliche Ausformungen erfahren hat, so überwiegt doch das Festhalten an einer individuellen Verantwortlichkeit des Beklagten für diese Kategorien von Produktmängeln. In einer Reihe dieser Staaten haben Gerichte z.B. Risiko-Nutzen-Analysen entwikkelt, um die von dem Restatement aufgestellte Definition für Konstruktionsfehler zu präzisieren[88]. Für die Frage, was ein gewöhnlicher Verbraucher von einem Produkt vernünftigerweise erwarten darf, wird auf Faktoren wie Produktkosten, die von der Konstruktion ausgehende Gefahr und die relativen Kosten bzw. Möglichkeiten risikomindernder oder -ausschließender Konstruktionsalternativen abgestellt[89] und damit die reine Kausalhaftung vermieden[90]. Unterstrichen werden solche Reminiszenzen an die traditionelle Negligence-Haftung, indem der Kläger im Rahmen einer solchen Prüfung

86 Z.B. *Keeton*, Product Liability and the Meaning of Defect, 5 St. Mary's L.J. 30, 33 (1973).

87 Vgl. *Davis*, Product Liability Under Section 402A of the Restatement (Second) of the Torts and the Model Uniform Products Liability Act, 16 Wake Forest L.Rev., 513 (1980).

88 Z.B. Aller v. Rodgers Mach. Mfg. Co., 268 N.W. 2d 830 (Iowa 1978); Seattle First Nat'l Bank v. Tabert, 86 Wash. 2d 145, 542 P. 2d 774 (1975).

89 Seattle First Nat'l Bank v. Tabert auf 154, 542 P. 2d auf 779; Vgl. auch Dawson v. Chrysler Corp., 630 F.2d 956 (3d Cir. 1980), eine Jury hatte folgende Punkte zu beurteilen:
- die mit dem Produkt verbundene Nützlichkeit und Annehmlichkeit – sein volkswirtschaftlicher Nutzwert,
- Aspekte der Produktsicherheit – die Wahrscheinlichkeit, daß es Verletzungen hervorrufen wird und das Ausmaß der Verletzungen,
- die Verfügbarkeit eines Ersatzprodukts, das dieselben Bedürfnisse befriedigen und dabei weniger gefährlich sein würde,
- die Möglichkeit für den Hersteller, die von dem Produkt ausgehende Gefahr auszuschalten, ohne seine Nützlichkeit herabzusetzen, oder es so zu verteuern, daß es seinen Nutzwert verlöre,
- die Möglichkeit auf seiten des Herstellers , die Schadenskosten auf den Preis umzulegen oder eine Haftpflichtversicherung abzuschließen.

90 Zur Beibehaltung von Verschuldensprinzipien bei der Haftung für fehlerhafte Konstruktionen vgl. *Birnbaum*, Unmasking the Test for Design Defect: From Negligence (to Warranty) to Strict Liability to Negligence, 33 Vand.L.Rev. 593 (1980).

regelmäßig die Beweislast dafür trägt, daß die Risiken der Konstruktion größer als deren (sozialer) Nutzen sind.

In dem Bestreben, die auf einem behaupteten Konstruktionsfehler beruhende Strict Liability-Klage von Verschuldensmomenten möglichst freizuhalten, war es einmal mehr der California Supreme Court, der eine Vorreiterstellung unter den Bundesstaaten einnahm. Bereits 1972 lehnte er die Konstruktionsfehlerdefinition des Restatement ab[91], ohne freilich zunächst dafür eine andere anzubieten. Dies holte er mit der Entscheidung Barker v. Lull Engineering Co.[92] sechs Jahre später nach. Aufgrund dieses Urteils kann ein Konstruktionsfehler nach Maßgabe zweier, alternativ zu stellender Kontrollfragen vorliegen, von denen die erste im wesentlichen doch wieder aufnahm, was vorher ausdrücklich abgelehnt wurde: vernünftige Verbrauchererwartung als Haftungsmaßstab für Konstruktionsfehler. Eine echte Neuerung schuf die Entscheidung mit der Alternativdefinition. Die den Kläger treffende Beweislast erstreckt sich nur noch darauf, daß ein Produkt kausal zum Schadenseintritt führte. Gelingt dieser Beweis, kommt es zu einer Risiko-Nutzen-Analyse, mit der ähnliche oder gleiche Faktoren, wie die bereits genannten, allerdings unter umgekehrten Vorzeichen verarbeitet werden: Es tritt eine Beweislastumkehr zugunsten des Geschädigten ein. Er obsiegt, wenn der Beklagte nicht beweisen kann, daß die Nutzen seiner Konstruktion höher als deren Gefahrenpotential einzustufen sind[93]. Zwar ist auch dieses auf einer Umverteilung der Beweislast beruhende Konzept nicht frei von Verschuldenselementen, da die Haftung hier ebenfalls grundsätzlich an dem Verhalten des Beklagten, d.h. an seiner Entscheidung für eine bestimmte Konstruktionsweise, gemessen wird[94]; die Geltendmachung und Durchsetzung von, insbesondere vergleichsweise geringen, Ansprüchen wird indessen erheblich erleichtert. Vor ›Barker‹ war es ein kostspieliges Risiko für den Kläger, einen Konstruktionsfehler zu beweisen. Hinzukam, daß ein Geschädigter bei Ansprüchen, die voraussichtlich unter 25 000 Dollar lagen, Schwierigkeiten hatte, überhaupt einen ausreichend qualifizierten Rechtsbeistand zu finden, der bereit war, das für ihn wenig lukrative Mandat zu übernehmen[95]. Hauptmotiv für

91 Cronin v. J.B.E. Olson Corp. 8 Cal. 3d 121, 501 P.2d 1153, 104 Cal. Rptr. 433 (1972).

92 20 Cal. 3d 413, 573 P.2d 433, 143 Cal.Rptr. 225 (1978).

93 Dazu auch *von Westphalen*, Die US-amerikanische Produzentenhaftung – Ein Risikofaktor für den deutschen Exporteur, WM 1979, 542, 543 f.

94 Wie nahe sich die Haftungskonzepte Negligence und Strict Liability im Ergebnis tatsächlich stehen, hat *Prosser* in einem seiner richtungsweisenden Aufsätze schon 1960 dargelegt: »... where the action is against the manufacturer of the product, an honest estimate might very well be that there is not a case in a hundred in which strict liability would result in recovery where negligence does not«. Vgl. *Prosser*, The Assault, 1114.

95 Zu den Problemen, die durch geringe Streitwerte für potentielle Kläger in den USA auftreten, s. unten § 8.A.

die Beweislastumkehr könnte insofern gewesen sein, einen Anreiz für kompetente Rechtsanwälte zu schaffen, solche Ansprüche mit geringerem Kostenaufwand zu verfolgen oder, von einem anderen Blickwinkel aus betrachtet, den Geschädigten mit der Beweislastumverteilung dergestalt zu entlasten, daß er nicht mehr hochspezialisierte Fachanwälte zu Rate ziehen muß[96].

Der betont verbraucherfreundliche Ansatz der kalifornischen Entscheidung hat bislang kaum Anhänger unter den Gerichten anderer Staaten gefunden[97] und ist daher nur als ein, wegen der großen industriellen Bedeutung Kaliforniens freilich wichtiges Beispiel für das Ausmaß möglicher einzelstaatlicher Abweichungen vom Restatement zu nennen[98].

Von dem Streben der Gerichte nach einer griffigen und konsistent anwendbaren Fehlerdefinition[99] sind Urteile zu unterscheiden, nach denen der Kläger einen bestimmten Produktmangel gar nicht zu beweisen hat, wenn nur – prima facie – ein solcher Mangel naheliegt[100]. Diese Entscheidungen stützen sich auf das schon geschilderte Prinzip ›res ipsa loquitur‹, machen also Anleihen bei einem Institut, das ursprünglich nur für den Bereich der Negligence-Haftung entwickelt worden und diesem vom Konzept her auch zuzuordnen ist, da es widerlegbare Vermutungen nur über die Fahrlässigkeit des Beklagten schaffen soll. Trotz des systematischen Bruchs bedient sich ein großer Teil der Rechtsprechung dieses Prinzips in Strict Liability-Fällen, freilich ohne es bei seinem Namen zu nennen. Angewendet wird es dort vielmehr unter Hinweis auf die Zulässigkeit von ›circumstantial evidence‹ (Indizienbeweis). Die Entlastung des eigentlich darlegungs- und beweispflichtigen Klägers besteht in der Annahme, das schädigende Produkt sei fehlerhaft, wenn es keine Hinweise auf den unsachgemäßen Gebrauch durch den Kläger oder auf andere sekundäre Gründe für den Schadenseintritt gibt.

96 *Schwarz*, Understanding Products Liability, 67 Cal.L.Rev., 464-465 (1979); an dem Erfolg solcher »Entlastungsversuche« zweifelt *Birnbaum*, 33 Van.L.Rev., 609: Eine andere Beweislastverteilung ändere nichts an dem Zwang zu einer fachmäßigen Prozeßvorbereitung auf Klägerseite.

97 Ausdrücklich anerkannt wurde sie bisher nur durch den Supreme Court von Alaska, vgl. Caterpillar Tractor Co. v. Beck, 593 P.2d 871 (Alaska 1979).

98 Für weitere stark abweichende Beispiele aus der Rspr., vgl. unten D.I. und D.II.2.

99 Zu den damit verbundenen Schwierigkeiten vgl. Traynor, 32 Tenn.L.Rev., 363: »... no single definition of defect has proved adequate to define the scope of the manufacturer's strict liability in tort for physical injuries«.

100 Vandermark v. Ford Motor Co., 61 Cal. 2d 256, 391 P.2d 168, 37 Cal.Rptr. 896 (1964); Lindsay v. McDonell Aircraft Corp., 460 F.2d 631, 637 (8th Cir. 1972); Farmer v. International Harvester Co., 97 Idaho 742, 553 P.2d 1306 (1976).

II. Anspruchsberechtigte

Nach dem Restatement kann neben dem jeweiligen Käufer jeder Endabnehmer oder -verbraucher Ansprüche aus Strict Liability geltend machen[101]. Es enthält keinen Hinweis darüber, ob auch unbeteiligte Dritte (bystanders) anspruchsberechtigt sind. Eine deutliche Tendenz im Fallrecht zeigt jedoch, daß sich grundsätzlich jede durch ein fehlerhaftes Produkt geschädigte Person auf Strict Liability berufen kann. Zur Begründung wird mit dem negativen Schluß argumentiert, daß es keine zwingenden ökonomischen Gründe gäbe, Dritte anders zu behandeln als z.B. den Käufer[102].

III. Anspruchsgegner

Mit dem Restatement wurde beabsichtigt, den Kreis potentieller Beklagter möglichst weit auf alle Produktveräußerer innerhalb der gewerblichen Absatzkette zu erstrecken[103]. Schadensersatzpflichtig im Sinne der Strict Liability-Haftung kann danach jeder werden, der in einer – zum Teil nur sehr losen – wirtschaftlichen Verbindung zum schadenstiftenden Produkt steht. Als Passivlegitimierte kommen insbesondere in Betracht: Hersteller[104] (auch Hersteller von Zubehörteilen[105] und derjenige, der Zubehörteile zu einem Gesamtprodukt verarbeitet[106]), Zwischenhändler (Großhändler[107], Vertriebsfirmen[108], Einzelhändler[109]) von neuen[110] und gebrauchten[111] Produkten, sogenannte ›bailors‹[112] (Hinterleger oder Verpfänder eines Produkts), Vermieter/

101 Restatement a.a.O., comment 1.

102 Codling v. Paglia, 32 N.Y. 2d 330, 298 N.E.2d 662 (1973); Elmore v. American Motors Corp., 70 Cal. 2d 578, 451 P. 2d 84, 75 Cal.Rptr. 652 (Supreme Court in Bank 1969).

103 Restatement, a.a.O., comment f.

104 Ebenda; vgl. Greenman v. Yuba Power Products, Inc., oben Fn. 72

105 Barth v. B.F. Goodrich Tire Co., 265 Cal.App. 2d 228, 71 Cal. Rptr 306 (1st Dist. 1968).

106 Putman v. Erie City Mfg.Co., (CA5 Tex.) 338 F.2d 911 (1964).

107 Restatement, a.a.O., comment f.

108 Ebenda; vgl. auch Dealers Transport Co. v. Battery Distributing Co., 402 S.W.2d 441 (Ky. 1966)

109 Nach dem Restatement, a.a.O.,comment f haftet der Einzelhändler: » So long as the retailer is engaged in the business of selling products such as that involved in the particular claim.«

110 Vgl. Vandermark v. Ford Motor Co., oben Fn. 100.

111 Mclain v. Hodge, 474 S.W.2d 772 (Tex. Civ.App. 10th Dist. 1972)

112 Francioni v. Gibsonia Truck Corp., 472 Pa. 362, 372 A. 2d 736 (1977); bemerkenswert für diese und die folgende Gruppe von Beklagten ist, daß sie nach dem Wortlaut des Restatement – § 402 A (1) »one who sells any product in a defective condition« – eigentlich nicht der strengen Haftung unterfallen. Auch hier zeigen sich die durch das einzelstaatliche Fallrecht bedingten Abweichungen.

Verpächter[113], Lizenzgeber von Warenzeichen (trademark licensor[114] or franchisor[115]), wenn Schädigungen von Produkten ausgehen, die von Zweigfirmen oder Tochtergesellschaften des Lizenzgebers hergestellt wurden, Bauunternehmer[116], Grundstücksplanungs- und Vermarktungsfirmen (building developers[117]) und manchmal Einrichter (installers[118]).

Von dem weiten persönlichen Anwendungsbereich der strengen Haftung sind konsequenterweise alle außerhalb der gewerblichen Absatzkette stehenden ausdrücklich ausgenommen. Nach comment f zum Restatement § 402 A kann der private, gelegentliche Verkauf fehlerhafter Produkte keine Schadensersatzpflicht aufgrund dieser Anspruchsgrundlage auslösen.

D. Allgemeine Merkmale US-amerikanischen Produkthaftpflichtrechts

I. Kausalität

Der Produktfehler muß ursächlich für den Schaden des Klägers gewesen sein. In der Beurteilung von Kausalitätsfragen bestehen im wesentlichen keine Unterschiede zum deutschen Recht: Über das Vorliegen einer conditio sine qua non (sog. cause in fact oder but for cause) hinaus ist auch nach amerikanischen Recht zu prüfen, ob die Bedingung für den Erfolgseintritt adäquat war (sog. proximate cause oder legal cause)[119]. Die bei der Suche nach genaueren Zurechnungskriterien auftretenden Schwierigkeiten – etwa: Kausalität gegeüber Fragen des Verschuldens abzugrenzen[120] – sind der deutschen Rechtsprechung und Lehre ebenfalls bekannt[121].

113 McClaflin v. Bayshore Equipment Rental Co., 274 Cal. App.2d 446, 79 Cal.Rptr. 337 (1st Dist. 1969); Cintrone v. Hertz Truck Leasing & Rental Service, 45 N.J. 434, 212 A.2d 769 (1965); in Kalifornien haftet nach Strict Liability neuerdings sogar der Vermieter von »fehlerhaften« Wohnungen (Mieter verletzt sich an dem ungehärteten Glas einer Duschtür); vgl. Becker v. IRM Corporation, 698 P.2d 116, 38 Cal. 3d 454, 213 Cal.Rptr. 213 (Cal. 1985).

114 Carter v. Joseph Bancroft & Sons Co., 360 F.Supp. 1103, 17 F.R. Serv.2d 1586 (E.D.Pa. 1973).

115 Kasel v. Remington Arms Co., 24 Cal.App. 3d 711, 101 Cal. Rptr. 314 (2nd Dist. 1972).

116 State Stove Mfg. Co. v. Hodges, 189 So.2d 113 (Miss. 1966), cert. den. 386 U.S. 912, 17 L.Ed.2d 784, 87 S.Ct. 860.

117 Hymen v. Gordon, 35 Cal.App. 3d 769, 111 Cal.Rptr. 262 (1973).

118 Kreigler v. Eichler Homes, Inc., 269 Cal. App.2d 224, 74 Cal.Rptr. 749 (1st. Dist. 1969).

119 Vgl. *Kionka*, Torts, 29, 87.

120 *Kionka*, a.a.O., 88 f.

121 Vgl. BGHZ 3, 261; *Larenz*, Tatzurechnung und »Unterbrechung des Kausalzusammenhanges«, NJW 1955, 1009 ff.

Einen Sonderfall bildet die Kausalitätsfrage bei Massenschäden, die durch die Produkte einer Vielzahl von Herstellern verursacht wurden: Der einzelne Geschädigte befindet sich in Beweisnot, wenn die Produkte nur unter ihrem Gattungsnamen auf den Markt kamen und sich das konkret schadenstiftende Erzeugnis einem bestimmten Hersteller deshalb nicht zuordnen läßt. Dieses Kausalitätsproblem ist in den USA insbesondere in Produkthaftpflichtprozessen gegen die Pharmahersteller des synthetischen Östrogens Diäthylstilböstrol (DES) relevant geworden. Im Fall Sindell v. Abbott Laboratories[122] handelte es sich um eine ›class action‹ gegen anfänglich elf Arzneimittelhersteller von DES. Nach dem Vortrag einer Klägerin hatten sich späte Gesundheitsschäden bei ihr eingestellt, weil ihre Mutter DES während der Schwangerschaft eingenommen hatte. Die Schädigungen traten jedoch erst im Alter von 19 Jahren auf. Zu diesem Zeitpunkt war die Klägerin nicht mehr in der Lage, den Hersteller des Medikaments zu identifizieren, da Aufzeichnungen über das Rezept nicht bestanden. Zudem wurde das Medikament seinerzeit ohnehin nicht unter Angabe des jeweiligen Herstellers, sondern nur unter generischem Namen (DES) verschrieben. Das erstinstanzliche Gericht hatte die Klage abgewiesen, weil die Klägerin den Hersteller des Medikaments nicht ausfindig machen konnte. Der Court of Appeals[123] hob die Entscheidung zugunsten der Klägerin u.a. mit der Begründung auf, daß die Anwendung der anspruchsbegründenden sogenannten ›alternative liability‹ gerechtfertigt sei. Es handelt sich hierbei um ein Rechtsprinzip, das eine Ausnahme zu dem deliktsrechtlichen Grundsatz darstellt, nach dem der Kläger als Haftungsvoraussetzung den Schädiger zu identifizieren hat. Nach der Grundsatzentscheidung Summer v. Tice[124] sollte es jedoch nur Anwendung finden, wenn alle potentiellen Täter von der Klage miterfaßt wurden. Im Fall ›Summers‹ ging es um das fahrlässige Verhalten von zwei Beklagten, die beide gleichzeitig in Richtung des Klägers geschossen hatten. Obwohl nicht geklärt werden konnte, wer dessen Verletzungen tatsächlich verursacht hatte, verurteilte das Gericht beide Beklagte und ließ sie gesamtschuldnerisch haften. Es hielt eine Beweislastumkehr zu ihren Lasten für gerechtfertigt, weil es leichter für sie sei, sich zu exkulpieren als für den Kläger, einen der beiden Schädiger zu identifizieren. Die Ratio der Entscheidung ist deutlich: Die beiden schuldhaft handelnden Beklagten sollten einer Haftung nicht entgehen, weil

122 26 Cal. 3d 588, 607 P.2d 924, 163 Cal.Rptr. 132, cert. denied, 449 U.S. 912 (1980). Aus der dt. Lit. dazu besonderns *Bodewig*, Probleme alternativer Kausalität bei Massenschäden, AcP 185 (1985), 507 ff.

123 85 Cal.App. 3d 1, 149 Cal.Rptr. 138 (1978).

124 33 Cal. 2d 80, 199 P.2d 1 (1948).

die herkömmlichen Kausalitätsregeln auf einen solchen Fall simultaner Fahrlässigkeit noch nicht eingerichtet waren.

Die Beklagten in ›Sindell‹ befanden sich demgegenüber in einer anderen Ausgangslage: Als Verursacher der Schädigungen kam einer von 200 Herstellern in Betracht – so viele Unternehmen hatten DES zum fraglichen Zeitpunkt produziert. Da jedoch nur ein Bruchteil aller potentiellen Täter in diesem Verfahren verklagt war, bestand die Möglichkeit, daß keiner der Beklagten das schädigende Medikament hergestellt hatte. Aufgrund dieser Erwägungen verwarf der California Supreme Court die vom Court of Appeals in Anlehnung an ›Summers‹ vorgenommene Beweislastumkehr nach dem Prinzip der ›alternative liability‹. Gleichwohl wies er die Klage nicht ab, sondern nutzte die Gelegenheit des Rechtsstreits, neue Konzepte zur Kausalität und Schadensquotelung einzuführen. Danach haftet jeder beklagte Hersteller, wenn nur ausreichend wahrscheinlich ist, daß das schädliche Produkt aus seiner Produktion stammt, und er den Gegenbeweis nicht erbringen kann. Als Maßstab für diese Kausalitätsvermutung zieht das Gericht den Produktionsumfang der Beklagten heran und setzt diesen ins Verhältnis zum gesamten Marktvolumen. Ist der Marktanteil der Beklagten insgesamt als wesentlich (substantial)[125] einzustufen, so kommt es zur Beweislastumkehr – die Beklagten haben jeweils den Entlastungsbeweis zu führen, um der Haftung zu entgehen.

Auch für die Höhe der Haftung gilt die neue Regel: Jeder der beklagten Hersteller hat entsprechend seinem Marktanteil einzustehen und dies, obwohl das Präparat von einem nicht mitbeklagten anderen Unternehmen stammen könnte. Mit diesem ›market share approach‹ setzte sich der California Supreme Court in krassen Widerspruch zu traditionellem Deliktsrecht. Den durch die Entscheidung aufgeworfenen kritischen Fragen in praktischer und konzeptioneller Hinsicht kann hier nicht nachgegangen werden[126]. Anzumerken ist jedoch, daß auch dieses Urteil[127] Ausnahmecharakter hat. Die Rechtsprechung in der Mehrzahl aller Jurisdiktionen beläßt es bei den traditionellen Kausalitätserfordernissen, und die Gerichte, die eine Haftung von DES-Herstellern trotz fehlendem Kausalitätsnachweis durch den Geschädigten bejahen, begründen dies anders[128].

125 In ›Sindell‹ beliefen sich die Marktanteile aller Beklagten auf insgesamt 90%.

126 Dazu Note, Sindell v. Abott Laboratories – A High Water Mark in Tort Law? Utah L.Rev. 1981, 655-72; Note, Sindell v. Abott Laboratories, Is Market Share Liability the Best Remedy to the DES Controversy? 18 Calif.West.L.Rev. 143-57 (1981-82); vgl. auch *Bodewig*, AcP 185 (1985), 510.

127 Wie der Fall Barker v. Lull Engineering Co., oben bei Fn. 92.

128 Vgl. die Nw. bei *Bodewig*, a.a.O., 508.

II. Anspruchsabwehr

1. Mitverschulden des Klägers

Auch für den wichtigsten Einwand gegen Forderungen aus Negligence, das Mitverschulden des Klägers, haben sich unterschiedliche Formen herausgebildet. ›Contributory negligence‹ auf seiten des Geschädigten führte ursprünglich selbst bei geringstem Mitverschulden zum völligen Verlust des Schadensersatzanspruches[129] und gilt so auch heute noch in einigen Staaten. Dort, wo diese Regelung als unbillig dem Kläger gegenüber empfunden wurde, sind unterschiedliche Arten der sogenannten ›comparative negligence‹ entwickelt worden[130]. Eine Variante entspricht dem Rechtsgedanken des § 254 BGB: Jeder Schuldbeitrag wird proportional bei der Bemessung des Schadensersatzbetrages mitberücksichtigt, der dadurch entsprechend anteilsmäßig zu kürzen ist[131]. Nach einem anderen, häufiger vertretenen Ansatz, erlangt der mitverantwortliche Kläger solange anteiligen Schadensersatz, wie sein Verschuldensanteil 50% nicht übersteigt[132]. Ist das Mitverschulden höher als das des Beklagten, steht dem Kläger kein Anspruch zu. Das gilt selbst für den theoretischen Extremfall, daß sein Verschuldensanteil nur 51% erreicht.

Setzt sich der Kläger einem ihm bekannten, dem Produkt anhaftenden Risiko aus, dann kann der Einwand ›assumption of risk‹ eingreifen, der systematisch zwar gesondert geführt, von den Gerichten gleichwohl häufig nur als Unterfall des Mitverschuldens behandelt wird[133]. Eine solche Inkaufnahme des Risikos kann zur Anspruchsabwehr in allen genannten Klagearten führen[134].

129 Vgl. *Prosser*, Torts, 421.

130 Daß ein Mitverschulden des Klägers nicht zum vollständigen Haftungsausschluß führen muss, wurde in den Vereinigten Staaten zum ersten Mal 1908 mit dem Federal Employers' Liability Act (45 U.S.C. sec. 53) anerkannt. Die Regelung zugunsten von verletzten Eisenbahnangestellten löste eine Flut von einzelstaatlichen Gesetzen aus, die diese Art von »vergleichendem Verschulden« zunächst für verletzte Arbeiter und Eisenbahnbedienstete, später für Negligence-Fälle allgemein vorsah.

131 Bis 1981 wurde dieser sog. ›pure approach‹ in 11 Staaten entweder durch Gesetz oder mittels gerichtlicher Entscheidung aufgenommen. Vgl. Alvis v. Ribar 85 Ill. 2d 1, 421 N.E.2d 886 (1981), ›pure comparative negligence‹ wird in Illinois für anwendbar erklärt.

132 Der ›modified approach‹ geht zurück auf ein Gesetz in Wisconsin aus dem Jahr 1931 und galt 1981 in 23 Einzelstaaten. Vgl. Alvis v. Ribar, a.a.O.

133 Z.B. Springrose v. Willmore, 292 Minn. 23, 192 N.W.2d 826 (1971).

134 Vgl. Sperling v. Hatch, 10 Cal. App. 3d 54 (1970); Polelle, The Foreseeability Concept and Strict Products Liability: The Odd Couple of Tort Law, 8 Rutgers-Candem L.J. 101, 132 (1976); Armstrong v. Mailand (Minn.) 284 N.W.2d 343, 11 ALR 4th 583 (1979); Kennedy v. Sawyer, 228 Kan. 439, 618 P.2d 788 (1980); Twerski, Restructuring Assumption of Risk in the Products Liability Era, 60 Iowa L.Rev. 1 (1974).

Einfaches Mitverschulden in der ursprünglichen Form und Konsequenz (›contributory negligence‹ führt zu einem vollständigen Haftungsausschluß) vermag einen Anspruch, der sich auf Strict Liability gründet, nicht zu Fall zu bringen. Unschädlich ist danach das bloße fahrlässige Nichtentdecken eines Produktfehlers oder das fahrlässige Außerachtlassen von Schutzmaßnahmen[135].

Von den Staaten, die eine Form von ›comparative negligence‹ eingeführt haben, lassen nur wenige diesen Einwand in Strict Liability-Klagen gelten[136]. Die Tatsache, daß solche Fahrlässigkeitsbegriffe im Rahmen dieser Anspruchsgrundlage, die den zugrundeliegenden Motiven nach ohne Verschuldenselemente auskommen müßte, dennoch sporadisch Anwendung finden, ist ein weiterer Beleg für die fließenden Grenzen zwischen den unterschiedlichen Anspruchskonzepten[137].

Ein anderer, im Verhalten des Klägers begründeter, möglicher Haftungsausschluß kann bei unsachgemäßem Gebrauch des Produkts auftreten (misuse doctrine). Die Mehrheit der Gerichte hat diesen Ausschlußtatbestand auf Fälle beschränkt, in denen die sachwidrige Benutzung für den Hersteller im Zeitpunkt der Produktion nicht vorhersehbar war[138].

2. *State-of-the-Art Defense*

Bei der ›state-of-the-art defense‹ handelt es sich um einen Einwand, der häufig in Produkthaftpflichtprozessen erhoben wird, in denen die Spätwirkungen von Produktrisiken haftungsrechtlich zu beurteilen sind. Er knüpft an den Kenntnisstand über die mit dem Produkt verbundenen Gefahren im Zeitpunkt der Herstellung (bzw. des Erstvertriebs) an und richtet sich zumeist gegen den Vorwurf, der Hersteller habe es unterlassen, vor den Produktrisiken angemessen zu warnen. Nicht nur in Negligence-Klagen kann sich ein Hersteller erfolgreich auf die ›state-of-the-art defense‹ berufen, wenn er den fehlerhaften

135 Restatement, a.a.O. (oben Fn. 78), comment n.

136 Vgl. *Kroll*, Comparative Fault: A New Generation in Products Liability, 655 Insurance L.J. 492, 510 (1977).

137 Vgl. Daly v. General Motors Corp., 20 Cal. 3d 725, 575 P.2d 1162, 144 Cal. Rptr. 380 (1978), wonach solche Systemwidrigkeiten zugunsten einer gerechten Entscheidung in Kauf zu nehmen sind: »In the evolving areas of both products liability and tort defenses, however, there has developed much conceptual overlapping and interweaving in order to attain substantial justice.« (734, 575 P.2d 1167, 144 Cal.Rptr. 387). Im Ergebnis folgend Thibault v. Sears, Roebuck & Co., 118 N.H. 802, 395 A.2d 843 (1978)

138 Tucci v. Bossert, 385 N.Y.S. 2d 328 (App.Div. 1976); dazu auch Restatement, a.a.O., comment h.

Zustand des Produkts »vernünftigerweise« nicht vorhersehen konnte[139]; die Mehrzahl aller Jurisdiktionen unterscheidet praktisch nicht zwischen Klagen, die auf Strict Liability oder auf Negligence beruhen, soweit das Unterlassen von Warnungen Gegenstand des Rechtstreits ist[140]. Die weitgehende Gleichbehandlung geht auf eine Formulierung im Restatement zurück, nach der für Instruktionsfehler gem. Strict Liability nur haftet, wer um die Produktgefahr wußte oder bei verständiger Würdigung wissen mußte[141]. Gelegentlich haben Gerichte die ›state-of-the-art defense‹ dadurch eingeschränkt, daß sie den Kenntnisstand des Herstellers an der Sachkunde eines Experten messen[142].

Eine grundsdätzliche Abkehr von diesem Einwand vollzog der New Jersey Supreme Court mit einer jüngeren Entscheidung in Beshada v. Johns – Manville Products Corp.[143]. Es handelte sich um eine der zahlreichen Klagen gegen den Hersteller von Asbest, mit der Schadensersatz wegen mangelnder Aufklärung über die von dem Produkt ausgehenden Gesundheitsrisiken geltend gemacht wurde[144]. Schon vor dieser Entscheidung hatte New Jersey zu einer Minderheit von Jurisdiktionen gehört, die das tatsächliche Wissen des Herstellers um die Gefährlichkeit seines Produkts als Voraussetzung für das Vorliegen eines Informationsfehlers im Rahmen einer Strict Liability-Klage ablehnte[145]. Dort gilt die unwiderlegbare Vermutung der persönlichen Kenntnis des Herstellers von der Produktgefahr, um diese Klageart möglichst verschuldensunabhängig zu gestalten[146]

139 Ein Haftungsausschluß wurde in einigen Fällen schon dann angenommen, wenn das Produkt dem Stand von Wissenschaft und Technik entsprach, wie er in der allgemein üblichen Produktionsweise des betreffenden Industriebereiches insgesamt zum Ausdruck kam; zu dieser ›customary industry practice‹ vgl. Titus v. Bradford B. & K.R.R.Co., 136 Pa. 618, 20 A. 517 (1890). Die Befürchtung, daß sich diese Rspr. dämpfend auf die Bereitschaft von Herstellern auswirken könnte, ihre Erzeugnisse sicherheitstechnisch zu verbessern, war Anlaß für viele Gerichte, das Verschulden an objektiveren Fahrlässigkeitskriterien zu messen; dazu insbes. The T.J. Hooper, 60 F.2d 737 (2d Cir. 1932).

140 Vgl. Shell Oil Co. v. Guitierrez, 119 Ariz. 426, 581 P 2d 271 (1978).

141 Restatement (Second) of the Law of Torts § 402 A, comment j:«...if he has knowledge, or by the application of reasonably developed human skill and foresight shoud have knowledge ...«.

142 Grundlegend Borel v. Fibreboard Paper Prod. Corp., 493 F. 2d 1076 (5th Cir. 1973)

143 90 N.J. 191, 447 A.2d 539 (1982).

144 Aus der deutschen Literatur vgl. *Schubert*, Asbestgefahren als rechtliches Ordnungsproblem, RabelsZ 47 (1983), 367 ff.

145 Vgl. Freund v. Cellofilm Properties, Inc. 87 N.J. 229, 432 A.2d 925 (1981). Zu dieser Minderheit von Staaten gehören u.a. Oregon und Kentucky: Phillips v. Kimwood Machine Co., 269 Or. 485, 525 P.2d 1033 (1974); Ulrich v. Kasco Abrasives Co., 532 S.W. 2d 197 (Ky 1976)

146 Vgl. Freund v. Cellofilm Properties, Inc. a.a.O., 87 N.J. 239, 432 A.2d 930: »When a plaintiff sues under strict liability, there is no need to prove that the manufacturer knew or should have known of any dangerous propensities of its product-such knowledge is imputed to the manufacturer.«

Auf die ›state-of-the-art defense‹ hatten sich beklagte Unternehmen freilich auch in diesen Jurisdiktionen stets erfolgreich berufen können, wenn die Fehlerhaftigkeit ihrer Produkte zur Zeit der Herstellung und des In-Verkehr-Bringens noch nicht einmal wissenschaftlich erkennbar gewesen war. Das Gericht sah in ›Beshada‹ zwar die tatsächlichen Voraussetzungen dieses Einwandes als gegeben an: Es unterstellte, daß die mit Asbest in Verbindung stehenden Gefahren im vorliegenden Fall zur relevanten Zeit niemandem bekannt waren; dennoch gab es der Klage statt, indem es die ›state-of-the-art defense‹ und damit das verbleibende Element individueller Verantwortlichkeit in derartigen Klagen für unanwendbar erklärte. Das beklagte Unternehmen[147] haftete also für unterlassene Warnungen vor selbst wissenschaftlich unerkannten Gefahren. Zur Begründung der quasi-absoluten Haftung berief sich das Gericht auf weit gezogene ›public policy‹-Erwägungen zur gerechten Risikoverteilung[148] und verbesserten Unfallverhütung[149], die es sich von einer möglichst strengen Haftung versprach[150].

III. Geschützte Rechtsgüter

Es ist bei allen amerikanischen Gerichten anerkannt, daß Körperschäden (personal injuries), die wegen eines defekten Produkts erlitten werden, Ansprüche auslösen, die neben Schmerzensgeld[151] (pain and suffering) auch alle Folgeschäden, wie Verdienstausfall und Heilbehandlungskosten (special damages) umfassen. Nach der in § 402 A des Restatement enthaltenen Formulierung steht auch die Ersatzfähigkeit von Eigentumsschädigungen in Strict Liability-Klagen außer Frage.

Uneinheitlich entschieden wird jedoch, wenn Ersatz für Schäden begehrt wird, die lediglich am Produkt selber aufgetreten sind. In einigen Staaten werden solche Ansprüche gänzlich abgelehnt, während in anderen Schadensersatz zugesprochen wird, wenn der dem Produkt bei Eigentumsübergang innewohnende Mangel zu weiterreichenden Schäden führt, die sich mit dem

147 Wegen einer Vielzahl ähnlicher Verfahren hat das Unternehmen ein Reorganisationsverfahren nach dem Federal Bankruptcy Act beantragt, vgl. Schubert, a.a.O., 372.

148 90 N.J. 205, 447 A.2d 547.

149 90 N.J. 206-07, 447 A.2d 547-48.

150 Die Entscheidung ist vorwiegend auf Kritik gestoßen; vgl. etwa Note, Beshada v. Johns-Manville Product Corp., Adding Uncertainty to Injury, 35 Rutgers L.Rev. 982 ff. (1982-83). Die Gerichte außerhalb von New Jersey halten an der ›state-of-the-art defense‹ – soweit ersichtlich – ohne Ausnahme zumindest im Grundsatz fest.

151 Vgl. Restatement-Text oben, Fn. 78. Greenman v. Yuba Power Products, Inc., oben Fn. 74.

ursprünglichen Unwert der Sache nicht mehr decken, also nicht stoffgleich sind[152]. Die Ähnlichkeiten zu der hierzulande geführten Diskussion über den »weiterfressenden Mangel« sind unverkennbar, die Abgrenzungsprobleme identisch[153].

Nur in einer kleinen Minderheit von Staaten erhält der Kläger nach den Regeln der Strict Liability-Haftung Ersatz für reine Vermögensschäden (pure economic loss), die mit dem Erwerb einer minderwertigen Sache entstehen und darauf beschränkt bleiben[154]. Die Mehrzahl aller Gerichte wendet zwar bei einem solchen Ausfall bloßer Nutzungsinteressen die Regeln der Warranty an[155], um die kaufvertragliche Komponente[156] des Problems zu betonen. Die für den Kläger bei dieser Anspruchsgrundlage zu Tage tretenden Probleme sind schon erwähnt worden[157]: Insbesondere die bei Strict Liability nicht durchsetzbaren Haftungsfreizeichnungsklauseln sind hier grundsätzlich wirksam[158]. Freilich muß es deshalb nicht notwendigerweise zu Unterschieden im Ergebnis kommen. ›Disclaimers‹ werden praktisch immer einem Unbilligkeitstest unterzogen und können daraufhin im Einzelfall für unwirksam erklärt werden, falls das Gericht sie als zu unangemessen oder gar sittenwidrig erachtet[159]. Ein Schadensersatzanspruch für Vermögensschäden kann darüber hinaus auch aufgrund einer öffentlichen Falschdarstellung des Produkts in der Werbung (public misrepresentation)[160] oder durch die daraus abgeleitete Annahme einer Express Warranty zugunsten des Letzterwerbers (remote purchaser)[161] entstehen. Probleme mit Haftungsfreizeichnungen erlangen dann keine Bedeutung.

152 Zum Ganzen Beasley, Products Liability and the Unreasonably Dangerous Requirement, 640.

153 Vgl. BGHZ 67, 359=NJW 1977, 379 (Schwimmschalter); BGH NJW 1978, 2241=BB 1978, 1491 (Hinterreifen); BGHZ 86, 256=NJW 1983, 810 (PKW-Gaszug); BGH NJW 1983, 812=VersR 1983, 346 (Hebebühne); zuletzt: BGH NJW 1985, 2420 (Kompressor).

154 Der ›leading case‹ hierfür ist Santor v. A & M Karagheusian, Inc. 44 N.J. 52, 207 A.2d 303 (1965), mit dem einem Letzterwerber Schadensersatz nach den Regeln der Strict Liability direkt gegen den Hersteller von Teppichstoffen zugesprochen wurde, deren Mängel zu einem raschen Wertverfall der Ware führten.

155 Seely v. White Motor Co., 63 Cal. 2d 9, 403 P.2d 145, 45 Cal. Rptr. 17 (1965).

156 Daß diese Anspruchsgrundlage (Express- und Implied Warranty) oft auch quasi-deliktische Züge trägt und z.T. als Äquivalent zur strengen Haftung fungiert, ist bereits oben angeklungen. S. oben, S. 51.

157 S. oben, S. 52 f.

158 § 2-316 UCC.

159 § 2-302 (1), 2-719 (3) UCC.

160 Ford Motor Co. v. Lonon, 217 Tenn. 400, 398 S.W. 2d 240 (1966).

161 Randy Knitwear, Inc. v. American Cyanamid Co., 11 N.Y. 2d 5, 181 N.E. 2d 399, 226 N.Y.S. 2d 363 (1962).

Eine besondere Art von Schadensersatz, die in Produkthaftpflichtprozessen dem Geschädigten bzw. seinen Hinterbliebenen manchmal zugesprochen wird, ist der sogenannte ›exemplary‹ oder ›punitive damages‹ (Strafschadensersatz)[162]. Diese Schadensersatzform hat man sogar schon, ob der ihr zugrundeliegenden Abschreckungsfunktion, als eine »gesetzlich installierte Schutzvorrichtung« bezeichnet[163]. Punitive Damages werden gewährt, wenn der Beklagte ein maßlos verwerfliches Fehlverhalten (outrageous conduct) gezeigt hat[164]. Neben der Prävention durch Abschreckung, der eine quasi-Gewerbeaufsichtsfunktion zukommt, dienen Punitive Damages insbesondere Bestrafungsmotiven mit Vergeltungscharakter[165]. Die Höhe des Schadensersatzbetrages fällt grundsätzlich in das freie Ermessen der Jury, die solche Faktoren wie die Finanzkraft des beklagten Unternehmens und den Unwertcharakter der Tat als Bemessungsmaßstäbe heranziehen darf[166].

Im wohl bekanntesten Fall für den Bereich des Produkthaftpflichtrechts – Grimshaw v. Ford Motor Co.[167] – erkannte die Jury auf Punitive Damages in Höhe von 125 000 000 Dollar[168]. Nach der Überzeugung der Geschworenen wußte die Beklagte, daß die Benzintanks ihres Modells ›Pinto‹ bei Auffahrunfällen zu Explosionen neigten. Sie unterließ es dennoch, und zwar aus reinen Kosten-Nutzen-Erwägungen, die ein Plus von eben diesen 125 000 000 Dollar bei Beibehaltung des status quo versprachen, der Gefahr mit Rückrufaktionen bzw. sicherheitstechnisch besser ausgerüsteten Neuproduktionen zu begegnen. Der Kalkulation lag ein Vergleich zwischen den hochgerechneten Kosten für Schadensersatzansprüche wegen verletzter und getöteter Kunden und den als höher eingeschätzen Ausgaben für die Fehlerbeseitigung zugrunde. Der vorsitzende Richter reduzierte den Schadensersatzbetrag für Punitive Damages auf 3.500 000 Dollar, der vom Appellationsgericht schließlich so auch bestätigt wurde[169].

162 Aus rechtsvergleichender Sicht dazu z.B. *Stoll*, Consequences of Liability: Remdies, 1972, in Encyclopedia of Comparative Law, Volume XI Torts, Chapter 8, 99 ff.

163 Beasley, a.a.O., 651: »legally engineered safety device«.

164 Vgl. auch schon Restatement of the Law of Torts § 908 (1) (1939), comment b: »... acts done with a bad motive or with a reckless indifference to the interests of others.«

165 Vgl. *Owen*, Punitive Damages in Products Liability Litigation, 74 Mich.L.Rev. 1257-1371. Zur genaueren Funktionsbeschreibung s. unten, § 10.

166 Restatement § 908 (2); zu dem großen Ermessensspielraum der Jury bei der Festsetzung der Anspruchshöhe s. unten, § 6 B.

167 Nos. 197761 and 199397 (Orange County Sup. Ct. Cal., 6 Feb. 1978), besprochen bei *Zeller*, Aspekte der US-Produkthaftpflicht und -Versicherung, VW 1979, 115, 120 f.

168 Vgl. auch die bei *von Hülsen*, 187 f., berichteten jüngeren Beispiele aus der Rspr., in denen wieder Ford zur Zahlung von Punitive Damages verurteilt wurde.

169 174 Cal. Rptr. 348 (Ct. App. 1981).

V. Workers'[170] Compensation Laws (Arbeitsunfallversicherungsvorschriften)

Solche gesetzlichen Versicherungsvorschriften sind in allen amerikanischen Einzelstaaten in unterschiedlicher Ausprägung in Kraft. Sie sehen einen Ausgleich für arbeitsplatzbedingte Unfälle oder Krankheiten vor, die zu Tod, Verletzung oder Invalidität des Arbeitnehmers führen. Anspruchsvoraussetzung ist lediglich, daß der Arbeitnehmer im Verlauf seiner Tätigkeit zu Schaden gekommen ist[171]. Der Preis für dieses Konzept reiner (absoluter) Gefährdungshaftung findet sich in dem gesetzlich fixierten bescheidenen Anspruchsumfang und dem Verlust aller genannten Rechtsbehelfe des Common Law gegenüber dem Arbeitgeber[172], der von allen weiteren Ansprüchen freigestellt wird. Auf diese Anspruchsgrundlagen kann sich der Arbeitnehmer aber im Wege der sogenannten ›collateral source rule‹ stützen und seinen Schaden klageweise gegen den Hersteller des zur Schädigung führenden Arbeitsutensils geltendmachen, wenn es nicht aus der eigenen Produktion des Arbeitgebers stammt. Obsiegt der Arbeitnehmer, werden nach der »Regel von der zusätzlichen Quelle« die ihm geleisteten Versicherungsbeiträge nach ›workers' compensation‹ nicht auf die Urteilssumme im Produkthaftpflichtprozeß angerechnet.

VI. Bestrebungen zur Vereinheitlichung des Produkthaftpflichtrechts

Ein extremes Anwachsen der von Produkthaftpflicht-Versicherern geforderten Prämien, die sich verknappenden Möglichkeiten, Risiken überhaupt noch durch Versicherungsschutz zu decken und die zunehmende Zahl von Produkthaftpflichtprozessen, die der Tendenz nach zu höheren Schadensersatzsummen führten, waren wesentliche Beschwerden unternehmerischer Interessenverbände, die eine Diskussion über die Entwicklung des amerikani-

170 In Anbetracht steigender Zahlen von arbeitenden Frauen in industriellen Bereichen löst dieser Begriff zunehmend die traditionell gebräuchliche Bezeichnung »workmen's compensation laws« ab.

171 Unvermeidbare Kausalitätsprobleme werden zumeist sehr wohlwollend zugunsten des Arbeitnehmers gelöst. Vgl. dazu McAllister v. Workmen's Compensation Appeals Board, 69 Cal.2d 408, 416-419, 445 P.2d 313, 317-319 (1968), wo es um die Frage ging, ob die zum Tod des Arbeitnehmers führende Lungenkrebserkrankung durch seine 32-jährige Tätigkeit als Feuerwehrmann oder durch die Tatsache verursacht wurde, daß er 42 Jahre lang täglich eine Schachtel Zigaretten geraucht hatte. Nach der Auffassung des Gerichts genügte zur Anspruchsbegründung, daß die berufliche Tätigkeit des Verstorbenen einen mitverursachenden Grund für die Krankheit gesetzt hatte.

172 Vgl. *Zeller*, a.a.O., 52 (sole remedy rule).

schen Produkthaftpflichtrechts auf Bundesebene Mitte der 70er Jahre auslösten[173].

Die Federal Interagency Task Force on Product Liability, von Präsident Ford 1976 unter Vorsitz des Wirtschaftsministeriums eingerichtet, untersuchte die angebliche Krise des Produkthaftpflichtrechts im Rahmen einer umfangreichen Studie, deren endgültige Fassung[174] (Final Report) 1977 erschien. Danach sind die Probleme hauptsächlich auf drei Gründe zurückzuführen:

- die übermäßig subjektive Vorgehensweise der amerikanischen Versicherungsunternehmen bei der Errechnung von Prämiensätzen;
- ungenügend sichere Produktherstellungsverfahren, die mit der Abwesenheit von angemessenen Anreizen zur Schadensverhütung zu erklären sind;
- die aus der Unbeständigkeit des Produkthaftpflichtsystems resultierenden Schwierigkeiten, verläßliche Vorhersagen über den Ausgang von Prozessen zu treffen[175].

Die Task Force empfahl, die Probleme mit umfassenden bundesweiten Maßnahmen, insbesondere mit bundesweiter Gesetzgebung zu bekämpfen. Der von der folgenden Carter-Administration 1979 vorgelegte Model Uniform Products Liability Act[176] (UPLA) sah, entgegen dieser Empfehlung, eine Übernahme seiner Vorschriften durch die einzelnen Staaten nur auf freiwilliger Basis vor. Bis heute hat nicht ein Staat den UPLA vollständig übernommen. Stattdessen hat eine große Zahl von Staaten anspruchseinschränkende gesetzliche Regelungen verabschiedet, die die Möglichkeiten einer Anspruchsabwehr für beklagte Unternehmen erweitern[177]. Darunter fallen sogenannte ›statutes of repose‹, nach denen eine Klage innerhalb eines bestimmten Zeitraumes (gewöhnlich 10 bis 12 Jahre) nach Herstellung und Inverkehrbringen des fehlerhaften Produkts anhängig gemacht werden muß. Ferner gibt es Vorschriften, die eine widerlegbare Vermutung der Fehlerlosigkeit schaffen oder von dieser sogar unwiderlegbar ausgehen, wenn das Produkt zur Zeit seiner Konstruktion bzw. seines Verkaufs dem Stand der Technik oder bundesweit geltenden Normen entspricht. Es sind darüber hinaus Vorschriften in Kraft getreten, mit denen das Restatement-Erfordernis der unangemessenen Gefährlichkeit eines Produkts gesetzlich festgeschrieben wurde.

173 Vgl. *Mitt*, Products Liability Crisis: Federal Statutory Solution, 3 University of Illinois L.Rev. 757, 759 (1983).

174 Vgl. oben Fn. 7.

175 Final Report, a.a.O., (Fn. 7), XXXIX.

176 Veröffentlicht in 44 Fed.Reg. 62714 (Oct. 31, 1979).

177 Einen umfassenden Überblick über die unterschiedlichen einzelstaatlichen Vorschriften gibt *Twerski*, Nationale Products Liability Legislation: In Search for the Best of All Possible Worlds, 18 Idaho L.Rev. 411, 412-413 (1981).

Die für das Common Law festzustellende Uneinheitlichkeit zeigt sich jedoch auch bei solchen legislativen Alleingängen, die zu großen einzelstaatlichen Unterschieden geführt haben. Einige Staaten besitzen sogar noch gar keine gesetzliche Regelung auf diesem Rechtsgebiet.

Das Scheitern des UPLA hinsichtlich der angestrebten Rechtsvereinheitlichung veranlaßte einige Mitglieder des Kongresses, weitere Anstrengungen mit Blick auf eine Gesamtneuregelung des amerikanischen Produkthaftpflichtrechts zu unternehmen. Mehrere Gesetzesentwürfe, die beiden Häusern erfolglos zur Verabschiedung vorgelegt wurden, zielten auf eine solche bundesweite Kodifikation[178]. Diese Versuche mündeten schließlich 1983 im Vorschlag zu einem Product Liability Act[179], mit dem die Einführung einer bundeseinheitlichen Anspruchsgrundlage in Produkthaftpflichtprozessen beabsichtet ist, die an die Stelle der Common-Law-Regeln (einschließlich der Warranty-Klage) treten würde.

Bislang ist jedoch der Primat des Fallrechts erhalten geblieben, der zu einem weiten Spektrum unterschiedlicher Konzepte geführt hat, von denen einige wesentliche Ansätze in diesem Abschnitt skizziert wurden.

178 Vgl. *Coccia*, Uniform Product Liability Legislation. A. Proposed Federal Solution, The Trial Lawyer's Guide, 237 (Summer 1983).
179 H.R. 2729, 98th Congress.

§ 5 Vergleichbarkeit deutschen und amerikanischen Produkthaftpflichtrechts

A. *Einleitung*

Die ausschnitthafte Darstellung amerikanischen Produkthaftpflichtrechts hat angedeutet, welcher unterschiedlich weiten Interpretation ein Konzept wie Strict Liability fähig ist. Die Annahme, daß nach dieser Anspruchsgrundlage immer strenger gehaftet werde als nach deutschem Recht, erweist sich aufgrund ihrer uneinheitlichen Ausgestaltung in den Einzelstaaten als zu verallgemeinernd. Insbesondere die Verschulden betonende Rechtsprechung zu Konstruktions-[1] und Informationsfehlern dürfte im Ergebnis vielfach dem entsprechen, was die deutsche Rechtsprechung im Rahmen eines genuin deliktischen Ansatzes mit der Entwicklung ausgedehnter produktbezogener Verkehrssicherungspflichten und einer für Konstruktions- und Fabrikationsfehler mittlerweile selbstverständlichen Beweislastumkehr für die Frage der Pflichtwidrigkeit erreicht hat[2].

Die Bemühungen der deutschen Judikatur um angemessene Lösungen in diesem Rechtsgebiet haben auch für andere Teilaspekte des Problems zu Ansätzen geführt, die den amerikanischen Regeln oft nicht nachstehen. So genügt z.B., ähnlich wie in vielen amerikanischen Jurisdiktionen, auch hierzulande der Beweis des ersten Anscheins für den Schluß auf die Fehlerhaftigkeit eines Produkts[3]. Vergleichbar ist darüber hinaus die Rechtsprechung des BGH, nach der dem Hersteller eine Warnpflicht gegenüber dem Konsumenten selbst für den Fall des Produktfehlgebrauchs obliegt, solange die bestimmungswidrige Verwendung naheliegt[4]. Der im deutschen Recht

1 Ein eindrucksvolles Beispiel derartiger Rspr. findet sich in der schon zitierten Entscheidung (oben, § 4, Fn. 137) Thibault v. Sears, Roebuck & Co.: »unlike workmen's compensation and no-fault automobile insurance, strict liability is not a no-fault system of compensation. The common Law principle that fault and responsibility are elements of our legal system applicable to corporations and individuals alike will not be undermined or abolished by ›spreading‹ of risk and cost in this State.« Vgl. 118 N.H. 806, 395 A.2d 845-46.

2 So auch *Diederichsen*, Die Entwicklung der Produzentenhaftung, NJW 1984, 797, der feststellt, »daß das Haftungsvolumen in den letzten Jahren ›explosionsartig‹ zugenommen hat und daß die Wahrscheinlichkeit, daß das einzelne Industrieunternehmen tatsächlich in Anspruch genommen wird, ständig gewachsen ist.«

3 So schon BGH VersR 1953, 242 (Speiseöl)

4 BGH NJW 1972, 2217 (Estil).

nach § 831 BGB grundsätzlich mögliche Entlastungsbeweis vermag wegen der an ihn gestellten hohen Anforderungen und der Entwicklung neuer Sorgfaltspflichten zu Lasten der Hersteller[5] nur selten – im sachlichen Anwendungsbereich des Arzneimittelgesetzes ohnehin überhaupt nicht – Ansprüche des Geschädigten abzuwehren.

Für den im Rahmen von Art. 12 EGBGB vorzunehmenden Vergleich zum deutschen Recht läßt sich als ein erstes Zwischenergebnis feststellen, daß selbst Ansprüche, die auf Strict Liability beruhen, nicht a limine abzulehnen sind, weil eine strengere Haftungsgrundlage im Vergleich mit der herrschenden deutschen Praxis vielfach gar nicht gegeben ist.

Trotz Ähnlichkeiten und Entsprechungen[6] darf jedoch nicht verkannt werden, daß die Haftung des Warenherstellers und anderer an der gewerblichen Absatzkette beteiligter Veräußerer in den USA bereichsweise weit über das ausgedehnt wurde, was die hiesigen Gerichte in Anwendung deutschen Rechts zu tragen bereit wären[7]. Wie bereits angeklungen, fällt die Haftung nach amerikanischem Recht regelmäßig streng aus, wenn es um Ersatz für Schädigungen durch Fabrikationsfehler geht[8]. Exkulpationsmöglichkeiten wie im deutschen Recht (Ausreißer[9], dezentralisierter Entlastungsbeweis[10]), scheiden zugunsten eines verstärkten Verbraucherschutzes aus[11]. In einigen Staaten sind darüber hinaus die Möglichkeiten der Anspruchsabwehr durch die Rechtsprechung drastisch verringert worden[12]. Ferner kann nicht ernstlich bezweifelt werden, daß der in amerikanischen Produkthaftpflichtprozessen ausgeurteilte Schadensersatz für erlittene Körperverletzungen regelmäßig

5 Vgl. BGH NJW 1973, 1602 (Doppelschlag); BGH NJW 1968, 242.

6 Die am 25.7.1985 von dem EG-Ministerrat verabschiedete EG-Richtlinie zur Angleichung der Rechts- und Verwaltungsvorschriften der Mitgliederstaaten über die Haftung für fehlerhafte Produkte (ABL. EG L 210 v. 7.8.1985, S. 29) bedeutet eine weitere Annäherung an das materielle Recht der USA. Die Richtlinie, die innerhalb von drei Jahren nach Bekanntgabe in den Mitgliedstaaten in geltendes Recht umzusetzen ist, lehnt sich deutlich an die Regelung des amerikanischen Restatement an. Die in Art. 6 enthaltene Fehlerdefinition ist mit dem ›reasonable consumer expectation test‹, der für § 402 A angewendet wird, praktisch sogar identisch. Vgl. allgemein zur Richtlinie, *Hollmann*, Die EG-Produkthaftpflichtrichtlinie, DB 1985, 2389 ff. u. 2439 ff.; *Taschner*, Die zukünftige Produzentenhaftung in Deutschland, NJW 1986, 611. Dafür, daß die Neuregelung bewußt u.a. auf der Grundlage des Restatement entwickelt wurden, vgl. Products Liability Tort Law Reform, Fith National Conference, Washington D.C., 1982, 140.

7 Vgl. BGHZ 51,91, 98 (Hühnerpestviren), womit der BGH die Einführung einer Gefährdungshaftung im Wege richterlicher Rechtsfortbildung ausdrücklich ablehnte.

8 S. oben, S. 56.

9 Dazu *Schmidt-Salzer*, Produkthaftung 1973, 135.

10 BGH VersR 59, 104 (Seilschloß); *Micklitz*, Einheitliche Neuregelung der Produzentenhaftung in Europa, ZRP 1978, 38 (Fn. 24).

11 *Birnbaum*, 33 Vand.L.Rev., 647 f. (1980).

12 Zur Abschaffung der sog. State-of-the-art defense in New Jersey s. oben, S. 64 ff.

höher ausfällt als in der Bundesrepublik Deutschland. Die im Einzelfall gewährten ›punitive damages‹ erhöhen das Gefälle noch.

Während diese Unterschiede als grundsätzlich[13] unschädlich für die Anerkennungsfähigkeit eines amerikanischen Urteils i.S. von § 328 I Nr. 4 ZPO beurteilt werden dürften, scheitert die Anwendung solcher amerikanischen Rechtsregeln und die Durchsetzung ihrer Folgen vor deutschen Gerichten gegenwärtig an Art. 12 EGBGB, weil sich die hierzulande herrschende Praxis auf eine rein nominelle Betrachtungsweise beim Vergleich zum deutschen Recht festgelegt hat.

B. Disparate Funktionen deutschen und amerikanischen Produkthaftpflichtrechts

Zweifel an der Richtigkeit dieses für Art. 12 EGBGB gleichsam nur am Phänotypus des ausländischen Rechts orientierten Vorgehens entstehen, wenn die unterschiedliche rechtstatsächliche Bedeutung (law in action)[14] der beiden Haftungssysteme im Mittelpunkt der Betrachtung steht.

I. Deutschland

Der heutige Stand deutschen Produkthaftpflichtrechts geht im wesentlichen zurück auf Entscheidungen des Bundesgerichtshofs, denen Rechtsstreitigkeiten im industrieinternen Bereich, also Fälle mit Gewerbetreibenden auf beiden Seiten zugrundelagen[15]. Die demgegenüber kaum anwachsende Zahl der wenigen klagenden Konsumenten unterstreicht den gleichbleibend niedrigen Stand des Verbraucherschutzaspekts in dieser Rechtsprechung[16]. Dies mag zunächst erstaunen, da eine ständig fortschreitende »Popularisierung« neuartiger Technologien – etwa auf dem Haushaltsgerätesektor – in allen hochindustrialisierten Ländern auch neue und erhöhte Gefahrenpotentiale schafft, die vermehrt zum Schadenseintritt führen[17]. Die unter deutschen

13 Zum Sonderproblem von Punitive Damages s. unten § 10.

14 Vgl. auch *Schmidt-Salzer*, Die neuen Dimensionen des Produktrisikos, BB 1980, 9, der diesen Begriff in einem anderen Zusammenhang verwendet.

15 *Diederichsen*, a.a.O., 797, 798 (Fn. 4); *ders.*, Wohin treibt die Produzentenhaftung? NJW 1978, 1291.

16 *Micklitz*, Produzentenhaftung – ein Problem des Verbraucherschutzes? ZVP 1979, 321.

17 Ebenda, 330;vgl. auch *Galanter*, Reading the Landscape of Disputes, 31 UCLA L.Rev. 69 (1983): There have been great changes in the social production of injuries as a result of, among another things, the increased power and range of injury producing machinery and substances.«

Verbrauchern dennoch schwach ausgeprägte Neigung, Produktschädigungen klageweise geltend zu machen, leuchtet aber ein, wenn man sich die praktischen Auswirkungen geltenden Sozialversicherungsrechts vergegenwärtigt. Die gesetzliche Krankenversicherung bildet zusammen mit der gesetzlichen Unfall-, Renten-, und Arbeitslosenversicherung ein (noch immer) vergleichsweise dichtes Netz sozialer Sicherung. Für produktbezogene Körperverletzungen gewährt die Krankenversicherung umfassenden Schutz, indem sie die Heilbehandlungskosten übernimmt. Die gesetzliche Unfallversicherung kann die Leistungen ggf. sogar noch ergänzen[18], Renten- und Arbeitslosenversicherung komplettieren diesen Schutz im Hinblick auf längerfristige Folgen schwerer Verletzungen.

Gegenüber dem Hersteller des schadensstiftenden Produkts wirkt dieses fast lückenlose System »anspruchsberuhigend«. Ein Verbraucher, der sich auf den Ausgleich für Verletzungsfolgen verlassen kann, wird nur selten geneigt sein, weitergehende Ansprüche mit Prozeßaufwand geltend zu machen.

Daß sich an dieser Zurückhaltung auch trotz eines nur gegen den Hersteller bestehenden Schmerzensgeldanspruchs nicht viel ändert, dürfte mit dem Hinzutreten weiterer Faktoren zu erklären sein: Einmal wird oft gar nicht bekannt sein, daß Ersatzansprüche gegen den Hersteller des schädigenden Produkts bestehen können; es ist dem Verbraucher auch kaum deutlich, wer als Anspruchsgegner in der unübersichtlichen gewerblichen Absatzkette in Frage käme[19]. Zum anderen bestehen u.a. in Anbetracht der bislang noch wenig verbreiteten privaten Voll-Rechtsschutzversicherungen erhebliche Schwellenängste, überhaupt einen Anwalt aufzusuchen[20]. Und schließlich stellt sich dem geschädigten Verbraucher und dem ihn beratenden Anwalt die berechtigte Frage, ob die Aussichten auf ein ohnehin regelmäßig knapp bemessenes Schmerzensgeld das hohe Kostenrisiko eines Produkthaftpflichtprozesses rechtfertigen.

Kosten-Nutzen-Erwägungen sind auch der Grund für die geringe Anzahl von Regreßverfahren, mit denen Vorsorgeträger, die die Schäden der Verletzten regulieren und deren Ansprüche kraft Legalzession erworben haben (§§ 116 ff. SGB X), gegen Hersteller fehlerhafter Produkte vorgehen. Zur Einsparung von Transaktionskosten sieht man von der Geltendmachung eines Schadens insbesondere ab, wenn er als gering und/oder die Ursachenermittlung als zu aufwendig angesehen wird[21].

18 *Plagemann/Plagemann*, Gesetzliche Unfallversicherung,91.
19 *Micklitz*, a.a.O., 321.
20 Ebenda, 332; zur Situation des potentiellen Klägers in den USA s. unten, § 8 A.
21 *Micklitz*, a.a.O., 331.

Insgesamt läßt sich danach feststellen, daß das deutsche Produkthaftpflichtrecht nur eine sehr beschränkte Bedeutung für den geschädigten Verbraucher erlangt hat. Die durch richterliche Rechtsfortbildung erweiterten Möglichkeiten zur Anspruchsdurchsetzung sind eher Abbild der ökonomischen Notwendigkeit für die gegen produktbedingte Schädigungen nicht versicherte gewerbliche Wirtschaft, eine Produkthaftpflichtklage erfolgreich führen zu müssen. Nicht Schmerzensgeld, sondern Ersatz für Eigentums- und daraus resultierende Vermögensschäden, also die Erhaltung der Wettbewerbsfähigkeit, ist hier das Ziel klägerischen Begehrens[22].

II. U.S.A.

Die Proportionen in den Vereinigten Staaten sind demgegenüber zugunsten eines erhöhten Anspruchsbewußtseins der Allgemeinheit deutlich verschoben. Die Entscheidungsgründe vieler Urteile weisen aus, daß es häufiger Verbraucher sind, die als Kläger in Produkthaftpflichtprozessen auftreten. Es handelt sich dabei auch um die designierte Zielgruppe, deretwegen das Haftungsinstitut Strict Liability überhaupt erst eingeführt wurde[23]. Die große Zahl von Urteilen, die, neben anderen Schadensposten, augenfällig hohe Schmerzensgeldbeträge zusprechen, unterstreicht, wie sehr sich das Produkthaftpflichtsystem an den Bedürfnissen geschädigter Verbraucher ausrichtet.

Es sind diese Bedürfnisse, in denen die wesentliche Ursache für den so andersartigen Charakter amerikanischer Rechtswirklichkeit zu finden ist: Ein elaboriertes Sozialversicherungssystem wie in der Bundesrepublik Deutschland oder in anderen europäischen Ländern existiert in den USA nicht. Soziale Leistungen sind nur dünn gesät – eine Situation, die auch mit der immer noch vorherrschenden Sozialtheorie erklärbar ist, der ein unabhängiger und selbstbestimmter, grundsätzlich nicht auf fremde Unterstützung angewiesener Amerikaner als Leitbild dient[24].

Die Folgen mangelnder staatlicher Fürsorge äußern sich in oft unzureichender, nur partieller Restitution für erlittene Schäden. Leistungen der staatlichen Rentenversorgung bleiben weit hinter dem zurück, was hierzulande gewährt wird[25], und die in den Einzelstaaten unterschiedlich ausgestaltete gesetzliche Arbeitslosenversicherung hat mit der deutschen Regelung zumeist

22 Ebenda, 329, 332.
23 Vgl. Greenman v. Yuba Power Products, Inc. (oben § 4, Fn. 72).
24 *Bork*, Sozialleistungen in den USA, RIW 1982, 878 f.
25 Ebenda, 880.
26 Ebenda, 884.

nur den Namen gemeinsam[26]. Große Lücken weist auch die Krankenversicherung auf. Für Berufstätige und deren Angehörige besteht keine gesetzliche Krankenversicherungspflicht[27], und der Schutz für die von den Vorsorgeprogrammen erfaßten Bevölkerungsgruppen kommt über rudimentäre Ansätze nicht hinaus. Insbesondere für Aufwendungen, die mit einem Krankenhausaufenthalt im Zusammenhang stehen, besteht unzulängliche Kostendekkung[28]. Diese mangelnde Sicherung fordert große finanzielle Opfer der Betroffenen; ihr wirtschaftlicher Ruin ist keine ganz seltene Ausnahme. War der Verletzte schon zur Zeit des Unfalls arm[29], bleibt ihm vielleicht sogar nur noch der Gang in eine der ›free clinics‹[30], die mit Notversorgung und einfacher Standardbehandlung kostenlos helfen.

In diesem rauhen sozialen Klima ist eine Produkthaftpflichtklage schon traditionellerweise oft die einzige Möglichkeit für den Geschädigten, einen befriedigenden Schadensausgleich zu erzielen[31]. Daß diese Erkenntnis nicht auf die Ebene akademischer Diskussionen verbannt bleibt, sondern ausdrücklich Bezugspunkt für die Rechtsprechung selbst hoher Bundesgerichte ist, zeigen beispielsweise die Entscheidungsgründe eines Urteils des ›5th Circuit‹[32]:

> «Until Americans have a comprehensive scheme of social insurance, courts must resolve by a balancing process the head-on collision between the need for adequate recovery and viable enterprises«[33].

Die Möglichkeit für den geschädigten Arbeitnehmer, Schadensersatzsummen ohne Anrechnung schon geleisteter Zahlung nach ›workers' compensation‹ zu erstreiten, ist ein weiterer Beleg für den hohen Stellenwert der Produkthaftpflichtklage. Die systematische Inkonsequenz dieser ›collateral source rule‹ wird durch die als höherwertig eingestuften Interessen an einer möglichst vollständigen Restitution zugunsten des Geschädigten geheilt[34].

27 Ebenda, 881.

28 Ebenda.

29 Zu dem hohen Bevölkerungsanteil in den USA, dessen Einkommen nahe oder unterhalb der Armutsgrenze (poverty line) liegt, vgl. *Bork*, a.a.O., 879.

30 Solche aus privaten Gründerinitiativen hervorgehenden Arztpraxen finanzieren sich zumeist aus Spendengeldern; das Personal besteht aus Ärzten und Pflegern, die zusätzlich zu einer hauptberuflichen Tätigkeit in der ›free clinic‹ für ein nur geringes oder gar kein Gehalt arbeiten.

31 Vgl. *Pfennigstorf*, Legal Expense Insurance, 41, der die Unterschiede im sozialen Netz für entscheidend hält: »... this difference has so many and such important implications that it cannot possibly be overemphasized«.

32 Helene Curtis Industries, Inc. v. Pruitt, 385 F.2d 841 (5th Cir. 1967), cert. denied, 341 U.S. 1913 (1968).

33 Ebenda, 862; im konkreten Fall ging dieser Abwägungsprozeß allerdings zugunsten des Herstellers aus.

34 Dazu auch *Marschall von Bieberstein*, a.a.O., 45 ff.

Ein nach Art. 12 EGBGB vorzunehmender Vergleich, der diese Unterschiede zur deutschen Rechtswirklichkeit nicht aufnimmt und sich auf die nur nominelle Anspruchsgegenüberstellung beschränkt, verkürzt oder negiert die Ansprüche des sich in einer besonderen Interessenlage befindenen Amerikaners unangemessen.

Aber selbst wenn man das materielle amerikanische Recht vor dem geschilderten sozio-ökonomischen Hintergrund betrachtet, lassen sich die unterschiedlichen Dimensionen der zu vergleichenden Anspruchssysteme noch nicht vollständig erfassen. In den von den Gerichten anzuwendenden materiellen Rechtsregeln allein kommt dieses rechtspolitische Ziel oft auch gar nicht ausreichend zum Ausdruck, wie die partiell auftretenden Ähnlichkeiten und Überschneidungen mit deutschem materiellen Recht belegen. Eingelöst wird der hohe Anspruch an das amerikanische Produkthaftpflichtsystem vielmehr erst durch eine enge Verschränkung materiellen Rechts mit einer Reihe einzigartiger prozessualer Institute[35], die erhebliche Bedeutung bei der individuellen Rechtsdurchsetzung erlangen. Diese Erkenntnis ist nicht nur für die Rechtsvergleichung im allgemeinen zu beachten[36]; sie sollte auch für die nach Art. 12 EGBGB notwendige Gegenüberstellung nicht unberücksichtigt bleiben, weil die prozessualen Sonderbedingungen bei der Anwendung amerikanischen Produkthaftpflichtrechts im deutschen Prozeß fehlen[37], amerikanisches Sachrecht also außerhalb seines prozessualen Rahmens zu würdigen ist. Die Untersuchung wird sich daher auf diesen prozessualen Rahmen konzentrieren, um dessen Bedeutung für die materiellen Ergebnisse in amerikanischen Produkthaftpflichtprozessen genauer zu ermitteln. Neben den »Schlüsselfiguren«[38] innerhalb der Organisation der Rechtspflege (Jury, Richter, Anwaltschaft) sollen auch prozeßrechtliche Einflußfaktoren (kostenrechtliche Aspekte, Beweisermittlungsverfahren) Gegenstand der Erörterung sein. Nicht in jedem Fall wird sich dabei ein unmittelbarer Bezug zu den für Art. 12 EGBGB wichtigen Vergleichsfragen ergeben. Das gilt insbesondere für die Darstellung des amerikanischen Richterbildes auf dem Hintergrund der zum Richteramt führenden Auswahlverfahren. Wenn dieser Aspekt im folgenden dennoch Berücksichtigung findet (§ 7), dann aus dem eher allgemeinen rechtsvergleichenden Interesse, möglichst vollständig all jene Entwicklungsbedingungen zu erfassen, die mitursächlich für den heutigen Stand amerikanischen Produkthaftpflichtrechts sind.

35 Dazu auch schon oben, § 1.
36 *Grossfeld*, RabelsZ 39 (1975), 13.
37 Vgl. oben, S. 20 ff.
38 So *Bernstein*, Rechtsstile und Rechtshonoratioren, RabelsZ 34 (1970), 443, 452.

Darüber hinaus soll auch der Frage nachgegangen werden, ob ein amerikanisches Urteil hierzulande anerkennungsfähig ist, das in einem von den deutschen Regelungen stark abweichenden prozessualen Rahmen erging. Im Mittelpunkt dieser Prüfung steht der deutsche verfahrensrechtliche ordre public des § 328 I Nr. 4 ZPO, an dem die relevanten Institute des amerikanischen Zivilverfahrens im einzelnen zu messen sind.

§ 6 Jury Trial

A. Allgemeines

Eine Geschworenenbank (Jury) mit maßgeblichem Einfluß auf den Ausgang von Rechtsstreitigkeiten in erstinstanzlichen Zivilprozessen existiert praktisch nur noch in den Vereinigten Staaten[1], wo ca. 98% aller Jury Trials durchgeführt werden[2]. Während das Recht auf Verfahren mit Geschworenenbeteiligung auf Bundesebene durch den 7. Zusatzartikel zur amerikanischen Verfassung garantiert wird, enthalten die meisten einzelstaatlichen Verfassungen analoge Bestimmungen für die Untergerichte ihrer ›state courts‹[3]. Trotz ständiger, z. T. heftiger Kritik[4] an diesem Institut hat sich an dem hohen Anteil von Jury Trials an der Gesamtzahl aller Zivilprozesse nichts geändert[5]. Das liegt einmal daran, daß der 7. Zusatzartikel (bzw. seine einzelstaatlichen Entsprechungen) einen weiten Anwendungsrahmen erschließt:

> «In suites of common law, where the value in controversy shall exceed twenty dollars, the right of trial by jury shall be preserved, and no fact tried by a jury shall be otherwise re-examined in any court of the United States, than according to the rules of the common law.«

Unter ›common law‹ versteht man das gesamte Zivilrecht ausschließlich ›equity‹-Sachen (wie z.B. Unterlassungsklagen und die meisten Familiensachen)[6]. Die hier interessierenden Fallgruppen – insbesondere Schadensersatzklagen wegen produktbedingter Körperverletzungen – sind uneingeschränkt Angelegenheiten des Common Law[7]. Der andere Grund für die hohe Quote von Jury Trials findet sich in den Federal Rules of Civil Procedure oder in den

1 Außerhalb der USA wird das Jury Trial nur noch in einigen Staaten Australiens und einigen Provinzen Kanadas regelmäßig praktiziert; in England, dem Ursprungsland dieses Instituts, kommt es nur noch in seltenen Ausnahmefällen (Schadensersatzprozessen wegen Ehrverletzung) zur Anwendung.

2 *Zeisel*, The American Jury, abgedr. in: The American Jury System, Final Report, 1977.

3 Für Kalifornien: Cal. Const. of 1879, art. I, § 16; Cal. Code of Civ.Proc. § 592. Die Verfassung von Lousiana gewährt dieses Recht nicht.

4 Dazu unten, C.

5 Für den Bereich von Produkthaftpflichtprozessen wurde ein Gesamtanteil von 86% festgestellt, der sogar noch im Steigen begriffen sein soll: Final Report (oben § 4, Fn. 7), II-53 f.

6 *Hay*, Einführung in das Amerikanische Recht, 4 ff.; *Zweigert/Kötz*, a.a.O., (§ 4, Fn. 46), 218 ff.

7 Gleiches gilt, wenn Ersatz für Schädigungen am Eigentum verlangt wird.

einzelstaatlichen prozeßrechtlichen Vorschriften: Zum Verfahren ohne Geschworenenbeteiligung kommt es nur, wenn beide Parteien darauf verzichten[8]. Da von Juries allgemein angenommen wird, daß sie eher zugunsten geschädigter Verbraucher entscheiden als Berufsrichter, besteht in Produkthaftpflichtprozessen zumeist der Klägervertreter auf einer Verhandlung vor Geschworenen[9].

Seit einigen Jahren ist das ›trial by jury‹ Änderungen in zweifacher Hinsicht unterworfen: Die früher notwendige Mitgliederzahl von zwölf Laienrichtern gilt in vielen Einzelstaaten nicht mehr; dort wird eine geringere Anzahl für (einzelstaaten-)verfassungskonform gehalten. Mit Blick auf den 7. Zusatzartikel hat der Supreme Court schon 1970 bestätigt, daß eine nur 6-köpfige Jury nicht (bundes-)verfassungswidrig sei[10].

Ein anderes traditionelles Merkmal des Geschworenenprozesses, das Einstimmigkeitserfordernis, ist in einer Vielzahl von Staaten zugunsten des qualifizierten Mehrheitsvotums aufgegeben worden[11]. Motiv für diese Änderung ist das klägerfreundliche Bestreben, den Entscheidungsprozeß der Jury zu beschleunigen, der nicht durch die abweichende Meinung eines einzelnen aufgehalten (hung jury) oder durch sein endgültiges Veto gänzlich vereitelt werden soll[12]. Die Bundesgerichte behalten demgegenüber das Einstimmigkeitserfordernis bislang bei[13]; sie stellen aber ohnehin nur das Forum für eine Minderheit von Produkthaftpflichtfällen[14].

B. Funktionen der Jury

Die Entscheidungsgewalt der Geschworenen ist grundsätzlich dadurch von der des vorsitzenden Richters abgegrenzt, daß die Jury über Tatsachenfragen (question of fact), der Richter über Rechtsfragen (question of law) befindet.

8 Federal Rules of Civil Procedure, Rule 38(b) und (d) und z.B. Cal. Const. art. I § 7 (i.d.F.v. 1928) u. Cal. Code of Civ. Proc. § 631.

9 Zum Entscheidungsverhalten der Juries s. unten, C.

10 Colgrove v. Battin, 413 U.S. 149, 93 S.Ct. 2448, 37 L.Ed.2d 522 (1973) bezugnehmend auf Williams v. Florida, 399 U.S. 78, 90 S.Ct. 1893, 26 L.Ed.2d 446 (1970), womit der Supreme Court eine sechsköpfige Jury in einem einzelstaatlichen Strafprozeß für verfassungskonform i.S. des 6. Zusatzartikels erklärte.

11 Z.B. Cal. Codes of Civ. Proc. §§ 613, 618: Bei einer Jury mit zwölf Geschworenen brauchen nur noch neun einer Meinung sein.

12 The American Jury System, a.a.O. (oben, Fn. 2), 21.

13 Masino v. Outboard Marine Corp. 652 F.2d 330 (1981).

14 Eine Untersuchung von 655 Produkthaftpflichtfällen ergab, daß davon 509 (78%) vor einzelstaatlichen Gerichten verhandelt wurden.

Als praktisches Bindeglied dieser beiden Bereiche fungiert die sogenannte ›instruction‹, eine Belehrung der Jury durch den Richter, die den rechtlichen Rahmen vorgeben und die Entscheidung der Juroren auf bestimmte ›facts‹ beschränken soll. Nach diesem Grundsatz wachsen der Jury im wesentlichen vier Aufgabenbereiche zu:

Sie hat zum einen über die Glaubwürdigkeit von Zeugen zu entscheiden. Einzelstaatliche Gerichte gewähren den Juroren bei diesem Entscheidungsprozeß zumeist sehr viel Freiraum. Die dem Richter zur Verfügung stehenden Möglichkeiten zur Kontrolle und Korrektur[15] nimmt er nur in extremen Ausnahmefällen in Anspruch[16]. Bundesgerichte sind demgegenüber weniger zurückhaltend. Insbesondere die in einzelstaatlichen Gerichten unübliche ausführliche richterliche Stellungnahme zur Glaubwürdigkeit von Zeugen ist hier die Regel, die auf eine größere Kontrolle bei der Entscheidungsfindung zielt[17].

Bei einem zweiten Aufgabenbereich ist die Kompetenzverteilung zwischen Richter und Geschworenenbank wegen häufiger auftretenden Abweichungen in der Praxis weniger klar abgrenzbar: Es geht um die Frage, ob das vorliegende Beweismaterial ausreicht, um einen Indizienbeweis (circumstantial evidence) erfolgreich führen zu können. Mancher Richter wertet diesen Punkt als Rechtsfrage und entscheidet ihn entsprechend selbständig ›as a matter of law‹[18].

15 In Verfahren vor Bundesgerichten und vor den meisten staatlichen Gerichten gibt es drei Möglichkeiten der richterlichen Einflußnahme:
- ›judgment notwithstanding the verdict‹ (Fed.R.Civ.Proc. Rule 50(b): Der Richter fällt ein dem Vedikt der Jury widersprechendes Urteil, wenn sie bei der Bewertung der Glaubwürdigkeit eines Zeugen zu Ergebnissen gelangt ist, zu denen man bei verständiger Würdigung nicht gelangen darf;
- ›directed verdict‹ (Fed.R.Civ.Proc. Rule 50(a): Der Richter enthebt die Jury ihrer Entscheidungsgewalt (»he takes the case away from the jury beforehand«) und urteilt von vornherein eigenständig, wenn er die Beweislage als so erdrückend ansieht, daß niemand vernünftigerweise zu einem anderen Ergebnis finden könnte;
- ›new trial‹ (Fed.R.Civ.Proc. Rule 59): Der Richter ordnet eine neue Verhandlung vor anderen Geschworenen an, wenn die Beweislage sehr deutlich gegen das Ergebnis des Jury-Verdikts spricht.

Vgl. auch *Emanuel*, Civil Procedure, 1981, 181 ff.

16 *Schurtmann/Walter*, Der amerikanische Zivilprozeß, 26; *Edelstein*, A Kind Word for the Civil Jury, 17 NACCA L.J. 302 (1956); *James*, Functions of Judge and Jury in Negligence Cases, 58 Yale L.J. 673 (1949). Vgl. auch Simblest v. Maynard, 427 F.2d 1 (2d Cir. 1970); Kraus v. Baltimore & O.R. Co., 183 Md. 664, 39 A.2d 795 (1944).

17 Z.B. Evans v. Wright, 505 F. 2d 287 (4th Cir. 1974).

18 Vgl. Newing v. Cheatham, 15 Cal. 3d 351, 124 Cal. Rptr. 193, 540 P. 2d 33 (1975): Der Richter entschied über den Haftungsgrund, indem er ›res ipsa loquitur‹ als Rechtsfrage selbständig anwendete; die Jury hatte nur noch über die Höhe des Schadensersatzes zu befinden.

Als Tatsachenentscheidung kommt der Jury eine dritte Aufgabe – jedenfalls in Produkthaftpflichtklagen – dagegen nahezu uneingeschränkt zu: Sie wendet Fahrlässigkeitsmaßstäbe auf das Verhalten des Beklagten an, entscheidet also über das Vorliegen einer Sorgfaltspflichtverletzung. Mit dieser Kompetenzzuweisung wird die Jury oft zur ausschlaggebenden Entscheidungsinstanz im Produkthaftpflichtprozeß, da selbst die auf Informations- oder Konstruktionsfehlern beruhenden Strict Liability-Klagen vielfach an eine individuelle Verantwortlichkeit anknüpfen[19]. Die Jury mit solchen Erwägungen (etwa: »Wieviel Produktsicherheit ist ausreichend?«[20]) im Produkthaftpflichtverfahren zu betrauen, heißt auch, Laienrichter mit einer Entscheidungsgewalt auszustatten, deren Wirkung weit über den Einzelfall hinausgehen und leicht sozial- und wirtschaftspolitische Dimensionen annehmen kann[21]. Für die vorhandenen richterlichen Kontrollmöglichkeiten, mit den das weite Ermessen der Jury beschnitten werden könnte, gilt das oben Gesagte: Ein Richter wird von ihnen nur Gebrauch machen, wenn die Geschworenen völlig unangemessene Verhaltensstandards angelegt haben[22].

Die Jury hat auch über die Höhe der zu gewährenden Entschädigung zu entscheiden, die sich aus drei unterschiedlichen Schadensersatztypen zusammensetzen kann.

›Special damages‹ sind konkrete Schäden wie Arzt- und Krankenhauskosten. Ihre Berechenbarkeit bereitet wenig Probleme[23], da sie vom Kläger im einzelnen unter Beweis gestellt werden müssen.

Der auszuurteilende Schmerzensgeldbetrag (damages for pain and suffering) wird demgegenüber in das praktisch freie Ermessen der Jury gestellt und ist weniger präzise voraussagbar. Dieser immaterielle Schadensposten dürfte auch dafür verantwortlich sein, daß die Gesamt-Schadensersatzsummen für erlittene Körperverletzungen in den USA ungleich höher ausfallen als in

19 S. oben, S. 55 ff.

20 Dazu auch schon oben, § 4, Fn. 89.

21 Das betrifft nicht nur die unmittelbaren finanziellen Einbußen. Man denke in diesem Zusammenhang auch an die langfristige Rufschädigung, die spektakuläre Urteile wie die zitierte Ford Pinto-Entscheidung auszulösen vermögen (zum Sonderproblem von Punitive Damages sogleich). Ferner kann die Entscheidung der Juroren den Grundstein zu einem dem amerikanischen Zivilprozeß eigenen Rechtskrafteffekt (collateral estoppel) legen, der u.U. dazu führt, daß sich das in einem Ausgangsfall unterlegene Unternehmen die einmal festgestellte Fehlerhaftigkeit seines Produkts in einer Serie von Folgeprozessen von anderen Geschädigten ohne Möglichkeit des erneuerten Bestreitens entgegenhalten lassen muß. Dazu *Koch/Zekoll*, Mammutverfahren im amerikanischen und deutschen Zivilprozeß, RIW 1985, 841.

22 *James*, 58 Yale L.J. 677 (1949).

23 Schwierigkeiten in der Berechenbarkeit und Ungewißheit über die Haftungshöhe stellen sich jedoch auch hier ein, wenn das Jury-Verdikt in die Zukunft reichende Folgeschäden mit abgelten soll.

anderen Ländern[24]. Schmerzensgeldbeträge in Produkthaftpflichtprozessen übersteigen oft den Schadensersatz für ›special damages‹ und stellen mangels Berechenbarkeit einen der Hauptgründe für steigende Versicherungsprämien dar[25]. Ungeachtet dieses Problems setzen die Gerichte ihre Kontrollmöglichkeiten auch hier nur sporadisch ein und halten sich damit an die traditionelle Regel des Common Law, nach der Schadensersatzbeträge Bestand haben sollen, solange nicht der Spruch der Geschworenen völlig unangemessen ausfällt[26]. Gelangt ein Richter zu der Überzeugung, daß die Schadensersatzsumme unangemessen hoch ausfällt, so wird er, gewöhnlich auf Antrag des Beklagten, eine neue Verhandlung mit dem Hinweis anordnen, daß diese nur stattfinde, wenn der Kläger einen durch das Gericht herabgesetzten Schadensersatz ausschlagen und auf dem ursprünglich ausgeworfenen Betrag beharren sollte. Die durch diese ›remittitur‹-Verfahren[27] vor die Wahl gestellten Kläger neigen dazu, sich mit einer verminderten Entschädigung zufrieden zu geben, um die Nachteile (Risiko, Kosten und Verzögerung) einer neuen Verhandlung zu vermeiden. Obwohl empirisch nicht belegbar, ist davon auszugehen, daß dieses Verfahren dennoch nur die Ausnahme zu der Regel bildet, die Entscheidungsfreiheit der Jury auch hinsichtlich der Schadenshöhe unangetastet zu lassen[28].

Strafschadensersatz kann – zumeist aufgrund gesetzlicher Ermächtigungen[29]– in fast allen Staaten[30] unter den bereits dargestellten Bedingungen[31] gewährt werden. In jüngerer Zeit haben Juries wiederholt auf ›Punitive Damages‹ in Millionenhöhe gegen Hersteller unterschiedlichster Produkte erkannt[32]. Die Schadensersatzbeträge fallen zum Teil so exorbitant aus, daß sie einen empfindlichen Schlag gegen das wirtschaftliche Gleichgewicht selbst

24 Fünf- oder sechsstellige Summen sind durchaus keine Seltenheit; vgl. zum Beispiel Dawson v. Chrysler Corp., 630 F.2d 950 (1980): Mehr als 2 Mill. Dollar Schadensersatz für unfallbedingte Querschnittslähmung. In diesem Betrag sind freilich auch ›special damages‹ enthalten.

25 Final Report, a.a.O. (oben, § 4, Fn. 7), VII-64.

26 *Großfeld*, RablesZ 39, (1975), 21 (›grossly excessive‹ oder ›shocks the court's conscience‹); Dagnello v. Long Island R.R., 289 F.2d 797 (2d Cir. 1961).

27 Dimick v. Schield, 293 U.S. 474, 55 S.Ct. 296, 79 L.Ed. 603 (1935); Donovan v. Penn Shipping Co., 429 U.S. 648, 97 S.Ct. 835, 51 L.Ed.2d 112 (1977).

28 *Kalven*, The Jury, the Law, and the Personal Injury Damage Award, 19 Ohio State L.J. 158, 160 (1959).

29 *DuBots*, Punitive Damages in Personal Injury Products Liability Cases and Professional Malpractice Cases: Bonanza or Disaster, Insurance Counsel Journal, 344, 347 (1976).

30 Zu den Ausnahmen *Hoechst*, Zur Versicherbarkeit von punitive damages, VersR 1983, 13, 14 (Fn. 4).

31 S. oben, S. 68, vgl. auch *Zeller*, Aspekte der US-Produkthaftpflicht und -Versicherung, VW 1979, 120f.

32 *Von Hülsen/Brüning-Brinkmann*, RIW 1985, 187; Beisp. aus der Rspr. auch bei *DuBots*, a.a.O.

finanzstarker Unternehmen bedeuten, wenn eine besondere Versicherung gegen diese Schadensersatzform untersagt oder aus anderen Gründen nicht erhältlich ist[33]. Die erwähnte mögliche Multiplizierung von Verfahren[34] – ein insbesondere im amerikanischen Produkthaftpflichtrecht häufig anzutreffendes Phänomen[35] – kann dann sogar existenzvernichtend sein[36].

Die Kritik an der Praxis, Entscheidungen solchen gleichsam volkswirtschaftlichen Ausmaßes dem Ermessen von Laienrichtern[37] zu überstellen, stützt sich u.a. auf ein verfassungsrechtliches Argument[38]: Die auf vorwiegend pönalen Erwägungen beruhende Verurteilung auf Zahlung von Punitive Damages geht regelmäßig über die nach strafrechtlichen Vorschriften möglichen höchsten Geldbußen hinaus, ohne daß sich der Beklagte auf die für Strafverfahren verbrieften Privilegien, also etwa auf erhöhten beweisrechtlichen Schutz[39], berufen kann.

Alarmiert durch die in Einzelfällen immensen Schadensersatzurteile der Geschworenen, hat man eine Kompetenzverschiebung von der Jury auf den Richter diskutiert[40] und in einigen Staaten gesetzlich eingeführt[41]. Dort entscheidet die Jury nur noch über die Haftung dem Grunde nach; die Höhe des Schadensersatzes fällt in das Ermessen des (als rationaler urteilend eingeschätzten[42]) Richters, der für seine Entscheidung u.a. auch weitblickend berücksichtigen soll, wieviel Ersatz das beklagte Unternehmen voraussichtlich insgesamt an alle klagenden Parteien zu leisten haben wird[43].

In der Mehrzahl aller Staaten blieb die originäre Entscheidungsgewalt der Geschworenenbank aber auch in diesem Punkt unberührt; übermäßige Beträge können nur durch richterliches ›remittitur‹ gekürzt werden. Neben der

33 Dazu auch unten § 10.

34 Oben Fn. 21.

35 Vgl. *Koch/Zekoll*, RIW 1985, 837 ff.

36 Zu diesem Problem: Roginsky v. Richardson-Merrel, Inc., 378 F.2d 832, 839 (2d Cir. 1967) (»overkill«).

37 Der weite Ermmessenspielraum kommt in der richterlichen Belehrung an die Geschworenen zum Ausdruck. Vgl. etwa Richards, California Jury Instructions: Civil: 511, Instruction 14.71 (1969): »The Law provides no fixed standards as to the amount of such punitive damages but leaves the amount to the jury's sound discretion, exercised without passion or prejudice.«, zitiert bei *Dubots*, 350.

38 Weitere Kritikansätze bei *DuBots*, a.a.O.

39 Dem eine Verurteilung rechtfertigenden Beweis im Strafverfahren dürfen keine Zweifel entgegenstehen (requirement to prove the wrong beyond a reasonable doubt), während im Zivilprozeß ein bloßes Übergewicht der Beweislage genügt ('preponderance of the evidence').

40 Final Report, a.a.O. (oben § 4, Fn. 7), VII-80.

41 *Hoechst*, VersR 1983, 16.

42 Ebenda, 14.

43 Diese gesetzlichen Regelungen gehen auf einen Vorschlag der Interagency Task Force (Final Report, VII-80) zurück.

traditionellen Anbindung an das Common Law, das eine möglichst unlimitierte Tatsachenentscheidung der Jury verlangt, kommt in der Beibehaltung des status quo auch zum Ausdruck, daß sich Punitive Damages als weniger folgenschwer für das Produkthaftpflichtrecht insgesamt erwiesen haben, als die zum Teil heftig geführte Debatte über ihr Gefahrenpotential vermuten läßt. Extreme Einzelfälle dürfen nicht darüber hinwegtäuschen, daß es sich jedenfalls bislang um ein nur marginales Problem handelt, dem, im Gegensatz zu Schmerzensgeldbeträgen, ein Einfluß auf die steigenden Versicherungsprämien nicht nachgewiesen werden kann[44].

C. Entscheidungsverhalten der Jury

I. Datenknappheit

Der nicht nur für den ausländischen Beobachter erstaunlich weit anmutende Entscheidungsspielraum der Jury[45] spiegelt sich in der Praxis zu zwei prozessualen Rahmenbedingungen wider, unter denen das Verdikt zustandekommt. Zum einen findet die Urteilsberatung in nicht-öffentlichen Sitzungen ohne Beisein des Richters statt, zum anderen braucht die Jury ihre Entscheidungen regelmäßig[46] nicht zu begründen und oft selbst nicht die Urteilssumme nach den verschiedenen Schadensersatzarten aufzuschlüsseln (general verdict).

Erstaunlich ist an dieser Praxis, daß sie weitgehend beibehalten wird, obwohl durchaus probate Mittel zur Verfügung stehen, mit denen der Entscheidungsfindungsprozeß transparenter gemacht werden könnte. So ist es dem Richter z.B. möglich, es bei einem ›general verdict‹ nur hinsichtlich der Schadenshöhe zu belassen, von der Jury aber zusätzlich zu verlangen, bestimmte fallspezifische Tatsachenfragen im einzelnen schriftlich zu beantworten. Noch deutlicher wird die Arbeitsweise der Geschworenen, wenn sie ein sogenanntes ›special verdict‹ vorlegen müssen, d.h. ein Urteil, das zu jeder relevanten Tatsachenfrage dezidiert Stellung nimmt[47]. Solche, in das Ermessen des Richters gestellte Kontrollmittel bieten sich insbesondere für komplexe Verfahren an[48], wo sie Aufschluß darüber geben könnten, ob die

44 Final Report, a.a.O., VII-80.
45 Dazu *James*, 58 Yale L.J. 689 (1949)
46 Vgl. *Louisell/Hazard/Tait*, Pleading and Procedure, 1040 (1983).
47 Für Bundesgerichte ist das nach Fed.R.Civ.Proc. Rule 49 möglich.

Jury z.B. mit der Beurteilung technisch hochkomplizierten Sachverhalts überfordert ist[49]. Daß diese prozessualen Möglichkeiten dennoch kaum ausgeschöpft werden, deutet auf einen fragwürdigen Vertrauensbeweis gegenüber der Jury: Oberflächliche Arbeit am Sachverhalt, die zu unfundierten Tatsachenfeststellungen führt oder gar vorsätzliches Fehlverhalten während der Beratungsphase werden so oft nur durch zufällige Indiskretionen (der beteiligten Juroren selber) aufgedeckt[50]. Solchen möglichen Auswüchsen wird eher versucht, präventiv durch die richterliche Belehrung an die Geschworenen zu begegnen, die deren Aufmerksamkeit auf die vorgegebenen Tatsachenfragen lenken und von anderen, irrelevanten, fernhalten soll. Viel hängt dabei von Verständlichkeit und Inhalt der ›instruction‹ ab: Ist sie übersichtlich gegliedert und stellt der Richter die von der Tatsachenfeststellung abhängigen alternativen Subsumtionsmöglichkeiten in deutlicher Sprache heraus, kann sie ein brauchbares Entscheidungsparameter bedeuten, an das sich die Jury hält[51]. Der Umfang der den Geschworenen eingeräumten Entscheidungsgewalt wird durch den Inhalt der ›instruction‹ bestimmt. Der Richter kann hier sehr restriktiv vorgehen, indem er Entscheidungsgrenzbereiche[52] als Rechtsfragen statt als Tatsachenfragen behandelt, den Ermessensspielraum der Jury also dadurch schmälert, daß er sie nur noch mit einem Minimalkatalog von Tatsachenfragen in die Beratung entläßt[53]. Dieses Konzept geht freilich nur auf, wenn die Juroren die ›instruction‹ tatsächlich befolgen, eine Voraussetzung, deren Vorliegen von vielen bezweifelt wird[54]. Insbesondere für komplexe Rechtsstreitigkeiten befürchtet man, daß die Belehrung wegen ihrer

48 Dafür, Frank, J., in Skidmore v. Baltimore & Ohio R.R. Co., 167 F.2d 54 (2d Cir. 1948).

49 In re Japanese Electronic Products Antitrust Litigation, 631 F.2d 1069 (3rd Cir. 1980) wurde wegen der Komplexität des Falles ohne Jury entschieden. Es galt mehrere Millionen Dokumente und über 100.000 Protokolle zu verarbeiten, die die Parteien im Verlauf des neunjährigen (!) Beweisermittlungsverfahrens vor der Hauptverhandlung zusammengetragen hatte.

50 Vgl. dazu *Frank*, Courts on Trial, 114, (1971), der eine vorsätzliche Mißbrauchspraxis wie folgt beschreibt: »Again and again it has been disclosed that juries arrived at their verdict by one of the following methods:
1. Each juror in a civil case writes down the amount he wants to award, the total is added, and the average taken as the verdict.
2. The jurors by agreement decide for one side or the other according to the flip of a coin.«

51 Dafür, daß das in vielen Fällen unmöglich sein kann, s. unten, III 2 a, in diesem Abschnitt.

52 Zur Anwendung von z.B. ›res ipsa loquitur‹ durch den Richter als Rechtsfrage s. oben Fn. 18.

53 Ebenda.

54 Z.B. *Bok*, The Jury System in America, 287 Annals 94 (1953): »We usually require of it (the jury) only what is called the ›general verdict‹, which means the announcement of a result without reasons. If we required a reasoned argument in support, the jury system would blow up in a week; and hence we wisely do not require it«.

technischen Sprache für Laien gar nicht mehr verständlich sein kann[55], und für Zivilprozesse allgemein wird z.T. vertreten, die Jury setze sich häufiger bewußt über die richterliche Belehrung hinweg und entscheide auch rein rechtliche Fragen mit. Diese Ansicht ist u.a. im Bereich des Mitverschuldens aufgekommen[56]: ›Contributory negligence‹ auf seiten des Geschädigten führt, wie gezeigt[57], selbst bei geringstem Mitverschulden zum völligen Verlust des Schadensersatzanspruchs. Die Jury könnte diese, vielleicht unbillig erscheinende Konsequenz ausschalten, indem sie ein Mitverschulden des Geschädigten auf der Tatsachenebene verneint, oder es im Wege der ›comparative negligence‹ unausgesprochen in die Bemessung der Schadensersatzsummen mit einfließen läßt[58].

Sowohl diese Annahme über ein »Sonderrecht« der Jury als auch Einschätzungen über ihr Begriffsvermögen haben sich jedoch wegen des Beratungsgeheimnisses und der ›general verdict‹-Praxis als schwer verifizierbar erwiesen. Die mangelnde Transparenz läßt es kaum zu, empirische Daten über das Entscheidungsverhalten der Geschworenen zu gewinnen. Kritiker und Protagonisten der Jury verlassen sich denn auch eher auf persönliche Eindrücke, die oft recht pathetisch[59] vorgetragen und auf z.T. wertloses Zahlenmaterial gestützt werden. Um etwa das Argument von einer dem Kläger regelmäßig wohlgesonnenen Jury zu belegen, weist ein Autor[60] auf die hohe Erfolgsquote von Klagen in Unfallprozessen, die vor dieser Entscheidungsinstanz stattfanden[61] und verkennt dabei, daß die angeführten Daten keine Aussagekraft besitzen, da sie nicht Vergleichszahlen aus entsprechenden Prozessen ohne Geschworenenbeteiligung gegenübergestellt werden.

55 *Green*, Juries and Justice – The Jury's Role in Personal Injury Cases, University of Illinois L.J. 152, 162 f. (1962).

56 Ebenda, 159; auch *Prosser*, Torts, 433.

57 S. oben, S. 63.

58 Vgl. Fn. 55.

59 Von den Protagonisten des Rechtsinstituts z.B. *Corbin*, The Jury on Trial, 25 A.B.A.J., 507 (1928): »I deny that any single judge or group of judges will give to the true administration of justice any more satisfactory service as the final arbiter of issues of fact than does the jury – an abstract, as it has been called, of the citizens at large.«

60 *James*, 58 Yale L.J. 689 (1949).

61 Ebenda, 687: Danach endeten 1947 in New York zwischen 60% und 66% solcher Prozesse vor einer Jury zugunsten der Kläger. Im Massachusetts Superior Court waren Kläger zu 73,5% in Jury Trials erfolgreich.

II. Daten zur Übereinstimmung zwischen Richtern und Geschworenen

Das ›University of Chicago Jury Project‹[62], die umfangreichste empirische Studie über das Entscheidungsverhalten von Geschworenen, versuchte, solche Fehler zu vermeiden. Bereitgestellt von 600 Richtern aus dem ganzen Land dienten die Akten von ca. 8.000 tatsächlich durchgeführten Jury Trials als Datenbasis[63]. Das Hauptziel der Untersuchung bestand darin, die Entscheidungen der Juries mit Stellungnahmen der beteiligten Richter zu vergleichen, wie sie die Fälle beurteilt hätten, wenn diese vor ihnen alleine verhandelt worden wären, um auf diese Weise möglichst verallgemeinerungsfähige Aufschlüsse über die Qualtität der Geschworenenbank zu erhalten.

Die verarbeiteten Daten gehen zwar nicht ausschließlich auf Produkthaftpflichtfälle zurück, sie stammen aber aus Zivilverfahren, denen Klagen wegen Körperschäden (personal injury cases) zugrunde gelegen haben, d.h. aus einer Fallkategorie, die das Hauptkontingent aller Produkthaftpflichtprozesse ausmacht[64].

1. Haftungsgrund

Die Resultate der Studie zeigen eine relativ hohe Rate an Übereinstimmung bei der Entscheidung über den Haftungsgrund. In 79% der Fälle wäre der Richter zum selben Ergebnis wie die Geschworenen gekommen[65]. Darüber hinaus scheinen die verbleibenden Unterschiede nicht etwa damit zu erklären zu sein, daß die Jury dem verletzten Kläger grundsätzlich mehr zuneigt als der Richter. Entgegen landläufiger Meinung sind die Abweichungen, die sich aus der Entscheidung zugunsten des Klägers ergeben, ziemlich gleichmäßig zwischen Richtern und Juries verteilt[66].

Mit dieser Übereinstimmungsquote läßt sich gleichwohl kaum der Beweis für die Verständnisfähigkeit der Laienrichter führen. Eine derartige Schlußfolgerung müßte einerseits von der durchaus nicht gesicherten Prämisse ausgehen, daß ein Richter konstant richtige Urteile fällt. Zum anderen zeigt

62 *Kalven, Jr.*, The Dignity of the Civil Jury, 50 Virginia L.Rev. 1055 ff. (1964). Die angekündigte Veröffentlichung der gesamten Untersuchungsergebnisse zur Jury in Zivilverfahren in abschließender (Buch)Form blieb jedoch aus. Weitere Nw. über Arbeiten zum Projekt, ebenda, 1056 (Fn. 3); vgl. auch *Simon*, The Jury: Its Role in American Society, 1980, 50 f. und The American Jury System (oben Fn. 2), 69.

63 *Kalven*, a.a.O., 1063.

64 Final Report, a.a.O., II-74.

65 *Kalven*, a.a.O., 1065.

66 Ebenda.

ein einfaches Rechenexempel, die richterliche Entscheidung einmal als korrekt vorausgesetzt, daß die Übereinstimmung noch eine Quote von 75% erreichen kann, obwohl die Jury tatsächlich nur die Hälfte aller Fälle versteht: In der einen Hälfte der Fälle weicht die Jury von der (richtigen) Entscheidung des Richters nicht ab, weil sie folgen kann (50%), in der anderen treten Übereinstimmungen »kraft Zufall« auf (25%)[67].

Eine weitere Analyse von Daten anderer (Straf-)Prozesse aus derselben Quelle[68] ergibt, daß die Quote der Übereinstimmung nicht mit der Schwierigkeit der Fälle korreliert[69]. Danach vermindert sich das Begriffsvermögen der Juroren nicht mit zunehmender Komplexität des Falles. Auch hier bestehen jedoch große Vorbehalte gegenüber allzu optimistischen Schlußfolgerungen über die Qualität der Jury, da die Untersuchung auf Strafakten beschränkt blieb. Trotz prozessualer Ähnlichkeiten zwischen Schadensersatzprozessen wegen Körperverletzung und Strafverfahren sind die gewonnenen Erkenntnisse nicht ohne weiteres für das Verhalten der Jury in Produkthaftpflichtprozessen verwendbar. Darüber hinaus begegnet die Studie Zweifeln, die in der angewendeten Methode begründet liegen: Die Kategorisierung der Fälle in »schwierig« und »leicht« wurde allein danach vorgenommen, wie häufig sich die Geschworenen ratsuchend an den Richter wandten und wieviel Zeit ihre Beratung in Anspruch nahm[70].

2. *Haftungshöhe*

Die Ergebnisse des ›Chicago Jury Project‹ weisen aus, daß die Jury der Tendenz nach großzügiger bei der Entscheidung über den Umfang des Schadensersatzes verfährt[71]. Obwohl aus der Studie auch hervorgeht, daß die von den Richtern nachträglich festgesetzten Schadensersatzbeträge in einigen Fällen höher ausfielen als die der Juries, lagen deren Summen um durchschnittlich 20% über dem, was die Richter für gerechtfertigt hielten[72].

Die Untersuchung ist in diesem Punkt jedoch wenig aufschlußreich, da sie eine detaillierte Aufschlüsselung nach unterschiedlichen Urteilsgrößen nicht

67 Zur Kritik an überzogenen Schlußfolgerungen über die Rate der Übereinstimmung vgl. auch *Walsh*, The American Jury: A Reassessment, 79 Yale L.J. 154 (1969) (bezogen auf das Entscheidungsverhalten der Jury im Strafverfahren).

68 Vgl. *Kalven, Jr. & Zeisel*, The American Jury, 1966: Eine umfassende Studie, die auch auf dem Chicago Jury Project beruht, vorwiegend jeoch Daten aus Strafverfahren verarbeitet.

69 *Simon*, (oben Fn. 62), 51.

70 Dazu auch *Walsh*, a.a.O., 155.

71 *Kalven*, a.a.O. (oben, Fn. 62), 1065; The American Jury System, a.a.O., 69.

72 Ebenda.

enthält. Sie gibt insbesondere keine Antwort auf die seit längerem diskutierte Frage, ob die in Zahl und Umfang zunehmenden sehr hohen Verdikte[73] auf das Jury-System zurückzuführen sind oder auch aufgetreten wären, wenn Richter alleine zur Entscheidung berufen gewesen wären. Zwar spricht für die letztere Annahme, daß viele der in den Unterlagen des Projekts enthaltenen Schadensersatzurteile auch auf die Berufung hin Bestand hatten; andererseits ist der Unterschied zwischen einer aktiven Entscheidungsfindung über die Summe und deren bloßer Bestätigung durch ein Appelationsgericht zu beachten, der gerade in den genannten engen Voraussetzungen zum Ausdruck kommt, unter denen der Spruch der Geschworenen von Gerichten wieder aufgehoben werden darf.

III. Ursachen für die Abweichungen zwischen Richtern und Geschworenen

Die vorangegangenen Erwägungen verdeutlichen, daß die scheinbar vielversprechende Methode des ›Chicago-Jury-Project‹ – nämlich Urteile, die von Juries gefällt werden, hypothetischen richterlichen Entscheidungen gegenüberzustellen – zu Ergebnissen mit nur geringem Aussagewert geführt hat. Wenn danach also z.B. eine Übereinstimmungsquote von 79% keinen brauchbaren Indikator für die Qualität laienrichterlicher Arbeitsweise darstellt, dann verlagert sich der Untersuchungsschwerpunkt auf die möglichen Ursachen für die Divergenzen zwischen Richtern und Juries.

1. Das Billigkeitsrecht der Jury

Die Abweichungen zum richterlichen Urteil sehen einige in einem besonders ausgeprägten Sinn der Jury für gerechte und billige Entscheidungen (›the jury's sense of equity‹) begründet, der in der Praxis die Qualität eines gar nicht so unberechenbaren Sonderrechts gewinne[74]. Dieser Begründungsansatz hat sich für den Bereich der Zivilgerichtsbarkeit kaum substantiieren lassen[75].

73 *Shanley & Peterson*, Comparative Justice: Civil Jury Verdicts in San Francisco and Cook Counties, 1959-1980, 26 ff. (1983).

74 So *Kalven*, a.a.O., (oben Fn. 62), 1065 f.; *ders.*, a.a.O. (oben Fn. 28), 168: »What is so impressive about the jury's equity often is that its view is in fact the law in another state or country or is at least a reform proposal that has articulate spokesmen in the literature.«

75 Tatsächlich definiert wurde dieser »Gerechtigkeitssinn« nur im Rahmen einer Untersuchung von Juries in Strafverfahren als Abweichung von der richterlichen Entscheidung, bedingt durch Kritik an der Rechtsregel selber oder am Ergebnis der Rechtsanwendung; so *Kalven & Zeisel*, a.a.O. (oben Fn. 68). Die hierfür zugrunde gelegten Kritiken sind spezifisch auf den Strafprozeß ausgerichtet, so daß die Ergebnisse hier unberücksichtigt bleiben sollen. Zur Kritik an dieser Studie vgl. *Walsh*, 79 Yale L.J. 142 ff. (1969).

Die wenigen vorliegenden Erkenntnisse sprechen eher dagegen, wie das erwähnte Beispiel des Mitverschuldens zeigt: Die Annahme, daß die Geschworenen häufig contra legem die Regeln der ›comparative negligence‹ anwenden, um so zu einem billigen Ergebnis zu gelangen, ist empirisch nicht haltbar[76].

Ebensowenig hat sich eine Vermutung über das Verhältnis zwischen Verdikt und anwaltlichen Erfolgshonorar bestätigt: Demnach berücksichtige die Jury die Gebühren, die der obsiegende Kläger in Form der Erfolgsbeteiligung an seinen Rechtsbeistand abzuführen hat, indem sie diese dem eigentlichen Schadensersatzbetrag bewußt hinzurechne, um den Kläger auch von dieser »Einbuße« freizustellen und sie auf das beklagte Unternehmen abzuwälzen. Trotz einiger bekanntgewordener Einzelfälle[77] läßt sich diese auch hierzulande häufig geäußerte Auffassung[78] jedenfalls solange nicht aufrechterhalten, wie sie mit dem Anspruch auf Allgemeingültigkeit vorgetragen wird[79]. Diese Beispiele stellen lediglich heraus, daß verbreitete Annahmen über das Entscheidungsverhalten der Geschworenen viel weniger gesichert sind als dies bisher angenmommen wurde.

Bei der Suche nach positiven Erkenntnissen über das behauptete »Billigkeitsrecht« der Jury wird man hingegen kaum fündig. Beachtenswert für den Bereich des Produkthaftpflichtrechts ist die Tendenz der Jury, zugunsten der geschädigten Individualpersonen zu entscheiden, wenn der Versicherungsschutz des Beklagten bekannt oder zumindest wahrscheinlich ist[80]. Bei der Bemessung des Schadensersatzes scheinen Laienrichter dahin zu neigen, die Zahlungsfähigkeit eines Unternehmens mit in Betracht zu ziehen[81]. Die Bedeutung solcher »Trendmeldungen« sollte jedoch nicht überschätzt werden, da sie nur auf gelegentlichen Mitteilungen einzelner Juroren nach Verfahrens-

76 *Kalven*, a.a.O. (oben Fn. 62), 1072.

77 Ebenda, 1069, mit dem Beispiel, daß eine Jury sich zunächst über einen angemessenen Betrag für das anwaltliche Erfolgshonorar geeinigt und diesen anschließend mit drei muliplíziert habe, um so den Gesamtschadensersatz festzulegen.

78 So z.B. *von Hülsen/Brüning-Brinkmann*, RIW 1985, 188 und *Hoechst*, VersR 1983, 14, die das freilich nicht als »Billigkeitsrecht« empfinden dürften.

79 *Kalven*, a.a.O. (oben Fn. 62); *ders.* (oben Fn. 28), 176.

80 Ebenda, 171. Oft ist es dem Beklagten im Haftpflichtprozeß aufgrund eines ausdrücklichen Verbots in der Versicherungspolice untersagt, den Versicherungsschutz offenzulegen; dazu *Koch*, Streitverkündung und Drittklage im amerikanisch-deutschen Prozeß, ZVglRWiss 85 (1986), 38. In Produkthaftpflichtverfahren dürften solche Klauseln häufig wirkungslos bleiben, weil die Jury davon ausgehen wird, daß eine Versicherung hinter dem beklagten Unternehmen steht.

81 *Green*, University of Illinois L.J. 164 (1962).

abschluß und nicht auf einer systematischen Untersuchung beruhen[82]. Ungerechtfertigt wäre es hiernach jedenfalls, davon auszugehen, daß ein beklagtes versichertes Unternehmen im Produkthaftpflichtprozeß gegen die geschädigte Privatperson vor einer Jury nicht erfolgreich sein kann[83].

2. *Unzulänglichkeiten der Jury*

Die fehlende Bestätigung für ein »Billigkeitsrecht« der Jury führt zur Frage, ob die unbestreitbaren Unterschiede zur richterlichen Entscheidung eher mit Unvermögen und unberechenbarem Fehlverhalten der Jury zu erklären sind. Verschiede Erwägungen legen eine solche Annahme nahe.

a. Richterliche Belehrung

›Instructions‹ müssen zwei auseinanderstrebenden Ansprüchen gerecht werden. Zum einen haben sie die einschlägigen Rechtsregeln in materieller und prozessualer Hinsicht vollständig als Subsumtionsschema für die Jury wiederzugeben. Andererseits sollen sie so abgefaßt sein, daß sie auch der Laie versteht[84]. Dieser Konflikt kann zum Antagonismus werden, wenn die Jury sich in einem rechtlich und tatsächlich hochkomplizierten Verfahren mit einer Belehrung auseinanderzusetzen hat, die für Laien unvermeidbar schwer verständlich ausfällt. In dem Bemühen um größere Verständlichkeit greift man z.T. auf standardisierte Belehrungen mit möglichst einfacher Sprache zurück[85]. Derartige Musterbelehrungen sind aber nicht immer verwendbar, weil sie die rechtlich relevanten Eigenheiten des Falles nicht erfassen oder nur

82 *Kalven*, a.a.O. (oben Fn. 28), 172. Darüber hinaus ist fraglich, ob solche Abweichungen überhaupt als »Billigkeitsrecht« verstanden werden dürfen, da Anhaltspunkte für dessen Qualität und Ausmaß nicht bestehen.

83 Ebenda, 171. Vgl. auch Illinois Jury Verdict Report, eine Untersuchung von Produkthaftpflichtfällen in Cook County in den Jahren 1970 bis 1975: Danach gewannen Kläger in nur 103 von 290 Verfahren (35%), ohne daß eine signifikante jährliche Steigerungsrate zugunsten der Kläger festgestellt wurde. Eine andere Studie für die Region downstate Illinois ergab, daß Kläger in 40 von 82 Prozessen (49%) erfolgreich waren. Quelle: Final Report, a.a.O., II-46 f. Freilich darf nicht übersehen werden, daß nur die wenigsten Produkthaftpflichtfälle tatsächlich entschieden werden; zu der hohen Vergleichsrate, für die die Jury mitursächlich ist, s. unten D.; dafür, daß diese Vergleiche zumeist Zahlung von Schadensersatz an die Geschädigten bedeuten s. unten § 8 C.I.

84 *Witkin* 1783 (1970-71).

85 Sog. ›pattern instructions‹; dazu *James and Hazard*, Civil Procedure, Preverdict Devices for Controling the Jury: Instructions to the Jury; abgedruckt in *Louisell/Hazard/Tait*, a.a.O. (oben, Fn. 46), 1030.

unangemessen verkürzt aufnehmen könnten. Es steht im Ermessen des Berufungsgerichts, ein Urteil aufzuheben, das aufgrund einer zu vereinfachenden Belehrung ergangen ist[86]. Im Zweifel wird der bestehende Konflikt daher auf Kosten der Verständlichkeit gelöst, wodurch die Wahrscheinlichkeit sinkt, daß die Laienrichter, jedenfalls in schwierigen Prozessen, die fallentscheidenden Rechtsregeln verstehen, die ihnen in nur kurzer Zeit vermittelt werden müssen[87].

b. Schadensberechnung – Einfluß von Rechtsanwälten

Es herrscht Einvernehmen unter Befürwortern und Gegnern des Jury-Systems, daß die Laienrichter bei der Ermittlung des Schadensumfangs oft vor größten Problemen stehen[88]. Selbst ›special damages‹ sind schwer berechenbar, soweit zukünftige Folgeschäden von dem Verdikt mitberücksichtigt werden müssen[89].

Für Schmerzensgeld, das vom Kläger oft weit höher angesetzt wird als das Begehren auf materiellen Schadensersatz, sind die Berechnungsprobleme für die Jury mangels Maßstab kaum noch zufriedenstellend lösbar. Amerikanische Anwälte suchen diesen »rechtsfreien Raum« mit einer intensiven Überzeugungsarbeit den Juroren gegenüber zu nutzen. Das sogenannte ›per diem‹-Argument dient z.B. dazu, den Anspruch für erlittene Schmerzen als einen nachvollziehbare geldwerten Schaden darzustellen: In rechnerisch nicht angreifbarer Weise mulitpliziert der klägerische Anwalt an einer Tafel den von ihm zugrunde gelegten Tagessatz für Schmerzensgeld mit der Anzahl der Tage, die sein Mandant unter Schmerzen stand[90]. Um einen höheren Multiplikand vor der Jury rechtfertigen zu können, wird sie u.a. zuvor mit möglichst großformatigen Fotos der zu beurteilenden Verletzung konfrontiert. Das sonst strenge amerikanische Beweisrecht ist dabei seiner Kontrollfunktion weitestgehend enthoben. Der oft hochspezialisierte[91] Rechtsanwalt kann,

86 Ebenda.

87 Dazu *Green*, University of Illinois L.J. 163 (1962); *Heidenberger*, Der amerikanische Juryprozeß in Produkthaftungsfällen, RIW 1982, 877, gibt die Dauer der Belehrung mit einer bis anderthalb Stunden an.

88 *Kalven*, a.a.O. (Fn. 28), 160 f.; *Jaffe*, Damages for Personal Injury: The Impact of Insurance, 18 Law & Contemp.Prob. 221 f. (1953).

89 S. oben Fn. 23.

90 Vgl. *Green & Smith*, Negligence Law, No Fault, and Jury Trial (IV) 51 Texas L.Rev. 831 (1973).

91 Die fortschreitende Arbeitsteilung in den ›law firms‹ bringt zunehmend hochspezialisierte Fachanwälte hervor. Viele konzentrieren sich nicht nur auf einen einzigen Bereich, wie Produkthaftpflicht, sondern arbeiten ausschließlich an Fällen, die einen engbegrenzten Ausschnitt daraus betreffen (etwa nur Flugzeugabstürze).

vom Richter kaum unterbrochen, intensiv mit den Emotionen der unerfahrenen Geschworenen spielen, um sie für seinen Mandanten einzunehmen. Er tut dies mit einem minutiös vorbereiteten Vortrag rhetorisch so geschickt[92], daß man amerikanische Gerichtsverhandlungen schon mit Theateraufführungen verglichen hat[93].

Ein nicht unbeachtlicher Teil der Abweichungen und Inkonsistenzen dürfte hiernach mit der für Laienrichter schwierigen Aufgabe in Verbindung stehen, Schmerzensgeldbeträge ohne objektive Maßstäbe oder eigene Erfahrungswerte, im wesentlichen nur gestützt auf die anwaltlichen Vorträge ausurteilen zu müssen. Insbesondere wenn der Haftungsgrund nicht (mehr) ernstlich zu bezweifeln ist, nützt die einstudierte Eloquenz aber praktisch nur noch dem Klägervertreter, der mit seinem Vortrag erfolgreich auf das Mitgefühl der Geschworenen zielen kann[94]. Der Schadensersatzbetrag fällt hier oft weit höher aus als in Verfahren, mit denen vergleichbare Schäden geltend gemacht werden, für die aber eine Haftungsgrundlage weniger deutlich besteht[95]. Solche Inkonsistenzen verletzen die Regel, bei der Entscheidungsfindung Haftungsgrund und Anspruchshöhe strikt voneinander zu trennen[96] und sind nur durch die Praxis möglich, der Jury keine Begründung für ihr Verdikt abzuverlangen.

c. Eidliche Vorvernehmung zur Auswahl der Geschworenen (voir dire)

Ein weiteres Argument für die Unzulänglichkeit der Jury und gegen einen sich angeblich zu einem »Billigkeitsrecht« verdichtenden Gerechtigkeitssinn läßt sich aus dem Auswahlverfahren gewinnen, das zur endgültigen Besetzung der Geschworenenbank führt.

Hauptziel des Rechtsanwalts ist es, mit ›voir dire‹[97] möglichst viele, dem eigenen Anliegen zugeneigte, potentielle Geschworene aus einem größeren Pool tatsächlich in die Jury zu bringen, um so eine günstige Weichenstellung

92 Auf die Kunst der Rede wird schon während der juristischen Ausbildung besonderer Wert gelegt. Einschlägige Literatur, häufiger Seminarbesuch und simulierte Verfahren (mock trials) gehören dann später zur Routine des erfolgreichen Rechtsanwalts und sollen seine rhetorischen Fähigkeiten zur Beeinflussung der Geschworenen noch erhöhen.

93 *Green & Smith*, Negligence Law, No Fault, and Jury Trial (I), 50 Texas L.Rev. 1101 (1972).

94 Hierin liegt auch ein wesentlicher Grund für die hohe Quote von Vergleichen, die vor und selbst während Produkthaftplfichtprozessen abgeschlossen werden. Näheres unten, D.

95 *Kalven*, a.a.O. (Fn. 28), 165 f.; *Green & Smith*, a.a.O. (Fn. 90), 831.

96 Ebenda.

97 Englisch übersetzt: »To speak the truth«.

für die Hauptverhandlung zu erreichen[98]. Dabei stehen ihm – abhängig davon, ob das Verfahren vor einem Bundes- oder Einzelstaatengericht stattfindet – unterschiedlich weitreichende Eingriffsmöglichkeiten zur Verfügung. Der Bundesrichter leitet ›voir dire‹ zumeist allein[99], indem er in relativ kurzer Zeit lediglich (einfache) Standardfragen[100] an die potentiellen Juroren richtet und anschließend über ihre Zulassung oder Ablehnung (wegen Befangenheit) entscheidet. In etwa 20% aller Fälle dürfen die Rechtsanwälte zusätzliche Fragen stellen; 5% der Richter an Bundesgerichten übertragen ihnen das ausschließliche Fragerecht[101].

Trotz vielfacher Abweichungen in den Prozeßregeln der einzelnen Jurisdiktionen sind die Richter der staatlichen Gerichte in der Vorvernehmung generell passiver als ihre Kollegen an den Bundesgerichten. Dem Rechtsanwalt wird ein breiter Spielraum eingeräumt, den er nutzt, indem er die Kandidaten für die Geschworenenbank intensiv, manchmal wie in einem Kreuzverhör, befragt, um so herauszufinden, wer seinem Mandanten wohlgesonnen, neutral oder ablehnend gegenübersteht. Ablehnend voreingenommene Kanditaten versucht der Anwalt durch Befangenheitsanträge (challenges for cause) von der Jury auszuschließen. Bleibt ein Antrag erfolglos, dann kann er einen potentiellen Juroren auch ohne Angabe von Gründen durch eine der begrenzt zur Verfügung stehenden ›peremptory challenges‹ streichen lassen[102].

Während das Hauptziel, das mit ›voir dire‹ verfolgt wird[103], so alt ist wie das Verfahren selber, haben sich die dafür angewendeten Methoden grundlegend geändert. Rechtsanwälte verließen sich bei der Auswahl lange Zeit auf eine Kategorisierung von Juroren, die auf persönlichen Erfahrungswerten, vor

98 *Heidenberger*, RIW 1982, 876.

99 Ebenda; vgl. auch Fed.R.Civ.Proc. Rule 47 (a).

100 Beispiele bei *Heidenberger*, a.a.O.

101 Zahlen nach Federal Judicial Center, 67 Judicature 73 (1977).

102 In Verfahren vor Bundesgerichten mit einem Kläger und einem Beklagten stehen jeder Partei drei ›peremptory challenges‹ zu, 28 USC § 1870. Sind drei oder mehr Parteien am Prozeß beteiligt, steht es im Ermessen des Gerichts, die Zahl zu erhöhen. Die Praxis in den einzelstaatlichen Gerichten ist sehr unterschiedlich; dazu *Heidenberger*, a.a.O. (zwischen vier und zehn). In Kalifornien kann jede Partei (im Zweiparteien-Verfahren) sechs Juroren ohne Grund streichen lassen, Cal. Code of Civ.Proc. § 601.

103 Das Verfahren dient noch weiteren anwaltlichen Motiven. Es wird als die erste Gelegenheit gesehen, die Jury für die eigenen Standpunkte einzunehmen, indem der Rechtsanwalt mit seinen Fragen die für ihn aussichtsreichsten Aspekte des Falles unterschwellig (da unerlaubt) mitzuvermitteln sucht. Ferner soll die Präsentation des Falles genau auf die im Auswahlverfahren ermittelten Eigenarten der Geschworenen abgestimmt werden. Zu den mit ›voir dire‹ verfolgten Zwecken und den dafür eingesetzen Mitteln, allg. auch *Richardson,* Jury Selection-An Overview, 5 Civil Litigation Reporter 21 (1983).

allem aber auf Vorurteilen beruhte. Als Kriterien galten etwa Religion, Beruf, ethnischer Hintergrund, Alter, Geschlecht und Nationalität[104].

Diese an Daumenregeln orientierte Vorgehensweise ist bis heute noch nicht vollständig aufgegeben worden; man verläßt sich jedoch zunehmend auf weniger spekulative Methoden, die schon weit vor dem eigentlichen ›voir dire‹ ansetzen. Der Umfang der z.T. hoch entwickelten Techniken reicht – entsprechend der verfügbaren finanziellen Mittel – von der Befragung ehemaliger Juroren, die ähnliche Fälle zu entscheiden hatten, bis hin zu aufwendigsten repräsentativen Meinungsumfragen in der Region, in der die Hauptverhandlung stattfindet[105]. Derartig intensive Vorbereitung auf die Vorvernehmung möglicher Geschworener sind zwar vorwiegend in Strafverfahren anzutreffen[106]; die Bemühungen des Rechtsanwalts um die Zusammenstellung einer zu seinen Gunsten befangenen Jury im Zivilrechtsfall können aber durchaus vergleichbare Ausmaße annehmen, wenn der Streitwert es rechtfertigt.

Einige der ›personal injury lawyers‹ suchen z.B. regelmäßig Rat bei klinischen Psychologen, um Persönlichkeitsprofile von Juroren zu entwickeln, die sie mit ›voir dire‹ durchsetzen oder ausschließen wollen. Zum Teil sind Psychologen in langwierigen Auswahlverfahren sogar selber anwesend und gewinnen Erkenntnisse aus der Mimik und Gestik angehender Juroren. In einigen Gerichtsbezirken kann auf sogenannte ›jury books‹ zurückgegriffen werden[107], die persönliche Daten der zu Geschworenen eingesetzten Bürger enthalten. Diese von gewerblichen Unternehmen angebotenen Informationen geben nicht etwa nur Aufschluß über Adresse, Beruf, Familienstand und Zahl der Kinder; sie enthüllen zum Beispiel auch, ob der Kandidat in einem Einfamilienhaus wohnt und, falls das zutrifft, selbst den geschätzten Wert des Eigenheims. In Einzelfällen kommt es sogar zu noch tieferen Eingriffen in die

104 Z.B. *Darrow in Simon*, The Jury System in America, A Critical Overview, 98 (1975): » I try to get a jury with little education but with much emotion. The Irish are always the best jurymen for the defense. I don't want a Scotchman, for he has too little human feelings. I don't want a Scandinavian, for he has too strong a respect for law as law. In general, I don't want a religious person, for he believes in sin and punishment. The defense should avoid rich men who have a high regard for the law, as they make and use it. The smug and ultra-respectable think they are the guardians of society, and they believe the law is for them. The men who is down on his luck, who has trouble, who is more or less a failure, is much kinder to the poor and unfortunate than are the rich and selfish.«

105 Gegenwärtig führt solche Erhebungen das National Jury Project in Oakland, Calif. im Auftrag privater Klienten für unterschiedliche Zivilverfahren aus, womit der Fortgang des Projekts (dessen eigentlicher Forschungsgegenstand die Jury im Strafprozeß ist) finanziell gesichert werden soll.

106 Z.B. in der erfolgreichen Verteidigung von Angela Davis; dazu *Thorn*, The Impartial Jury and the Social Sciences, 5 Journal of Contemporary Law, 56 ff. (1978).

107 *Richardson*, a.a.O. (oben, Fn. 103), 236.

Privatsphäre des Betroffenen, indem ein Dedektiv mit der Ermittlung weiterer, als wichtig erachteter persönlicher Faktoren beauftragt wird. In Großverfahren mit immensen Streitwerten sieht sich überdies manche Partei veranlaßt, eine Serie von simulierten Hauptverhandlungen zu finanzieren, die nach festgelegtem Schema vor unterschiedlichen Gruppen von angestellten Testpersonen ablaufen. Neben der Suche nach dem idealen Persönlichkeitstyp eines Geschworenen, wird mit derartigen Verfahren auch die verfeinerte Präsentation des Falles in der Hauptverhandlung angestrebt.

Der Erfolg solcher Bemühen ist zwar nicht quantifizierbar; insbesondere bestehen noch gewisse Zweifel an der Richtigkeit der ermittelten Ergebnisse[108], und zum anderen ist nicht recht einsehbar, daß Informationen, die grundsätzlich auch der gegnerischen Partei zugänglich sind, in der Vorvernehmung nur für eigene Zwecke verwertet werden können. Dennoch dürfte die vorentscheidende Selektion häufiger gelingen, sei es, weil nur eine Partei finanziell in der Lage war, erfolgreich Nachforschungen anzustellen, sei es, weil die z.T. schwierige Verwertung des Materials den beteiligten Rechtsanwälten im Auswahlverfahren unterschiedlich gut gelingt. Auch der Zufall kann einmal voreingenommene Juroren zusammenführen, die der richterlichen Belehrung nicht folgen, weil sie sich in ihrer Entscheidung von Vorurteilen – und nicht etwa von Billigkeitserwägungen – leiten lassen.

IV. Zusammenfassung zum Entscheidungsverhalten der Jury

Ohne verläßliche empirische Daten sind Schlußfolgerungen über die Qualität laienrichterlicher Arbeitsweise nur sehr vorsichtig zu ziehen. Nicht halten läßt sich jedenfalls die optimistische Annahme, Geschworene entfalteten einen besonderen Sinn für Gerechtigkeit, der die im Einzelfall unbilligen Folgen starren und veralteten Rechts abschwäche und den Rechtsregeln damit die notwendige Flexibilität verleihe[109]. Die vereinzelt beobachteten Reaktionen der Geschworenen gegenüber versicherten und finanzstarken beklagten Unternehmen stellen nur (wenn auch beachtenswerte) Tendenzen für den Bereich des Produkthaftpflichtrechts dar; ob sie einem Billigkeitsrecht überhaupt zugeordnet werden dürfen, bleibt mangels konzeptioneller Vorgaben dafür ohnehin ungeklärt.

Die vorangegangenen Erwägungen zur richterlichen Belehrung und Schadensberechnung sowie zum Auswahlverfahren der Geschworenen legen eher

108 *Heidenberger*, a.a.O. (oben, Fn. 98).
109 So aber *Crane*, Judge and Jury, 15 A.B.A.J. 202 (1979).

nahe, daß die Abweichungen zur richterlichen Entscheidung auf Schwächen des Jury-Systems beruhen; limitiertes Begriffsvermögen, Beeinflußbarkeit, Willkür durch Voreingenommenheit und nicht ein kohärentes System billigkeitsorientierter Rechtsprechung scheinen zutreffende Merkmale für das Entscheidungsverhalten der Geschworenen in einem Teil der Fälle zu sein. Verbindlich quantifizierbare Feststellungen werden sich darüber jedoch solange nicht treffen lassen, wie Beratungsgeheimnisse und ›general verdict‹-Praxis befriedigende empirische Untersuchungen verhindern.

D. Weitere Aspekte: Verfahrensverzögerung und -beschleunigung

Die u.a. durch überlastete Gerichte bedingten langen Wartezeiten[110] zwischen Schadensfall und Hauptverhandlung führen insbesondere für diejenigen zu großen Härten, die auf klageweise Durchsetzung von Schadensersatz wegen Körperverletzung[111] mangels anderer Versorgung angewiesen sind. In einem Konflikt gerät dabei auch der Rechtsbeistand der armen Partei, da er (standeswidrig) der Versuchung erliegen könnte, seinen mittellosen Klienten zwischenzeitlich zu unterstützen[112].

Eine Ursache für die Überlastung der Gerichte und damit die ausgedehnte Wartezeit ist unbestritten das ›trial by jury‹: Schon das Verfahren zur Auswahl der Juroren kann sehr viel Zeit kosten[113]. Eröffnungs- und Schlußplädoyer[114] in der Hauptverhandlung sind weitere verzögernde Elemente, die in einem vom Richter allein geführten Prozeß entbehrlich sind. Das auf Laien zugeschnittene strenge Beweisrecht könnte informeller gehandhabt werden, wenn nur der Richter zur Entscheidung berufen wäre. Zusätzliche zeitraubende Konferenzen, die unter Ausschluß der Geschworenen geführt werden müssen, um zu entscheiden, ob diese mit bestimmten Beweismaterial überhaupt konfrontiert werden dürfen, ausgedehnte Zeugenvernehmungen und langatmige, formelle Beweisanträge würden sich dann weitestgehend erübrigen. Auch die richterliche Belehrung entfiele.

110 Als weiterer Grund kommen insbesondere die oft langwierigen vorprozessualen Beweisermittlungsverfahren in Betracht; zu dieser ›pretrial discovery‹ s. unten § 9.

111 Solche ›personal injury cases‹ stellen die Mehrheit aller vor Juries verhandelten Fälle; vgl. *Green*, University of Illinois L.J. 159 (1962).

112 *Zeisel/Kalven/Buchholz*, Delay in Court, XXIII (1959).

113 Z.B. Press Enterprise Co. v. Superior Court of Cal., Riverside County, – U.S. –, 104 S.Ct. 819, 78 L.Ed. 629 (1984), ein Strafverfahren, dessen ›voir dire‹ sechs Wochen dauerte.

Während über die Tatsache systembedingter Verzögerung kein Streit besteht, gehen die Meinungen über das Ausmaß der Zeiteinbußen auseinander. Die beiden bekanntesten Untersuchungen weichen im Ergebnis beträchtlich voneinander ab. Einem von der New York State Bar Association veranstalteten Symposium zufolge[115] dauert ein Jury Trial dreimal länger als vergleichbare Fälle, die vor dem Einzelrichter verhandelt werden. Nach einer anderen Studie[116] nimmt eine Verhandlung mit Geschworenen durchschnittlich $1^1/_2$-mal mehr Zeit in Anspruch. Selbst diese vorsichtige Schätzung weist auf Verzögerungen, die erheblich genug sind, um neben den schon genannten Problemen auch deutlich höhere Prozeßkosten für die beteiligten Parteien zu verursachen[117].

Ein gegenläufiger Effekt geht von der Geschworenenbank in Vergleichsverhandlungen aus, wo sie verfahrensbeschleunigend wirken kann. Ungefähr 95% aller Schadensersatzklagen wegen Körperverletzung[118] erreichen in den Vereinigten Staaten gar nicht erst die Hauptverhandlung, weil sie vorher verglichen, fallengelassen oder weil die geltend gemachten Ansprüche nicht oder nicht mehr bestritten werden[119]. Und von den tatsächlich verhandelten Fällen enden noch einmal 50% vor Urteilsverkündung in derselben Weise, so daß nur ca. 2-3% für eine gerichtliche Entscheidung verbleiben[120]. Diese erstaunliche Rate[121] ist u.a.[122] mit der Existenz der Jury zu erklären. Mittelbare Bedeutung erlangt sie dadurch, daß die durch sie mitbedingte

114 Näheres dazu bei *Heidenberger*, RIW 1982, 876 f.

115 Jury Trial on Trial – A Symposium, 28 N.Y.S.B.Bull. 322, 338 (1956).

116 *Zeisel/Kalven/Buchholz*, a.a.O. (Fn. 112), 9, 81.

117 Zu den Kosten allgemein *Heidenberger*, RIW 1982, 872.

118 Diese Zahl schließt nur vor dem Einzelrichter verhandelte Fälle mit ein.

119 *Zeisel/Kalven/Buchholz*, a.a.O., 105; ähnlich auch *Clermont/Currivan*, Improving on the Contingent Fee, 63 Cornell L.Rev. 529, 561 f. (1978).

120 *Zeisel/Kalven/Buchholz*, a.a.O.; siehe auch *Heidenberger*, 874 (90%).

121 Um aktionsfähig zu bleiben, ist das amerikanische Zivilrechtssystem auf eine solche Quote angewiesen. Hinter dem gering erscheinenden Prozentsatz verhandelter und gerichtlich abgeschlossener Verfahren verbirgt sich eine Flut von Fällen, die von den Gerichten jetzt schon kaum noch ohne unangemessene Verzögerung bewältigt werden können. Ein Ausweg aus dieser Situation wird mit dem zunehmenden Ausbau der unterschiedlichen Institutionen zur weniger formellen außergerichtlichen Streitbeilegung (insb. ›court-annexed arbitration‹) gesucht, die die Zahl früh geschlossener Vergleiche noch weiter anheben soll. Vgl. *Lind & Shapard*, Evaluation of Court-Annexed Arbitration in Three Federal District Courts, XXIII (Einleitung) und 78 f. (1983).

122 Mitursächlich sind: das vor der Hauptverhandlung stattfindende Beweisermittlungsverfahren, s. unten § 9; Gebühreninteressen von Rechtsanwälten, die auf Erfolgshonorarbasis arbeiten, s. unten § 8; unerwartete Beweise in der Hauptverhandlung, vgl. *Zeisel/Kalven/Buchholz*, a.a.O. (Fn. 112), 105. Zum neuen Rollenverständnis von Richtern als vermittelnde Instanz in Vergleichsverhandlungen *Lempert*, More Tales of Two Courts: Exploring Changes in the »Dispute Settlement Function« of Trial Courts, 13 Law & Soc'y.Rev. 91 (1978).

überlange Wartezeit bis zur Hauptverhandlung den ökonomischen Zwang für eine Partei auslösen kann, auf eigentlich unvorteilhafte Vergleichsangebote der Gegenseite eingehen zu müssen. Der Jury kommt darüber hinaus als wichtiger Maßstab eine direkte Rolle in Vergleichsverhandlungen zu: Die Angst vor einem unangemessenen Verdikt fördert die Vergleichsbereitschaft der Parteien bereits im Vorfeld der Klage[123], und selbst noch während der Hauptverhandlung vermag die Präsenz der Geschworenen, d.h., ihre angenommene Reaktion auf den für eine Partei ungünstigen Verfahrensverlauf, streitschlichtend zu wirken[124].

E. Beibehaltung des status quo[125]

Der fortgesetzt weite Entscheidungsspielraum der Jury legt nahe, daß das Rechtsinstitut, ungeachtet heftiger Kritik an unstetem Entscheidungsverhalten und hohen Kosten, ein wichtiger Bestandteil amerikanischer Zivilgerichtsbarkeit auch in der Zukunft bleiben wird. Wenn man etwa generalklauselartige Fahrlässigkeitsstandards zur Anwendung in das freie Ermessen der Geschworenen stellt, dann nimmt man ein weites Spektrum möglicher Entscheidungen – und damit Inkonsistenz – billigend in Kauf. Der sparsame Einsatz prozessualer Korrektur- und Kontrollmittel bestätigt diese positive Einstellung zum System, die aus den verschiedensten Gründen weiter überwiegt.

Über die historisch bedingte Bindung an das Rechtsinstitut hinaus (die Jury als Garant für eine von England unabhängige Rechtsprechung[126]) spielt auch die angeblich repräsentative Einbeziehung gesellschaftlicher Standards in die Rechtsprechung eine Rolle: Viele haben größeres Vertrauen in den Spruch der Geschworenen[127] als in das Urteil des Berufsrichters, dem ein gewisses Mißtrauen hinsichtlich seiner Unparteilichkeit entgegengebracht wird[128]. Ob-

123 Vgl. *Heidenberger*, RIW 1982, 874 (»ultima ratio«).

124 *Green*, University of Illinois L.J. 158 (1962); Kalven, a.a.O. (Fn. 28),173.

125 Der grundsätzliche Fortbestand des Jury-Systems steht wegen der verfassungsrechtlichen Garantie des ›7th Amendment‹ kaum in Frage; hier soll es im folgenden vielmehr um den zukünftigen Stellenwert gehen, den die Jury in der amerikanischen Zivilrechtspflege einnehmen wird.

126 *Großfeld*, RabelsZ 39 (1975), 20; *Hart*, Shall the Jury System Be Sacrificed on the Altar of Economy?, 28 N.Y.S.B.Bull. 146 (1956).

127 So eine große Mehrheit repräsentiert befragter ›state trial judges'; ausführlich dazu *Rosenberg*, Elements of Civil Procedure, 852 ff. (1976).

128 *Großfeld*, a.a.O., 21.

gleich nach den hier angestellten Erwägungen wenig verständlich, hält sich der Glaube, die Jury böte Schutz gegen die Willkür eines obrigkeitsstaatlich orientierten Rechts[129] und sei »ein Bollwerk des kleinen Mannes gegeüber den großen Wirtschafts- und Finanzmächten«[130]. Ferner will die Mehrheit aller erstinstanzlichen Richter an dem Institut festhalten, freilich ohne sich dabei ausschließlich von dem Respekt vor sachgerechten Entscheidungen der Jury leiten zu lassen. Es dürfe auch honoriert werden, daß die Jury bei nicht eindeutiger Rechtslage oder unpopulärer Rechtsanwendung Verantwortung übernimmt, der sich der Richter gerne entledigt[131]. Insbesondere schriftliche Urteilsbegründungen werden von den Gerichten des ersten Rechtszuges vermutlich solange nicht gefordert, wie das Jury-System erhalten bleibt.

Noch weniger altruistisch bedingt sein dürfte die Unterstützung, die das Institut von den vielen ›personal injury lawyers‹ erfährt, die sich darauf spezialisiert haben, Schadensersatz wegen Körperverletzung in der Hauptverhandlung zu erstreiten. Die Jury übt einen anhaltend starken Reiz auf diesen bedeutenden Teil der Anwaltschaft aus. Dahinter steht der feste Glaube, daß der gut vorbereitete Rechtsanwalt erfolgreich mit den Emotionen der unerfahrenen Laienrichter spielen und diese davon überzeugen könne, zugunsten seines Mandaten zu entscheiden, an dessen Urteilssumme er beträchtlich teilhat[132].

F. Jury Trial und prozessualer (deutscher) ordre public

Nach allgemeiner Ansicht kann die Anerkennung eines ausländischen Urteils an § 328 I Nr. 4 ZPO auch scheitern, wenn es aufgrund eines Verfahrens ergangen ist, das mit wesentlichen Grundzügen des deutschen Zivilprozesses unvereinbar ist[133]. Wie für den materiellen ordre public der Vorschrift und für die Vorbehaltsklausel des Art. 30 EGBGB gilt jedoch, daß nicht jeder Unterschied zwischen inländischem und ausländischem Recht als ordre public-widrig angesehen werden darf[134]. Insbesondere genügen nicht bloße abstrakte Abweichungen – auch dann nicht, wenn das ausländische Prozeß-

129 *Hogan*, Story on Juries, 37 Ore.L.Rev., 234 (1958).
130 *Großfeld*, a.a.O., 20.
131 *Kalven*, a.a.O. (Fn. 62), 1070.
132 *Green & Smith*, a.a.O. (Fn. 93).
133 *Martiny*, Hdb.IZVR III/1, Rz. 1021 m.w.Nw.
134 Vgl. *Baur*, Einige Bemerkungen zum verfahrensrechtlichen ordre public, Festschrift Guldner (1973), 16.

recht auf sehr andersartigen Konzepten aufbaut[135], da nicht von dem erstentscheidenden Gericht verlangt werden kann, sein Verfahren deutschem Recht und nicht den Regeln der lex fori zu unterwerfen[136]. Eine ›révision au fond‹ ist daher auch hinsichtlich des ausländischen Verfahrens verboten[137]. Nur wenn das ausländische Urteil durch ein Verfahren zustandegekommen ist, das (aus deutscher Sicht) unverzichtbare prozeßrechtliche Grundsätze[138] außer acht gelassen hat, läßt sich die Nichtanerkennung aus prozessualen ordre public-Erwägungen heraus rechtfertigen[139]. Das setzt freilich zusätzlich voraus, daß die beschwerte Partei alle Rechtsmittel des Erstverfahrens in Anspruch nimmt, um dem Verfahrensmangel abzuhelfen[140].

Entscheidend ist also der jeweilige Einzelfall, in dem ein Verfahren stattfand, das zu einem nicht mehr hinnehmbaren Ergebnis führte[141]. Auch Divergenzen in der Gerichtsverfassung sind daher solange unschädlich, wie die Unabhängigkeit und Unparteilichkeit des Spruchkörpers gewahrt bleibt[142].

Für das Urteil im amerikanischen (Jury-)Produkthaftpflichtprozeß hat das zur Folge, daß dessen Anerkennung unter Hinweis auf § 328 I Nr. 4 ZPO nicht etwa deshalb unterbleiben darf, weil die Gerichtsverfassung der Bundesrepublik Deutschland[143] bei Verfahren solcher Art eine Beteiligung von Laienrichtern nicht vorsieht[144]. Die kritischen Befunde gegenüber der amerikanischen Jury im Zivilprozeß sind für die Urteilsanerkennung daher ohne Belang: Erkenntnisfehler bleiben grundsätzlich außer Betracht[145], es sei denn, sie beruhten auf einem bewußten Mißbrauch von Entscheidungsmacht[146]. Die Entscheidung von Juroren ist damit dem Urteil von Berufsrichtern insofern gleichzustellen, deren besondere Stellung im amerikanischen Zivilprozeß nun folgend erörtert werden soll.

135 *Baur*, a.a.O., 17; *Geimer in Schütze/Geimer*, Internationale Urteilsanerkennung, Bd. I/2, 1470.
136 So z.B. *Martiny*, a.a.O., Rz. 1024.
137 Vgl. *Geimer in Schütze/Geimer*, a.a.O.,1465.
138 Dazu zählt neben der Unabhängigkeit und Unparteilichkleit der Gerichte insbesondere der aus Art. 103 Abs. 1 GG folgende Grundsatz des rechtlichen Gehörs; vgl. *Baur*, a.a.O., 17, m.w. Beisp.
139 Ebenda.
140 *Geimer in Geimer/Schütze*, a.a.O., 1478.
141 *Martiny*, a.a.O., Rzn. 1025 f., 1094; *Baur*, a.a.O., 17, bei Fn. 51.
142 *Martiny*, a.a.O., Rz. 1095.
143 Ehrenamtliche Richter sind in der deutschen Zivilgerichtsbarkeit nur für die Kammern für Handelssachen bei den Landgerichten vorgesehen (§ 105 GVG).
144 So auch *Martiny*, a.a.O. m.Nw.; zur Beteiligung von ehrenamtlichen Richtern im deutschen Zivilprozeß (krit.) *Baur*, Laienrichter – Heute?, Tübinger Festschrift für Eduart Kern (1968), 49 ff.
145 *Martiny*, a.a.O., Rz. 1024.
146 Das gilt z.B. für den Fall der Bestechung, *Martiny*, a.a.O., Rz. 1095.

§ 7 Das Richterbild im amerikanischen Zivilprozeß

Es ist bereits angeklungen, daß ein Jury-Verdikt trotz gerichtlicher Kontrollmöglichkeiten nur ausnahmsweise durch Richterspruch korrigiert oder gänzlich aufgehoben wird. Schon dieses erstaunliche Maß an Übereinstimmung weckt das Interesse am amerikanischen Richterbild. Im folgenden soll jedoch weniger unter den Aspekten der Urteilsanerkennung (§ 328 I Nr. 4 ZPO)[1] oder der Anwendung amerikanischen Rechts durch deutsche Gerichte (Art. 12 EGBGB) als vielmehr aus allgemeinerem rechtsvergleichenden Interesse an den Entwicklungsbedingungen für das amerikanische Sachrecht der Frage nachgegangen werden, wer die Richter im amerikanischen Zivilprozeß sind[2]. Die Sonderentwicklung des amerikanischen Produkthaftpflichtrechts hängt im hohen Maß mit der Bereitschaft vieler Gerichte – besonders höherer Instanzen[3] – zusammen, mit ihrer Rechtsprechung über bloße Einzelfallgerechtigkeit hinaus, neue, den sich verändernden sozialen und gesellschaftlichen Bedingungen angepaßte Regeln mit großer Signalwirkung zu entwickeln. Das Fallrecht des Common Law begünstigt die Rechtsprechung des »sozialen Ausgleichs«, indem es den höheren Gerichten genügend Flexibilität bei der Neufassung von Rechtsgrundsätzen gestattet; zum anderen ist eine neue Leitentscheidung für die Untergerichte durch das Prinzip des ›precedent‹ so verbindlich, daß sich die innovativen Bestrebungen auf die gesamte Rechtsprechung des betreffenden Einzelstaates auswirken[4].

Diese Rahmenbedingungen werden von Richtern genutzt, die ihr Amt nicht selten offen[5] als Mandat dafür begreifen, weitreichende rechtspolitische Veränderungen per Urteilsspruch einzuleiten. Das berufliche Selbstverständnis solcher ›social engineers‹ ist ganz wesentlich durch die zum Richteramt führenden Auswahlverfahren beeinflußt.

1 Dazu nur kurz unter C.

2 Vgl. *Grossfeld*, RabelsZ 39 (1975), 18; grundsätzlich zur Bedeutung dieser Fragestellung vgl. die dort zitierten *Rheinstein*, RabelsZ 34 (1970), 1 und *Bernstein*, RabelsZ 34 (1970), 443.

3 Urteile in erstinstanzlichen Verfahren – insb. vor staatlichen Gerichten – enthalten nur ausnahmsweise eine Begründung und erlangen mangels Veröffentlichung keine Präjudizwirkung; vgl. *Jacob*, Justice im America, 33 (1978). Dazu auch *Hurst*, The Functions of Courts in the United States, 1950-1980, 15 Law & Society Review, 446 (1980-1981).

4 Zum System vgl. *Zweigert/Kötz*, Einführung in die Rechtsvergleichung, Bd. 1 (2.Aufl.), 297 ff. m.w.Nw.; vgl. auch unten B.

5 Vgl. besonders Helene Curtis Industries, Inc. v. Pruitt, oben § 5, Fn. 32.

A. *Auswahlverfahren für das Richteramt*[6]

Den vielen unterschiedlichen Auswahlverfahren ist eines gemeinsam: Im Gegensatz zu anderen Rechtssystemen, die bei der Auswahl der Kandidaten für ein Richteramt zuvorderst auf die fachliche Qualifikation abstellen[7], gilt in den Vereinigten Staaten das (partei)politische Bekenntnis des Bewerbers als wichtigste Eingangsvoraussetzung.

I. Historischer Überblick

Während der Kolonialzeit ernannte der englische König seine Richter; die Dauer ihrer Berufung stand ganz in seinem Belieben[8]. Nach der Revolution wich das zunächst beibehaltene Auswahlverfahren durch Ernennung schrittweise der Richterwahl[9]. Diese Tendenz verstärkte sich noch während und nach der Ära Jackson als Folge größerer Bindung an demokratische Wertvorstellungen[10]. Noch vor der Jahrhundertwende wurde jedoch deutlich, daß Wahlen die an sie ursprünglich gestellten demokratischen Ansprüche nicht einzulösen vermochten. Im Gegenteil: Die mittlerweise mächtigen Parteien kontrollierten den Auswahlprozeß praktisch allein und mißbrauchten ihn zunehmend für die eigenen Ziele[11]. Richter wurden dementsprechend häufig als gleichermaßen korrupte und inkompetente Parteigänger empfunden[12].

Infolge wachsender Kritik an derartigen ›partisan elections‹ formierte sich eine Gegenbewegung, die mit den sogenannten ›nonpartisan elections‹ ein neues Konzept der Richterwahl durchzusetzen suchte. Ausgehend von Cook County Chicago (1873) hatten sich 1927 zwölf Bundesstaaten dieses Wahlsystem zu eigen gemacht, nach dem die Bewerber ohne Nennung ihrer Parteizugehörigkeit kandidieren mußten[13]. Freilich blieb auch diese Variante

6 Aus der deutschen Literatur dazu, *Kayser*, Die Auswahl der Richter in der englischen und amerikanischen Rechtspraxis, 1969.
7 *Meador*, German Appelate Judges: Career Patterns and American-English Comparisons, 67 Judicature, 16 ff. (1983).
8 *Winters*, Selection of Judges – An Historical Introduction, 44 Tex.L.Rev., 1081 (1966).
9 Comment, Selecting Judges in the States: A Brief History and Analysis, 9 Northern Kentucky L.Rev., 461 (1982).
10 Ebenda, 462.
11 Ebenda.
12 *Berkson*, Judical Selection in the United States: A Special Report, 64 Judicature, 177 (1980).
13 *Aumann*, Selection, Tenure, Retirement and Compensation of Judges in Ohio, U. of Cincinatti L.Rev. 408, 412, n. 11 (1931).

nicht von Kritik verschont, denn es waren noch immer die lokalen Parteispitzen, die über die Nominierung der Bewerber entschieden[14], deren politische Verstrickung für den einfachen Wähler nun nur nicht mehr erkennbar war.

Als Reaktion auf die allgemeine Unzufriedenheit entschloß sich zuerst Missouri, die neuralgischen Aspekte der Auswahlverfahren zu beseitigen und die unterschiedlichen Ansätze von Wahl und Ernennung zum Richter zu einem neuen Gesamtkonzept zu verarbeiten[15]. Das mit dem sogenannten ›Missouri-Plan‹[16] eingeführte Modell gilt, wenn auch mit z.T. großen Abweichungen, als Prinzip in mittlerweile 31 Bundesstaaten[17]. Hauptelement ist die Einsetzung einer überparteilichen – zumeist mit Rechtsanwälten besetzten – Kommission, die eine Vorschlagsliste von potentiellen Richtern erstellt. Die endgültige Entscheidung über die Berufung in das Richteramt trifft der Gouverneur, der Kandidat wird aber zunächst nur als Richter auf Probe angestellt und hat sich nach der einjährigen Bewährungszeit einer Wahl zu stellen, mit der sein Anstellungsverhältnis bestätigt werden muß[18].

Trotz dieser Tendenz zur Konsolidierung bestehen große Unterschiede fort; es gibt keine zwei Bundesstaaten, die ein vollständig identisches Auswahlverfahren durchführen[19]. Aus Gründen der Systematik kann jedoch eine grobe Aufteilung in zwei Lager vorgenommen werden: Staaten, die ihre Richter hauptsächlich ernennen (und dabei auf Elemente des ›Missouri-Plans‹ zurückgreifen oder darauf verzichten) und Staaten, in denen vorwiegend die Wahl zum Richteramt führt[20]. Beide Methoden sind etwa gleich häufig anzutreffen und beide sind weiterhin z.T. heftiger Kritik ausgesetzt.

II. Die Ernennung zum Richter in den Einzelstaaten

Das kalifornische System illustriert die häufig zitierte »Interdependenz zwischen Gerichten und politischen Parteien«[21]. Der Gouverneur ernennt Richter für alle Instanzen des kalifornischen Gerichtssystems. Seine Entscheidung betrifft die Berufungsgerichte (einschließlich des Supreme Court), neugeschaffene Positionen in Gerichten erster Instanz sowie die Wiederbesetzung

14 *Berkson*, a.a.O. (oben, Fn. 12).
15 Comment, a.a.O. (oben, Fn.9).
16 Oft auch ›merit plan‹ oder ›commission plan‹ genannt.
17 Wie Fn. 15.
18 *Berkson*, a.a.O., 178.
19 Comment, a.a.O., 463.
20 Für einen umfassenden Überblick zu den unterschiedlichen Ansätzen vgl. *Berkson*, a.a.O., 179 ff.
21 *Stecher*, Democratic and Republican Justice, 13 Colum.J.L. & Soc.Probs., 137, 138 (1972).

von Stellen, die durch Tod oder Ruhestand vor Ablauf der Amtszeit vakant geworden sind[22]. So bestellte der Gouverneur von Kalifornien, Brown, innerhalb einer Periode von nur 7 Jahren (1975-1981) 700 Richter als Richter an erstinstanzlichen Gerichten, setzte etwa 36 in das Amt des Richters am Court of Appeal ein und berief 5 von 7 Richter für den staatlichen Supreme Court[23].

Zwar ist ein staatliches Gremium – die ›Commission on Judicial Nominees Evaluation‹ – mit der Überprüfung der vom Gouverneur allein ausgewählten Kandidaten für das Richteramt betraut; Einfluß auf die endgültige Entscheidung bleibt der Kommission praktisch jedoch versagt, da ihr ein Vetorecht nicht zusteht[24]. Der aufgekommene Verdacht mangelhafter fachlicher Qualität der berufenen Richter wegen des in einer Hand liegenden Auswahlverfahrens ist durch die Kommission z.T. bestätigt worden: Mehr als 20% der von Brown ins Richteramt gehobenen Kandidaten sind nach Ansicht der Kommission fachlich ungeeignet zur Ausübung ihres Berufs[25]. Das Problem dürfte auch kaum durch das Erfordernis gelöst werden, nach dem die neuen Richter nach ihrer Ernennung in den nächsten allgemeinen Wahlen in ihrem Amt bestätigt werden müssen. Einmal ist die Wahlbeteiligung regelmäßig gering, da sich die Richter ohne Gegenkandidaten zur Wahl stellen; zum anderen ist die fachliche Qualifikation (etwa: schriftliche Urteilsbegründungen) für den Laien nur schwer nachvollziehbar und oft auch gar nicht zugänglich[26].

Die dargestellte Ernennungspraxis wird jedoch insbesondere angegriffen, weil sie die Unabhängigkeit des Richters in Frage stelle: Nicht fachliche Qualifikation, sondern politische Willfährigkeit, die dann mit bestimmten politischen, sozialen und ökonomischen Wertentscheidungen Eingang in die Rechtsprechung finde, entscheide über die Berufung[27]. Selbst wenn die Berechtigung der geschilderten Vorwürfe fraglich sein dürfte – in ihrem Anspruch auf Allgemeingültigkeit lassen sie sich wohl kaum halten –, so sind sie doch zumindest Ausdruck einer verständlichen Besorgnis, daß ein solchermaßen ausgestaltetes Verfahren die Grenzen öffentlicher Akzeptanz errei-

22 *Alarcon*, Political Appointments and Judicial Independence – An Unreasonable Expectation, 16 Loyola of Los Angeles L.Rev., 10 (1983).

23 Ebenda.

24 Ebenda.

25 Ebenda.

26 Vgl. *Alarcon*, a.a.O., 10 f.,der von seinen persönlichen Erfahrungen als Richter berichtet: Am Tag seiner Wiederwahl war noch keine seiner Urteilsbegründungen veröffentlicht.

27 Ebenda, 12: »The appointment of judges by an elected politician can lend itself only to the logical inference that regardless of the academic merits or professional credentials of the candidate, the person chosen reflects the social, political, and economic views of the governor.«

chen und damit an Legitimität verlieren könnte. Doch auch die Modelle anderer Staaten, die bei der Ernennung von Richtern stärker auf den ›Missouri-Plan‹ abstellen, stoßen auf Kritik: Auch dort wird der Vorwurf erhoben, daß es eine weitverbreitete Praxis von Gouverneuren sei, politische Freunde oder frühere Gönner mit Richterpositionen zu belohnen[28]. Auch dort richtet sich die Kritik gegen eine Scheinlegitimation der Ernennung durch spätere Wahlen, die ohne Gegenkandidaten und informierte Wählerschaft einer reinen rhetorischen Übung gleichkämen[29]. Darüber hinaus sollen die mit eigenem bindenden Vorschlagsrecht ausgestatteten Kommissionen häufig nicht mit einem repräsentativen Querschnitt der Anwaltschaft, sondern nur mit deren konservativsten Vertretern besetzt sein[30].

III. Die Wahl zum Richter in den Einzelstaaten

Die in den einzelnen Bundesstaaten unterschiedlichen Modelle zur Richterwahl begegnen ähnlichen Vorbehalten. Die Legitimität des Verfahrens scheint zwar eher gewahrt als bei der Richterernennung; die Kritik an mangelnder Fachkompetenz und allzu großer politischer Abhängigkeit fällt jedoch nicht milder aus[31].

Bei parteigebundenen Wahlen – der potentielle Richter stellt sich als Kandidat einer bestimmten Partei (partisan elections) – sind die Zweifel an der Neutralität des politisch abhängigen Bewerbers evident. Wahlen unter Ausklammerung des parteipolitischen Hintergrundes (nonpartisan elections) entgehen dieser Kritik nur scheinbar: Politische Beziehungen der Kandidaten zu Parteien sind selbstverständlich. Solche Verstrickungen nicht zu kennzeichnen, wird zunehmend als großer Nachteil für die Mehrzahl aller Wähler empfunden, denen es – uninformiert über die parteipolitische Bindung des Kandidaten – versagt bleibt, ihre Entscheidung »wenigstens« nach parteipolitischen Gesichtspunkten zu treffen[32].

Allen einzelstaatlichen Auswahlverfahren gemeinsam ist das Problem, kompetente Bewerber für ein Richteramt zu finden. Obgleich freie Positionen manchmal mit ehemaligen Politikern besetzt werden, so sind es doch überwiegend Rechtsanwälte mit schon längerer Berufserfahrung, die für eine Anstel-

28 Comment, a.a.O. (oben Fn. 9), 469.

29 Nach einer Studie wurden von 179 sich zur Wiederwahl stellenden Richtern 178 im Amt bestätigt, vgl. Comment, a.a.O., 470.

30 Ebenda.

31 Ebenda, 465 m.Nw.

32 *Adamany & Dubois*, Electing State Judges, Wis.L.Rev. 775 f. (1976).

lung als Richter zur Diskussion stehen. Für einen hochqualifizierten und erfolgreichen Anwalt kommt ein solcher Berufswechsel aber nur höchst selten in Betracht – zu groß sind die finanziellen Einbußen, die er mit Übernahme des nur mäßig dotierten Amtes in Kauf nehmen müßte[33]. Demotivierend wirken zudem die zeitlich begrenzten Amtsperioden (häufig 4 Jahre), die eine gesicherte berufliche Zukunft nicht gewährleisten können[34].

IV. Das Auswahlverfahren für Richter an Bundesgerichten

Die Situation an den amerikanischen Bundesgerichten stellt sich anders dar. Die Fachkompetenz von Bundesrichtern wird seltener in Zweifel gezogen als die ihrer Kollegen an den einzelstaatlichen Gerichten[35]. Der Präsident der Vereinigten Staaten ernennt die Bundesrichter mit Zustimmung des Senats[36]. An dem gründlichen Auswahlverfahren vor der Entscheidung sind der Justizminister bzw. dessen Stellvertreter, das ›Standing Committee on the Federal Judiciary of the American Bar Association‹ (ABA Committee)[37] und sogar das ›Federal Bureau of Investigation‹ in enger Zusammenarbeit beteiligt[38]. Insbesondere das mit der Kompetenzbewertung befaßte ABA Comittee ist in der Lage, sehr dezidierte Stellungnahmen zur fachlichen Qualifikation der einzelnen Kandidaten abzugeben, denen bei der endgültigen Entscheidung fast immer gefolgt wird[39].

Politische Determinanten kommen freilich auch in diesem Verfahren zum Tragen, denn das ABA Comittee urteilt nur noch über Kandidaten, die schon zuvor – gewöhnlich vom stellvertretenden Justizminister[40] – entsprechend ihrer Parteizugehörigkeit ausgewählt wurden.

Der Kreis qualifizierter Anwärter auf das Richteramt an einem Bundesgericht ist größer als für Stellen in staatlichen Gerichten. Das liegt nicht so sehr

33 Zu den möglichen Auswirkungen der schlechten Einkommensverhältnisse, *Pericak*, Maintaining A Fixed and Permanent Value for Judicial Salaries in Massachusetts: The Clash of Constitutional Principles, Economic Forces and Political Realities, 16 Suffolk University Law Review, 1 ff. (1982).

34 Von aktueller Bedeutung ist dieses Problem z.Zt. für die umstrittene ehemalige vorsitzende Richterin am California Supreme Court, Rose Bird, die ihr Amt wie auch zwei weitere Richter an diesem Gericht, in den Novemberwahlen des Jahres 1986 einbüßte.

35 Vgl. *Walsh*, The Attraction and Selection of Good District Court Judges, 39 Washington and Lee L.Rev., 33 ff. (1983).

36 U.S. Const. art. II, § 2.

37 Darin sind 14 Rechtsanwälte für alle 12 Bundesdistrikte zuständig; vgl. *Walsh*, a.a.O., 36.

38 Ebenda.

39 Ebenda, 35, 38.

40 Ebenda, 36.

an den höheren Gehältern von Bundesrichtern; die Unterschiede zu den Einkommen von erfolgreichen Rechtsanwälten sind noch beträchtlich[41] und dürften auch hier eher dämpfend auf das Interesse an einer Richterlaufbahn wirken[42]. Die Hauptgründe für die erhöhte Attraktivität solcher Positionen für eine größere Anzahl kompetenter Bewerber folgen vielmehr aus der Möglichkeit, einflußreiche und langanhaltende (rechts-)politische Akzente schon auf der untersten Stufe des Instanzenzuges zu setzen einerseits (90% aller Entscheidungen der ›District Courts‹ werden rechtskräftig) und der sozialen Sicherung durch eine Anstellung auf Lebenszeit andererseits. Die Aussicht auf ein Berufsbild mit derartig erhöhtem Sozialprestige hat bislang noch ausreichend viele fachlich geeignete Rechtsanwälte als Bewerber angezogen, die bereit waren, den großen finanziellen Verlust, der mit der Übernahme eines Richteramtes entsteht, in Kauf zu nehmen.

B. Würdigung

Trotz der Kritik an mangelnder Unabhängigkeit darf nicht verkannt werden, daß Verflechtungen amerikanischer Gerichte mit den polititschen Parteien auf eine lange Tradition zurückgehen, die auch heute noch als ein Aspekt amerikanischer Rechtswirklichkeit hingenommen werden[43]. Es entspräche einer unangemessenen monokausalen Betrachtungsweise, wollte man die Sonderentwicklung amerikanischen Produkthaftpflichtrechts allein oder auch nur hauptsächlich auf diesen Befund zurückführen. Und doch dürfte der von deutschen Bedingungen stark abweichende berufssoziologische Hintergrund amerikanischer Richter mitursächlich sein für die besondere Bedeutung amerikanischer Gerichte als Foren für weitreichende rechtspolitische Veränderungen. Für den Bereich des Produkthaftpflichtrechts, das als Fallrecht des Common Law einer gesetzlichen Regelung weitestgehend entzogen blieb,

41 Einer Untersuchung zufolge verbesserte sich das Einkommen von Bundesrichtern, die ihr Amt zugunsten einer anderen juristischen Tätigkeit aufgaben, um durchschnittlich 84%; vgl. *Pericak*, a.a.O. (oben, Fn. 33), 1 (n.1).

42 Zur Forderung nach besseren Einkommensverhältnissen, *Walsh*, a.a.O. (oben, Fn. 35), 34.

43 Vgl. dazu *Stecher*, a.a.O. (oben Fn. 21): »Judges are either elected by the people or appointed by highly placed elected officials. As a result, not only are courts for the most part in politics, they are at times highly political and vitally linked with traditional political processes. Since judges rely upon political party processes for selection, retention, and evaluation, it is not surprising to find a highly complex weave of mutual aid and interdependence between courts and political parties. This relationship is virtually inevitable.«

kann die rechtsschöpferische Rolle des Richters als ›social engineer‹ noch weniger eingeschränkt zum Tragen kommen, als bei der Beurteilung von Sachverhalten, die von kodifizierten Rechtsregeln erfaßt werden[44]. Ein Gericht, das eine rechtspolitische Neuregelung erwägt, ist bei seiner Entscheidung oft nur an sein selbst aufgestelltes Präjudiz gebunden.

Die Einführung der Haftungsgrundlage Strict Liability durch den California Supreme Court mit Greenman v. Yuba Power Products, Inc.[45] veranschaulicht, wie Gerichte den weiten Handlungsspielraum rechtsschöpferisch füllen. Zur Rechtfertigung des neuen Konzepts stützt sich das Gericht u.a. auf Erwägungen, die nach hiesigem Verständnis der Begründung einer Gesetzesvorlage nach Stellungnahme des Wirtschafts- und Sozialausschusses, nicht aber den Entscheidungsgründen in einem streitigen Verfahren ähneln: Nicht die Geschädigten, sondern die Hersteller von Produkten seien in der ökonomisch günstigeren Position, die Risiken produktbedingter Verletzungen zu verteilen und die sich daraus ergebenden Kosten zu tragen. Mit der durch diese Entscheidung eingeführten Haftungsgrundlage solle diese Risikoverteilung gesichert werden[46].

Derartig weitreichende Folgerungen stehen regelmäßig am Ende einer – in den Urteilsgründen offengelegten – induktiv geführten Diskussionen, in der Gerichte einschlägige Präjudizien umfassend darauf überprüft haben, ob sie in rechtspolitischer, sozialer und ökonomischer Hinsicht noch sachgerecht und daher weiter aufrechtzuerhalten sind, oder ob veränderte gesellschaftliche Bedingungen den Erlaß einer neuen Grundsatzentscheidung erfordern. Es kann hier nicht im einzelnen auf den Entscheidungsstil amerikanischer Gerichte eingegangen werden[47]. Der kurze Hinweis soll genügen, um aufzuzeigen, daß sich das von parteipolitischer Anbindung geprägte Selbstverständnis amerikanischer Richter nicht etwa in Ausdrucksformen apodiktischer und verfestigter Denkmuster niederschlägt; deutlich gekennzeichnete rechtspolitische Positionen sind vielmehr Gegenstand eines offenen Diskurses, der

44 Vgl. *Hurst*, a.a.O. (oben, Fn. 3), der auf die Sonderstellung amerikanischen Deliktsrechts hinweist: »Legislatures were notoriously inert or indifferent toward reforming tort law. Probably this sluggishness inclined judges to move more boldly in this area than in that of commercial law which received more legislative attention.« In starren syllogistischen Bahnen bewegt sich der amerikanische Richter freilich auch dann nicht, wenn der Fall nach gesetzlichen Vorschriften zu beurteilen ist. Vorrangig ist die Auseinandersetzung mit den bereits vorliegenden Präjudizien, deren Interpretationsleistungen häufig eine weite Distanz zu den ursprünglichen Zielen der gesetzlichen Regelung geschaffen haben. Vgl. auch *Kötz*, Über den Stil höchstrichterlicher Entscheidungen, 14 (1973).

45 S. oben, § 4, Fn. 72.

46 Ebenda, 59 Cal. 2d 63, 377 P.2d 901, 27 Cal. Rptr. 701.

47 Dazu umfassend *Kötz*, a.a.O. (oben, Fn. 44), 12 ff.

seinerseits die Grundlage für eine nach allen Seiten offene Entwicklung des fortschreitenden Fallrechts bildet.

C. Amerikanische Richter und prozessualer (deutscher) ordre public

Die schon in den zum Richteramt führenden Auswahlverfahren angelegte und durch den gesetzlich kaum geregelten Bereich des Produkthaftpflichtrechts noch geförderte Bereitschaft, sozial- und rechtspolitisch Stellung zu beziehen, mag zwar mit deutschen Vorstellungen zur Unabhängigkeit und Unparteilichkeit der Gerichte nicht in Einklang stehen[48]; die Abweichungen im Richterbild sind indessen keineswegs so unerträglich, daß sie – per se – die Annahme eines verfahrensrechtlichen ordre public-Verstoßes nach § 328 I Nr. 4 ZPO rechtfertigen könnten. Auch hier gilt das für die Beteiligung von Laienrichtern Festgestellte: Nur der bewiesene Einzelfall von z.B. richterlicher Rechtsbeugung oder erfolgreicher Einflußnahme außergerichtlicher Personen auf die Entscheidung sind einer Urteilsanerkennung hinderlich.

48 Vgl. etwa § 21 Abs. 2 DRiG, wonach ein Richter aus seinem Amt entlassen werden muß, wenn er Mitglied des Bundestages oder eines Landtags ist und sein Mandat nicht niederlegt.

§ 8 Kostenrechtliche Aspekte und die Rolle der Anwaltschaft

Wichtige prozessuale Rahmenbedingungen für die Geltendmachung von Ansprüchen im Einzelfall und damit für die allgemeine Entwicklung amerikanischen Produkthaftpflichtrechts finden sich auch im Kostenrecht, dessen Einfluß durch liberale anwaltliche Standesregeln noch erhöht wird. Relevante Faktoren sind das anwaltliche Erfolgshonorar in Gestalt der Erfolgsbeteiligung (quota litis), der Grundsatz, daß jede Partei ihre eigenen Anwaltskosten trägt sowie die verfassungsrechtlich begründete Werbeerlaubnis für Rechtsanwälte. Nach einer Auseinandersetzung mit der Frage, wie sich diese Faktoren auf das Anspruchsverhalten potentieller Kläger auswirken (A.), soll in zwei weiteren Schritten die Bedeutung der kostenrechtlichen Aspekte sowohl für die Anwendung amerikanischen Sachrechts durch deutsche Gerichte (B.) als auch für die Anerkennung einer amerikanischen Entscheidung in Deutschland (C.) erörtert werden.

A. Einfluß auf das Anspruchsverhalten potentieller Kläger

Für die anwaltliche Interessenvertretung eines Klägers in ›personal injury cases‹ gilt der Erfolgshonorarkontrakt mittlerweile als die typische vertragliche Grundlage[1]. Nach dem ursprünglich geltenden Common Law waren ›contingent fee arrangements‹ zwar ungültig, wenn sie im Zusammenhang mit Prozeßanstiftung standen (maintenance, champerty, barratry); der Supreme Court erkannte ihre Gültigkeit im Grundsatz jedoch schon früh an[2], und 1965 ließ Maine solche Honorarabsprachen als letzter Bundesstaat prinzipiell zu.

1 Abgerechnet wird so auch häufiger in Class Actions, Antitrust-Verfahren, steuerrechtlichen Angelegenheiten, Firmen-Reorganisationen, Enteignungsverfahren sowie bei Forderungseinziehungen; vgl. *Mac Kinnon*, Contingent Fees for Legal Services, 25-28 (1964).

2 Wylie v. Coxe, 20 U.S. 580 (1853).

Ausdrücklich gebilligt wird diese Praxis auch von den im ›Code of Professional Responsibility‹ niedergelegten anwaltlichen Standesrichtlinien[3]. Daraus läßt sich auch das Motiv für die Duldung des hierzulande nicht nur als standeswidrig[4], sondern zumeist auch als sittenwidrig[5] eingeschätzten Erfolgshonorars entnehmen: In vielen Fällen ist es das einzige probate Mittel zur Durchsetzung von begründeten Ansprüchen, die andernfalls wegen des Kostenrisikos insbesondere von Unterbemittelten gar nicht erst verfolgt würden[6]. Realisiert wird dieses Ziel durch eine Verlagerung des Kostenrisikos vom Mandanten auf den Anwalt, dem nur im Fall des Obsiegens ein Teil – gewöhnlich ein Drittel – des erstrittenen Betrages (Urteil oder Vergleich) zusteht; bleibt die Klage erfolglos, entsteht ein Honoraranspruch nicht. Sein Mandant braucht dann nicht an ihn zu zahlen[7].

Weiter risikomindernd für den Kläger wirkt sich die sogenannte American Rule aus, nach der jede Partei grundsätzlich[8] ihre eigenen Anwaltskosten unabhängig vom Ausgang des Rechtsstreits trägt. Der Unterliegende braucht also auch die der Gegenseite entstandenen Anwaltskosten nicht zu erstatten. Das verbleibende Restrisiko für den potentiell Klagewilligen ist minimal: Bei für ihn negativem Ausgang des Rechtsstreits hat er lediglich für Auslagen und die vergleichsweise geringen Gerichtskosten einzustehen, die von seinem Anwalt sogar vorgeschossen werden dürfen[9].

Das auf diese Weise stark gedämpfte Kostenrisiko erlaubt es auch sehr einkommensschwachen Parteien, ihre Ansprüche durch hochspezialisierte Anwälte verfolgen zu lassen[10]. Es scheint danach einleuchtend, wenn eine solche kostenrechtliche Lösung als Ersatz für das in den Vereinigten Staaten

3 American Bar Association (ABA) Code of Professional Responsibility, Ethical Consideration (EC 2-20). Selbstverständlich darf ein Anwalt nicht in jedem Fall auf der Grundlage eines Erfolgshonorarkontrakts tätig werden; so schließen EC 2-20 und Disciplinary Rule (DR) 2-106 (C) diese Möglichkeit für Strafsachen aus. Für Unterhaltsklagen und Scheidungsverfahren gilt diese Honorarregelung grundsätzlich als ordre public- (public policy-)widrig, vgl. dazu Jordan v. Westermann, 62 Mich. 170, 180, 28 N.W. 826, 830 (1896); In re Smith, 42 Wash. 2d 188, 196, 254 P.2d 464, 469 (1953).

4 Grundsätze des anwaltlichen Standesrechts § 52 Abs. 1 und insb. Abs. 3.

5 BGHZ 34, 64.

6 *Koch/Zekoll*, RIW 1985, 838.

7 Ebenda.

8 Vgl. Alyeska Pipeline Service Co. v. Wilderness Society, 421 U.S. 240 (1975); zu den Ausnahmefällen, insbesondere zu der 1983 in Kraft getretenen Neufassung von Rule 11 der Fed.R.Civ.Proc., die eine wesentlich erleichterte Erstattbarkeit von Anwaltskosten in Verfahren vor Bundesgerichten vorsieht, *Jestaedt*, Erstattung von Anwaltskosten im US-Prozeß?, RIW 1986, 95 ff. Zu den Ausnahmen auch *Koch*, Prozeßführung im öffentlichen Interesse. (1983), 163.

9 ABA Code of Professional Resposibility DR 5-103 (B).

10 *Koch/Zekoll*, RIW 1985, 839.

nicht existierende Prozeßkostenhilferecht[11] und sogar als »a crude form of insurance«[12] empfunden wird.

Freilich gibt es auch eine Kehrseite des amerikanischen Kostensystems. Das Engagement des ›personal injury lawyer‹ auf Klägerseite steht und fällt mit dem möglichen finanziellen Ertrag der Klage. Erscheint dieser nicht lukrativ genug, mag ein potentieller Kläger Schwierigkeiten haben, überhaupt einen Anwalt zu finden, der bereit wäre, ihn zu vertreten[13]. Solche Engpässe treten z.B. immer wieder bei Ansprüchen nach ›workers' compensation‹[14] auf, die wegen der gesetzlich vorgeschriebenen Haftungshöchstgrenzen oft[15] kaum durchsetzbar sind, da sie nur auf ein geringes Interesse in der Anwaltschaft stoßen[16]. Darüber hinaus muß ein Anwalt aus finanziellen Erwägungen die Aussichten einer möglichen Klage genauestens prüfen. Sind diese wenig oder überhaupt nicht erfolgversprechend, wird er selbst Prozesse mit hohem Streitwert scheuen, um nicht mit intensivem aber sinnlosen Zeitaufwand finanzielle Einbußen zu erleiden[17] – es sei denn, das Verfahren diene schon wegen seines spektakulären Anlasses profitablen Werbezwecken.

Vor diesem Hintergrund kann auch der Wertung *Friedmanns* nur bedingt gefolgt werden, wenn er die kostenrechtliche Regelung als »powerful stimulus for speculative actions«[18] bezeichnet. Die seinem kritischen Fazit und den optimistischeren Aussagen zur verbesserten Finanzierbarkeit von Prozeßvorhaben gleichermaßen zugrundeliegende Prämisse (der erleichterte Zugang zu anwaltlicher Beratung und Vertretung) trifft jedoch grundsätzlich zu, wenn die Durchsetzung mittlerer und hoher Ansprüche auf dem Spiel steht. Hier bleibt es bei der Attraktivität solcher Honorarvereinbarungen.

Zu dieser objektiv günstigen finanziellen Ausgangslage für den Kläger in derartigen Fällen tritt – gleichsam als Katalysator – das organisierte anwaltli-

11 Vgl. *Großfeld*, RabelsZ 39 (1975), 25, der darauf hinweist, daß weder ›legal aid‹ noch andere Rechtshilfebüros mit dem deutschen System zu vergleichen sind. So auch *Rüschemeyer*, Juristen in Deutschland und in den USA, 1976, 129.

12 *Pfennigstorf*, Legal Expense Insurance (1975), 32.

13 Vgl. *Clermont/Currivan*, Improving on the Contingent Fee, 63 Cornell L.Rev. 573 (1978); Comment, Providing Legal Services for the Middle Class in civil Matters: The Problem, the Duty and a Solution, 26 U.Pitt.L.Rev., 811, 829 (1965); *Mac Kinnon*, a.a.O. (oben, Fn. 1), 201, 206; Final Report, a.a.O. (oben, § 4, Fn. 7), VII-60. Wenig förderlich oder gar prohibitiv wirkt sich darüber hinaus die American Rule auf die Bereitschaft zur Klageerhebung bei geringen Streitwerten aus; das gilt auch, wenn die Erfolgsaussichten groß sein sollten: dazu *Koch*, Prozeßführung im öffentlichen Interesse, 163 f.

14 Zum Begriff s. oben, S. 69.

15 Das trifft nicht zu, wenn ein weiterer Anspruch im Wege der ›collateral source rule‹ gegenüber dem Hersteller des schädigenden Produkts geltend gemacht werden kann; dazu oben, S. 77.

16 *Mac Kinnon*, a.a.O. (oben, Fn. 1), 181.

17 *Clermont/Currivan*, a.a.O. (oben, Fn. 13), 571.

18 *Friedman*, Law in a Changing Society, 178 (1972).

che Interesse, das in den Vereinigten Staaten mittlerweile in einer hierzulande kaum vorstellbaren Weise Ausdruck findet. Seit der mit dem ersten Verfassungszusatz (freedom of speech) begründeten Aufhebung des anwaltlichen Werbeverbots durch den Supreme Court[19] wird eine breite Öffentlichkeit unter Zuhilfenahme aller erdenklichen Medien mit den Vorzügen der klägerfreundlichen Kostenregelung vertraut gemacht[20]. Daß die an sich legale Eigenwerbung gelegentlich in dem standeswidrigen Versuch gipfelt, Verletzten selbst noch im Krankenhaus anwaltliche Dienste anzubieten (ambulance chasing), wird als Auswuchs eines an sich gesunden Wettbewerbs betrachtet[21].

Selbst wenn die oft geäußerte Annahme von der zunehmend »prozeßsüchtigen amerikanischen Gesellschaft« (litigious society) nach neueren Erkenntnissen als überholt – weil zu wenig differenzierend – gelten muß[22], so hat doch der gezielte »Abbau von Schwellenängsten« durch eine interessierte Anwaltschaft seine Wirkungen im öffentlichen Bewußtsein nicht verfehlt. Bereichsweise ist ein vermehrtes Anspruchsdenken festzustellen, das insbesondere in den Steigerungsraten für Produkthaftpflichtfälle deutlich zum Ausdruck kommt: In acht ausgewählten Bundesstaaten wuchs die Rate diese Fallgruppe im Vergleich der beiden Jahresperioden 1965-1970 und 1971-1976 um durchschnittlich 71%[23].

B. Die Bedeutung für Art. 12 EGBGB

Die amerikanischen Kostenregeln – durchschnittlich ein Drittel des Schadensersatzbetrages fließt dem Klägeranwalt zu – gelten nicht in einem in Deutsch-

19 Bates v. State Bar of Arizona, 433 U.S. 350, 97 S.Ct. 2961, 53 L.Ed. 2d 810 (1977); anerkannt auch in den Standesrichtlinien durch DR 2-101. Dazu und zur Beibehaltung des Werbeverbots in Deutschland (»bedrückender Immobilismus«) *Kötz*, in: Anwaltsberuf im Wandel (1982), 83 ff. Grundsätzlich zu diesen Thema, *Prinz*, Anwaltswerbung, 1986.

20 *Koch/Zekoll*, RIW 1985, 839. Nach neueren Informationen wächst die Zahl der Anwaltsbüros (einschl. der angesehensten), die Werbung betreiben. Die Grenzen des Erlaubten werden dabei ständig weiter gezogen. Selbst das gefährliche Produkt ('Dalkon Shield intrauterine device') darf nun in Werbekampagnen dargestellt werden; vgl. *Berg*, Bericht zu einem Vortrag von Stiefel, DAJV – Newsletter 1/86, 9.

21 *Koch/Zekoll*, a.a.O.

22 Dazu ausführlich *Galanter*, Reading the Landscape of Disputes: What We Know and Don't Know (And think We Know) About Our Allegedly Contentious and Litigious Society, 31 UCLA L.Rev. 4 ff. (1983): Die Auswertung umfangreichen Datenmaterials ergab im wesentlichen, daß Amerikaner ihre Gerichte insgesamt betrachtet kaum häufiger in Anspruch nehmen als früher und dabei insbesondere nicht signifikant von dem Anspruchsverhalten der Bürger anderer Industrienationen abweichen.

23 Final Report, a.a.O. (oben, § 4, Fn. 7), II-81. Vgl. auch die neueren Zahlen bei *von Hülsen/Brüning-Brinkmann*, RIW 1985, 187 f. Zu anderen Fallgruppen, *Galanter*, a.a.O., 36 ff.

land geführten Prozeß. Nach § 91 ZPO trägt die unterliegende Partei die Kosten des Rechtsstreits, einschließlich der Gebühren und Auslagen des Rechtsanwalts[24] der obsiegenden Partei. Diese entgegengesetzten Regelungen zur Prozeßkostenlast dürfen für die an Art. 12 EGBGB zu messende Schadenshöhe, die das deutsche Recht zugunsten des erfolgreichen amerikanischen Klägers festzusetzen hat, nicht unberücksichtigt bleiben: Zwar rechnet die amerikanische Jury – entgegen einer verbreiteten Annahme – dem von ihr für angemessen gehaltenen Schadensersatzbetrag nur in Ausnahmefällen bewußt ein Drittel hinzu, um den Kläger von der ihn treffenden Prozeßkostenlast zu befreien[25]; andererseits sind die Schadensersatzsummen, insbesondere für immaterielle Schäden (pain and suffering) grundsätzlich so großzügig bemessen, daß dem Kläger auch nach Abzug des Erfolgshonorars ein zumeist noch als angemessen empfundener Schadensersatz verbleibt[26]. Da aber derartige Kostenbelastungen für den erfolgreichen amerikanischen Kläger im deutschen Zivilprozeß gar nicht entstehen können, entspräche es einer nach Art. 12 EGBGB verbotenen Besserstellung der ausländischen Partei, wenn ihr die amerikanische Schadensersatzpraxis hier unverändert zugute käme. Mit Art. 12 EGBGB läßt sich ein insoweit herabgesetzter Schadensersatzbetrag rechtfertigen.

C. Amerikanische Kostenregeln und deutscher ordre public

I. Erfolgshonorare

Erfolgshonorarverträge, die mit amerikanischen Rechtsanwälten in Form der Erfolgsbeteiligung geschlossen wurden, haben deutsche Gerichte – soweit ersichtlich – bislang nur in inländischen Prozessen beschäftigt, mit denen die Anwälte ihre Gebührenansprüche aufgrund eines solchen Kontrakts gegen ihre Auftraggeber in Deutschland durchzusetzen suchten[27]. Dabei ging es im wesentlichen um die Frage, ob das auf den Anwaltsvertrag anzuwendende amerikanische Recht gegen den ordre public des Art. 30 EGBGB verstieß.

24 Wobei es sich ohnehin um einen am deutschen Gericht zugelassnen Anwalt handelt, der grds. nicht auf der Basis eines Erfolgshonorars tätig werden darf.

25 A.A. *von Hülsen/Brüning-Brinkmann*; vgl. dazu oben, § 6 bei Fn. 77-79. Siehe dazu auch sogleich unten, C.

26 Vgl. oben, § 6 bei Fn. 24.

27 BGHZ 22, 162; 44, 183.

Zunächst hatte der BGH die grundsätzliche Zulässigkeit der Vereinbarung eines nach einem Streitanteil bestimmten Erfolgshonorares zwischen einem ausländischen Rechtsanwalt und seinem deutschen Auftraggeber festgestellt[28]. Mit Folgeentscheidungen nahm das Gericht jedoch Gebührenkürzungen vor, da ihm die geltendgemachten Honoraransprüche der Höhe nach nicht mehr mit Art. 30 EGBGB vereinbar erschienen[29].

Bei ausreichender Inlandsbeziehung sollen die Grundsätze dieser Rechtsprechung auch gegenüber ausländischen Entscheidungen gelten, die deutschen Gerichten zur Anerkennung vorliegen[30]. Die hier interessierende Fallkonstellation kann davon jedoch regelmäßig nicht betroffen sein, denn sie setzt voraus, daß ein amerikanischer Produktgeschädigter in den USA gegen ein deutsches Unternehmen geklagt hat. Der auf einen Streitanteil gerichtete Erfolgshonoraranspruch kann unter diesen Umständen nur gegenüber dem amerikanischen Geschädigten entstehen; der das (beklagte deutsche) Unternehmen vertretende amerikanische Anwalt wird nicht auf Erfolgshonorarbasis tätig – eine ›quota litis‹ gibt es für die Beklagtenvertretung nicht –, sondern zumeist nach seinem tatsächlichen (Stunden-)Arbeitsaufwand entlohnt[31]. An dem kritischen Anspruchsverhältnis sind demnach nur Amerikaner beteiligt. Die Gültigkeit des Erfolgshonorarvertrages wäre im Streitfall allein von einem amerikanischen Gericht zu beurteilen; Interesse an der Anerkennung dessen Urteils in Deutschland kann dann aber nicht bestehen.

Anwaltsverträge in Form von ›quota litis‹-Vereinbarungen könnten jedoch ordre-public-Bedenken i.S.v. § 328 I Nr. 4 ZPO auslösen, wenn es um die Anerkennung eines amerikanischen Urteils in einem Produkthaftpflichtprozeß geht und sich zeigen sollte, daß die Jury den von dem erfolgreichen amerikanischen Kläger an seinen Anwalt abzuführenden Streitanteil bewußt mit in die Schadensersatzsumme hat einfließen lassen. Ein derartiger »Kunstgriff« wäre allerdings im Einzelfall zu beweisen, da der bloße Verdacht, daß die Jury bei der Bemessung der Urteilssumme generell so verfahre, sicher nicht zutrifft[32]. Sollte sich diese Annahme trotz Beratungsgeheimnis und fehlender Urteilsbegründung tatsächlich einmal bestätigen, so hat eine nähere Auseinandersetzung mit dem zugrundeliegenden Anwaltsvertrag unter ordre

28 BGHZ 22, 162 ff.
29 BGHZ 44, 183 ff.
30 *Martiny*, Hdb. IZVR III/1, Rz. 1111.
31 *Zeller*, Aspekte der US-Produkthaftpflicht und -Versicherung, WM 1979, 115. Zu Ausnahmefällen, in denen Erfolgshonorarvereinbarungen auch für den mit der Anspruchsabwehr betrauten Anwalt für zulässig erklärt wurden vgl. *Lam*, Toward a Valid Defense Contingent Fee Contract: A Comparative Analysis, 67 Iowa L.Rev. 372 (1982).
32 S. oben, § 6 bei Fn. 77-79.

public-Gesichtspunkten i.S.v. § 328 I Nr. 4 ZPO zu erfolgen, weil dann die unterliegende deutsche Partei die eigentliche Honorarschuldnerin ist.

Der Anerkennungsfähigkeit eines solchen Urteils steht jedoch nicht schon entgegen, daß die Entscheidung eine vom amerikanischen Recht abweichende Regelung zur Prozeßkostenlast enthält; diese Lösung entspricht § 91 ZPO, wonach die unterliegende Partei dem Gegner alle notwendigen Rechtsverfolgungskosten zu erstatten hat, so daß die Berufung auf den prozessualen ordre public hier ausgeschlossen ist[33].

Bei der Prüfung eines amerikanischen Produkthaftpflichturteils hat das deutsche Gericht auch zu beachten, daß die von der deutschen Rechtsprechung entwickelten Grundsätze zur Höhe von Streitanteilen nur begrenzt Verwendung finden dürfen, da sie mit Blick auf Art. 30 EGBGB aufgestellt wurden. Der für die Urteilsanerkennung relevante ordre public-Gedanke des § 328 I Nr. 4 ZPO ist demgegenüber abgeschwächt und erlaubt weitreichende Abweichungen zur deutschen Rechtsprechung[34]. Mit dieser Einschränkung versehen sind die Regeln der Rechtsprechung jedoch grundsätzlich auch als Maßstäbe für die Prüfung eines Urteils heranzuziehen, über dessen Anerkennung ein deutsches Gericht zu entscheiden hat, selbst wenn die ›quota litis‹-Vereinbarung hier nicht im Rahmen eines Anwalt-Mandanten-Verhältnisses, sondern lediglich als Anteil eines Haftpflichturteils zur Beurteilung steht. Danach gilt es festzustellen, ob ein krasses, nicht mehr hinnehmbares Mißverhältnis zwischen der nach deutschem Recht vorgesehenen und derjenigen Vergütung besteht, die dem amerikanischen Rechtsanwalt aufgrund der Streitanteilsvereinbarung für den Erfolgsfall zufließen soll[35]. Bei diesem Vergleich fallen der tatsächlich geleistete Arbeitsaufwand des Honorargläubigers sowie das bei Mandatsübernahme eingegangene Risiko der Erfolglosigkeit besonders ins Gewicht[36].

Auch in den Vereinigten Staaten bildet das Verhältnis zwischen anwaltlicher Arbeitsleistung und dem dafür zu entrichtenden Honorar den Ausgangspunkt einer kontrovers geführten Diskussion um die Angemessenheit von ›contingent fee arrangements‹. Die daraus gewonnenen kritischen Ansätze liefern konkretisierende Anhaltspunkte für die nach § 328 I Nr. 4 ZPO vorzunehmende Abwägung.

33 So auch *Baur*, FS Guldener, 15 f., allgemein für Fälle, in denen das ausländische Gericht gegen zwingendes Vefahrensrecht seiner eigenen Rechtsordnung, nicht aber gegen inländisches Prozeßrecht verstoßen hat. Ausführlicher dazu unten, II. Die folgende Untersuchung zur Angemessnheit von ›Contingent Fees‹ betrifft insofern ausschließlich Fragen des materiellen ordre public von § 328 I Nr. 4 ZPO.

34 S. oben, § 2 D.II.1.

35 BGHZ 44, 189.

36 Ebenda, 190.

Weder die Rechtsprechung noch die anwaltlichen Standesrichtlinien haben sich bislang auf fixe Honorar-Höchstgrenzen festgelegt[37]. Für die Gerichte, die in ›equity‹ über das treuhänderische Mandatsverhältnis zwischen Anwalt und Klient wachen, kommt es darauf an, daß die Gebühr »fair und vernünftig« ist[38]. Ähnlich generalklauselartig verlangt Disciplinary Rule 2-106 (A), daß ein Anwalt nicht eine »illegal or clearly excessive fee« berechnen soll, und in Ethical Consideration 2-17 heißt es auch nur: »a lawyer should not charge more than a reasonable fee ...«.

Der den Anwälten mit diesen wenig griffigen Kriterien beschiedene Spielraum hat zu der bereits erwähnten 1/3-Praxis bei der Mandatsübernahme geführt. Das heißt, der klägerische Anwalt, insbesondere der ›personal injury lawyer‹ schöpft von dem erstrittenen Schadensersatz gewöhnlich 33 1/3% ab und zwar unabhängig von der Höhe der Urteilssumme. Dabei fallen auch nach amerikanischen Maßstäben nicht selten exorbitante Honoraransprüche an. Das gerade bei sehr hohen Streitwerten grobe Mißverhältnis zwischen anwaltlicher Leistung und Entlohnung stößt inzwischen selbst in den Reihen der Anwaltschaft auf einige Kritik[39]. Der Zufallscharakter der Gebührenregelung kommt auch besonders krass bei der gleichzeitigen Übernahme mehrerer Mandate (z.B.: Wahrnehmung der Interessen mehrerer an einem Unfall Beteiligter) durch einen Anwalt zum Ausdruck: In solchen Fällen wird bei im wesentlichen gleichbleibendem Arbeitsaufwand oft ein Mehrfaches dadurch verdient, daß jeder der Mandanten einen Streitanteil in Höhe von 33 1/3% abführt[40].

Ein subjektives Indiz für die potentielle Unausgewogenheit der überwiegenden Gebührenpraxis ergibt darüber hinaus die umgekehrte Ausgangssituation. Es ist nämlich ein unvermindert starkes Interesse an der Mandatsübernahme für die zahlreichen Fälle festzustellen, die neben dem ursprünglich konsultierten Anwalt die Hinzuziehung eines Spezialisten erfordern, der die Klage

37 Einige Geichte schreiben Honorar-Höchstanteile vor; dazu sogleich.

38 Vgl. Anderson v. Kenelly, 37 Colo.App. 217, 547 P.2d 260 (1976), In re Estate of Thompson, 426 Pa. 270, 232 A.2d 625 (1967); Gruskay v. Simenauskas, 107 Conn. 380, 140 A. 724 (1928).

39 Besonders *Grady*, Some Ethical Questions About Percentage Fees, Litigation, Summer 1976, 21 ff., der das Verhältnis zwischen Honorar und Arbeitsaufwand für ein $ 1 Millionen-Verdikt ($ 333.000 für nicht mehr als durchschnittlich 90 Stunden anwaltlicher Tatigkeit!) den korrespondierenden Daten eines $ 4.500 – Urteils ($ 1.500 für durchschnittliche 30 Stunden) gegenüberstellt. Zu beachten ist allerdings, daß die Prozeßvorbereitung von amerikanischen ›law firms‹ regelmäßig mit erheblich höherem Aufwand betrieben wird als dies unter deutschen Anwälten üblich ist.

40 Ebenda, 21 f. Im Vergleich dazu § 6 BRAGO: Bei mehreren Auftraggebern Gebührenspünge i.H.v. nur jeweils 3/10; Obergrenze: Mehrere Erhöhungen dürfen den Betrag von zwei vollen Gebühren nicht übersteigen.

weitestgehend vorbereitet und allein vor Gericht auftritt, sich aber nach der typischen Gebührenteilungsabrede mit dem Erstanwalt mit lediglich zwei Dritteln oder bisweilen nur mit der Hälfte des Gesamthonorars zufriedengeben muß[41].

Die Kritiker der starren Honorarregel gewinnen ein weiteres Argument ähnlicher Qualität aus der Gebührenpraxis zu Schadensersatzklagen wegen Körperverletzung eines Minderjährigen: Hier lassen die Gerichte häufig nur Anwaltsgebühren zu, die weit unter 33 1/3% der Urteilssumme liegen, ohne daß die Betroffenen mehr Schwierigkeiten hätten, einen Rechtsbeistand zu finden als Volljährige in Fällen gleicher Größenordnung[42].

Die Protagonisten der gegenwärtigen Honorarpraxis betonen die Notwendigkeit hoher Gebührensätze im Erfolgsfall, da sie eine Kompensation für die finanziellen Einbußen aus erfolglos geführten Klagen und damit sozusagen den Preis für die zu Lasten der Anwälte gehende Risikoverlagerung darstellten[43]. Auch die Gerichte haben das Argument vom Risikozuschlag bislang als einen wesentlichen Faktor grundsätzlich gelten lassen, wenn sie mit der Angemessenheit von Anwaltsgebühren befaßt waren[44]. Zwei an anderer Stelle bereits verarbeitete Informationen zeigen indessen, daß sich die Überkompensation mit dieser Überlegung kaum rechtfertigen läßt: Einmal besteht unter der Anwaltschaft die Tendenz, Mandate bei kaum erfolgversprechenden Aussichten für die Klage abzulehnen[45]. Nichts anderes gilt für geringe Streitwerte, so daß sich auch nicht etwa vertreten ließe, dem Anwalt müsse ein Ausgleich für arbeitsintensive, aber wenig ertragreiche Fälle zustehen. Zum anderen belegt die hohe Rate von Vergleichen in ›personal injury cases‹[46], die zumeist die Zahlung von Schadensersatz an den Verletzten (also auch Honoraransprüche) begründen[47], daß sich das Risiko für den Anwalt in gut kalkulierbaren Grenzen hält. Bei den wenigen mit einem Urteil endenden Rechtsstreitigkeiten dieser Kategorie halten sich Erfolg und Mißerfolg zwar etwa die Waage[48]; wenn die Kläger und ihre Rechtsanwälte hier häufiger eine Klageabweisung hinnehmen müssen, so ändert das gleichwohl

41 *Mac Kinnon*, a.a.O. (oben, Fn. 1), 181.
42 *Grady*, a.a.O., 23.
43 Vgl. *Mac Kinnon*, a.a.O. (oben, Fn. 1), 28.
44 Z.B. De Graff v. McKesson & Robbins, Inc., 31 N.Y. 2d 862, 292 N.E. 2d 310, 340 N.Y.S. 2d 171 (1972).
45 S. oben, S. 115.
46 S. oben, S. 100.
47 *Franklin, Chanin & Mark*, Accidents, Money, and the Law: A Study of the Economics of Personal Injury Litigation, 61 Colum.L.Rev. 1, 10 ff. (1961).
48 Ebenda. S. auch oben, § 6, Fn. 83.

nichts an der Gesamtbilanz, die einen kompletten Honorarverlust nur für einen geringen Anteil aller Fälle ausweist[49].

Nicht überzeugt von der Rechtfertigung hoher Gebühren mit Risikoerwägungen haben einige Gerichte Honorar-Höchstanteil-Vorschriften entwickelt. Eine Variante sieht tabellarisch vor, daß der Streitanteil zugunsten des Anwalts mit zunehmendem finanziellen Ertrag der Klage (oder des Vergleichs) schrumpft, um Honorar und Arbeitsaufwand in ein angemesseneres Verhältnis zu setzen[50]. Eine andere Lösung mißt die zulässige Höhe der Erfolgsbeteiligung an dem Stadium, in dem sich der Rechtsstreit befindet[51]. Mit Fortschreiten des Verfahrens, so die Überlegung, fällt entsprechend mehr Arbeit an, die höhere Gebühren rechtfertigt. Beide Ansätze haben jedoch kaum Verbreitung gefunden. Ohnehin bedeuten sie nur eine marginale Verbesserung gegenüber der herrschenden Gebührenpraxis, weil die nach ihnen zulässigen Gebührensprünge in vielen Fällen weiterhin in einem stark disproportionalen Verhältnis zur geleisteten Arbeit stehen[52]. Existierende Reformvorschläge, die diese Relation angemessener berücksichtigen[53], haben sich bislang nirgendwo durchsetzen können.

Wie schon eingangs erwähnt, wird es bei Urteilsanerkennungsverfahren nur selten auf die vorgenannten Prüfungskriterien zur Angemessenheit von ›contingent fees‹ ankommen. Dafür müßte im einzelnen dargelegt und bewiesen werden, daß die Jury den eigentlichen Schadensersatzbetrag um einen gedachten Honoraranspruch des Klägervertreters erhöhte[54]. Auch[55] die mit der Untersuchung der »Produkthaftpflichtkrise« betraute Interagency Task Force on Products Liability gelangt zu dem Ergebnis, daß sich das Erfolgshonorarsystem keineswegs in dem Ausmaß wie bisher angenommen auf die Urteilshöhe ausgewirkt hat[56]. Eine Modifikation oder Abschaffung würde im wesentlichen lediglich zu einer anderen Verteilung der ausgeurteil-

49 Nach *Franklin, Chanin & Mark*, a.a.O., beträgt die Verlustquote 10%; *Grady*, a.a.O., 24, setzt sie sogar mit nur 2 1/2 – 5% an.

50 Vgl. z.B. Supreme Court of New Yersey – Rules for Personal Injury Cases: 50% bis $ 1000; 40% für die nächsten $ 2000; 33% für die nächsten $ 47.000, 20% für die nächsten $ 50.000; 10% für jede Summe über $ 100.000.

51 Dazu *Mac Kinnon*, a.a.O. (oben, Fn. 1), 170.

52 Zur Kritik vgl. *Clermont/Currivan*, a.a.O. (oben Fn. 13), 593 f.

53 Ebenda, 578 ff.; auch bei *Schwarz & Mitchell*, An Economic Analysis of the Contingent Fee in Personal Injury Litigation, 22 Stan.L.Rev. 1125, 1154 (1970).

54 Es ist bereits mehrfach angeklungen, daß hiervon die Tendenz amerikanischer Juroren und Gerichte unterschieden werden muß, immaterielle Schäden im Haftpflichtprozeß grundsätzlich höher zu bewerten als wir dies gewöhnt sind.

55 Vgl. schon oben, § 6 bei Fn. 77-79.

56 Final Report, a.a.O. (oben, § 4, Fn.7) VII-58 f., so ebenfalls *Clermont/Currivan*, a.a.O. (oben, Fn. 13), 576.

ten Schadensersatzbeträge zwischen Anwalt und Mandant führen: Dem Kläger käme ein größerer Anteil der erstrittenen Urteilssumme zu.

Steht jedoch im Einzelfall fest, daß die amerikanische Entscheidung Honoraransprüche mit berücksichtigt hat, dann ist die ordre public-Prüfung nach Maßgabe der beiden oben gemachten Einschränkungen aufzunehmen: Einmal ist zu beachten, daß es nicht um die Anwendung ausländischen Rechts geht – der anerkennungsrechtliche ordre public des § 328 I Nr. 4 ZPO ist schwächer geprägt als der des Art. 30 EGBGB. Und selbst wenn die zugrundeliegende ›quota litis‹-Vereinbarung zu (materiellen) ordre public-Bedenken i.S.v. § 328 I Nr. 4 ZPO Anlaß geben sollte, so darf ferner nicht unberücksichtigt bleiben, daß der in Rede stehende Honoraranspruch nur einen Teil des Haftpflichturteils verkörpert. Der grundsätzlich anerkennungsfähige Schadensersatz stellt in der hier gegebenen Fallgestaltung – wenn nicht einen eigenen Streitgegenstand[57] – zumindest einen eindeutig individualisierbaren quantitativen Teil des Gesamtanspruchs dar, der sich von dem beanstandeten Honoraranspruch trennen und im Wege der Teilanerkennung und Teilvollstreckbarerklärung durchsetzen läßt. Zwar enthält das autonome deutsche Recht ausdrückliche Vorschriften weder für die Teilanerkennung noch für das Teilexequatur[58]; die Möglichkeit eines Teilurteils im deutschen Zivilprozeß bei Teilbarkeit des Streitgegenstandes (§ 301 I 2. Alt. ZPO)[59] rechtfertigt diese Vorgehensweise gleichwohl[60].

Anders könnte die Frage zu beurteilen sein, ob dem in der Entscheidung enthaltenen Honoraranspruch die Anerkennung insgesamt versagt bleiben muß. Dagegen spricht, daß nicht der Anspruchsgrund, sondern nur die Höhe des Erfolgshonorars gegen den deutschen ordre public verstößt. Andererseits liegt die für § 301 ZPO notwendige Voraussetzung der Trennbarkeit hier zweifellos nicht vor. Eine von Amts wegen gewährte Teilanerkennung des unbedenklichen Teils eines einheitlichen, auf Geld gerichteten Anspruchs (hier: des Honoraranspruchs) soll nach einer Meinung deshalb ausscheiden: Sie führte zu einer dem Zweitrichter untersagten Nachprüfung und Abänderung der ausländischen Entscheidung und damit zu einer verbotenen ›révision

57 Grundsätzlich dazu *Zöller-Vollkommer*, ZPO (14. Aufl.), Einleitung, Anm. 59 ff.

58 Zu multilateralen und bilateralen Verträgen, die diese Fragen regeln, vgl. *Schütze*, in Geimer/Schütze, Internationale Urteilsanerkennung, Bd. I/1, 1217 ff. und *Geimer*, in Geimer/Schütze, a.a.O., Bd. I/2, 1641 ff.

59 Zur Teilbarkeit des Streitgegenstandes *Zöller-Vollkommer*, a.a.O., § 301, Anm. 3 ff.

60 So auch *Matscher*, Zur Teilanerkennung und zur Teilvollstreckung ausländischer Urteile, FS *Reimer* (1976), 35 (für Exequaturverfahren nach österreichischem Recht); *ders.*, Einige Probleme der internationalen Urteilsanerkennung und -vollstreckung, ZZP 86 (1973), 431 ff.

au fond‹[61]. Diese Argumentation vermag jedoch nicht zu überzeugen; sie stützt sich formal auf das Verbot der ›révision au fond‹, nimmt dabei aber gleichzeitig eine neue Sachentscheidung in Kauf, die einen weit größeren Eingriff in das ausländische Urteil beinhaltet als die bloße Kürzung des beanstandeten Betrages[62]: Der Geschädigte geht nach dieser Sichtweise gänzlich leer aus. Eine amtswegige Herabsetzung des überhöhten Honoraranspruchs auf ein nach § 328 I Nr. 4 ZPO noch hinnehmbares Maß erscheint demgegenüber angemessener und wird dem grundsätzlichen Verbot einer neuen Sachentscheidung auch eher gerecht.

II. Prozeßkostenlast

Eine zunehmende Belastung für beklagte Unternehmen stellt das amerikanische Kostenrecht insofern dar, als das in der Öffentlichkeit bekannter werdende risikomindernde Zusammenspiel zwischen Erfolgshonorar und der von der deutschen Kostenregel des § 91 ZPO grundsätzlich verschiedenen Prozeßkostenlast in den USA das Anspruchsdenken, jedenfalls von Produktgeschädigten, nachhaltig gefördert hat[63]. Nicht höhere Schadensersatzbeträge durch ›contingent fees‹, sondern die vermehrte Geltendmachung von Ansprüchen sind also die Folge der amerikanischen Kostenregeln. Einen Hinweis auf die Richtigkeit dieser Einschätzung enthält der Abschlußbericht der Interagency Task Force, der die steigenden Produkthaftpflichtprämien der Versicherungen u.a. mit den drastisch anwachsenden Kosten zur Anspruchsabwehr erklärt[64].

Diesen Befund nimmt *Schütze*[65] zum Anlaß, prozessuale ordre public-Bedenken gegen die in den Vereinigten Staaten grundsätzlich anders geregelte Prozeßkostenlast zu erheben. Die American Rule ermögliche die risikolose Erpressung von Unternehmen mit »völlig unsinnigen Prozessen«[66], deren vorzeitige vergleichsweise Beilegung mit einer eigentlich unberechtigten

61 *Matscher*, FS *Reimer*, a.a.O., 38; Teilanerkennung und Vollstreckbarkeit sollen nur möglich sein, wenn der Urteilsgläubiger von sich aus einen auf den unbedenklichen Teil beschränkten »Exekutionsantrag« stellt: ebenda, 39.

62 So auch zutreffend *Martiny*, Hdb. IZVR III/1, Fn. 3046.

63 Dazu auch schon oben, A.

64 Vgl. dazu Final Report, a.a.O., VII-57: Neben jedem an Geschädigte gezahlten Schadenersatz-Dollar haben die Versicherungen jeweils zusätzliche Regulierungskosten (sog. adjustment expenditures) i.H.v. 35-42 Cents zu tragen. 85% dieser Sonderausgaben gehen an die mit der Anspruchsabwehr beauftragten Rechtsanwälte.

65 WM 1979, 1176.

66 Ebenda.

Zahlung an den Kläger von der Beklagten wegen der hohen Kosten für die Anspruchsabwehr in Erwägung gezogen werden müsse.

Diese Ansicht hält einer Überprüfung in mehrfacher Hinsicht nicht stand. Bezogen auf den ordre public übersieht sie das Gebot der Einzelfallüberprüfung für § 328 I Nr. 4 ZPO, wonach, wie für Art. 30 EGBGB, nicht eine allgemein systematische Abweichung, sondern ausschließlich das konkrete Ergebnis der Anwendung ausländischen Rechts gegen grundlegende Verfahrensprinzipien des deutschen Rechts verstoßen können[67]. Es gibt aber keinen denkbaren Fall, in dem das Ergebnis der angewendeten American Rule aus verfahrensrechtlichen ordre public-Gründen hinderlich für die Anerkennung eines amerikanischen Urteils gegen die deutsche Beklagte sein könnte[68]. Denn diese kostenrechtliche Lösung stellt die unterliegende deutsche Partei sogar noch besser als § 91 ZPO[69].

Bedenklich verkürzend ist die Ansicht *Schütze*s, wenn sie als generell rechtspolitische Kritik an der abweichenden Prozeßkostenlast zu verstehen sein sollte. Mißbräuche in Form sogenannter ›strike suits‹ (auch: nuisance suits), die ohne zugrundeliegenden Anspruch von vornherein auf das vergleichsweise Einlenken des Gegners und nicht auf eine Prozeßdurchführung zielen, werden von der klägerfreundlichen Regel unbestritten gefördert[70]. Die oben angestellten Erwägungen legen aber nahe, daß die Dynamik amerikanischen Kostenrechts vollständig nur zu erfassen ist, wenn auch andere Aspekte Berücksichtigung finden: Die American Rule kann sich vielfach prohibitiv auf das Streitverhalten von potentiell Klagewilligen auswirken[71]. Ferner wird der streitfördernde Effekt, der bei individuell Betroffenen in Fällen mit unsicheren Erfolgsaussichten und Streitwerten besonders in Erscheinung tritt[72], durch ein gegenläufiges anwaltliches Interesse in dieser Fallgruppe oft neutralisiert. Die Mandatsübernahme für rein spekulative Klagen mag dann ausscheiden, da der auf Erfolgshonorarbasis arbeitende Rechtsanwalt das Kostenrisiko für die Klageabweisung nicht zu tragen gewillt ist[73]. Zu erinnern ist schließlich

67 S. oben, § 2 D.II.1. und § 6 F.

68 So, für die Prozeßkostenlast allgemein, *Martiny*, Hdb. IZVR III/1, Rz. 1111.

69 Das erkennt auch *Schütze*, a.a.O. – um so eigenartiger mutet seine Schlußfolgerung an.

70 Dazu *Kötz*, in Homburger/Kötz, Klagen Privater im öffentlichen Interesse, 86 (1975).

71 Oben, Fn. 13.

72 Vgl. *Koch*, Prozeßführung im öffentlichen Interesse, 162.

73 S. oben, S. 115. Zudem hat sich das Kostenrisiko durch die 1983 in Kraft getretene Neufassung von Rule 11 der Fed.R.Civ.Proc. für ›strike suits‹ vor Bundesgerichten noch erhöht: Danach kann neben dem Kläger auch dem Anwalt der mißbräuchlich klagenden Partei unter erleichterten Voraussetzungen die Erstattung der gegnerischen Ausgaben – einschließlich Anwaltskosten – aufgegeben werden. Dazu ausführlich *Jestaedt*, Erstattung von Anwaltskosten im US-Prozeß? RIW 1986, 95 ff. Praktisch nur selten erfolgversprechend, immerhin jedoch

daran, daß die American Rule dort, wo sie gemeinsam mit der Erfolgshonorarabrede anspruchsanimierend wirkt, begründete Ansprüche gerade auch von Unterbemittelten durchzusetzen verhilft, die unter anderen kostenrechtlichen Bedingungen aus Risikoerwägungen gar nicht erst anhängig gemacht worden wären[74].

nicht ganz auszuschließen, ist die in der Mehrzahl aller Jurisdiktionen vorgesehene Schadensersatzklage wegen eines böswillig eingeleiteten Zivilverfahrens. Die früher nur für Strafverfahren einschlägige Anspruchsgrundlage ›malicious prosecution‹ gewährt dort Schadensersatz unter folgenden Tatbestandsvoraussetzungen: Die Einleitung des Verfahrens durch den (jetzigen) Beklagten in böser Absicht und ohne hinreichenden Grund; die Prozeßbeendigung (durch Urteil) zugunsten des (jetzigen) Klägers; ein Schaden, der durch die böswillige Verfahrenseinleitung entstanden ist (insb. Anwaltsgebühren des jetzigen Klägers im Erstverfahren). Zum Ganzen ausführlich: *Prosser*, Torts, 850 ff.; vgl. auch Restatement (Second) of the Law of Torts §§ 674 ff. Anwälte haften unter den gleichen Bedingungen, wenn sie mißbräuchlich eine Verfahrenseinleitung anregen und herbeiführen; vgl. Munson v. Linnick, 255 Cal. App. 2d 589, 63 Cal. Rptr. 340, 27 A.L.R. 3d 1104 (1967). Aus der deutschen Literatur: *Hopt*, Schadensersatz aus unberechtigter Verfahrenseinleitung (1969), 46 ff.

74 S. oben, S. 114.

§ 9 Discovery[1]

Was hierzulande nicht selten als unzulässiger Ausforschungsbeweis gewertet wird[2], bedeutet für den amerikanischen Zivilprozeß und dessen strenge Beweisregeln ein nicht mehr wegzudenkendes Element: Discovery, ein Beweisermittlungsverfahren, das darauf zielt, den Prozeßparteien umfassenden Zugang zu Beweismaterial bereits vor der Hauptverhandlung[3] (pretrial phase) zu verschaffen.

Der Darstellung des Verfahrens (A.) schließt sich eine kurze Bewertung zu dessen Bedeutung für die nach Art. 12 EGBGB notwendige Rechtsvergleichung an (B.). Alsdann soll überprüft werden, ob ein amerikanisches Haftpflichturteil dadurch gegen den prozessualen ordre public des § 328 I Nr. 4 ZPO verstößt, daß die vorangegangene Discovery die Grenzen der Ausforschung – nach deutschem Verständnis – überschritten hat (C.). Eine spezielle Ausformung dieses Problems stellt Discovery mit Auslandsberührung dar: Amerikanische Gerichte gehen zunehmend dazu über, sanktionsbewehrte Beweisermittlungsersuchen an ausländische Parteien zu richten, ohne dabei den Weg formaler Rechtshilfe nach dem Haager Beweisübereinkommen zu beschreiten. Ob diese Vorgehensweise prozessualen ordre public-Bedenken i.S.v. § 328 I Nr. 4 ZPO begegnen muß oder nicht, wird letzter Gegenstand der Untersuchung sein (D.).

A. Das Verfahren

I. Die Entwicklung

Die Ursprünge von Discovery lassen sich bis auf die alten Verfahrensformen vor dem Court of Chancery in England zurückverfolgen, wo anfänglich das

1 Aus dem deutschsprachigen Schrifttum dazu *Mentz*, Das »Pre-Trial Discovery« Verfahren im US-amerikanischen Zivilprozeßrecht, RIW 1981, 73 ff.; *von Hülsen*, Gebrauch und Mißbrauch US-amerikanischer »pre-trial discovery« und die internationale Rechtshilfe, RIW 1982, 225 ff.; *Stiefel*, »Discovery«-Probleme und Erfahrungen im deutsch-amerikanischen Rechtshilfeverkehr, RIW 1979, 509 ff.; *Lowenfeld*, Discovery-Verfahren und internationale Rechtshilfe, IPRax 1984, 51 ff.

2 Dazu unten, C.

3 Aber nach Anhängigkeit des Rechtsstreits, Fed.R.Civ.Proc. Rule 26 (b)(I): ›pending action‹.

Equity-Institut der ›bill of particulars‹ den Parteien zunächst jedoch nur eine stärkere Substantiierung ihres Tatsachenvortrages aufgab[4]. Im begrenzten Umfang war es den Parteien in England vom 18. Jahrhundert an gestattet, Informationen von der Gegenseite durch an sie gerichtete schriftliche Beweisfragen (interrogatories) schon vor der Hauptverhandlung einzuholen[5]. Beschränkt war auch die gegenseitige Vorlagepflicht von Urkunden: Die beantragende Partei hatte die Urkunde genau zu bezeichnen und ferner ausreichend darzulegen, daß sie für den Rechtsstreit von Bedeutung war und sich im Besitz des Gegners befand[6].

Auch in den Vereinigten Staaten wurde Discovery zunächst nur sehr begrenzt und fast ausschließlich im Rahmen der Equity-Gerichtsbarkeit praktiziert. Insbesondere die Common Law-Gerichte auf Bundesebene ließen das Verfahren bis auf seltene Ausnahmen anfänglich nicht zu[7]. Einzelstaatliche Gerichte begannen zwar im Zuge erster Kodifikationen amerikanischen Zivilprozeßrechts während des 19. Jahrhunderts (hauptsächlich infolge vermehrter einzelstaatlicher Rezeption des New Yorker Field Codes aus dem Jahre 1848) demgegenüber großzügiger zu verfahren und Discovery häufiger und im Einzelfall weiterreichender zuzulassen[8]. Die endgültige Abkehr von den traditionellen Beschränkungen wurde jedoch erst mit den 1938 in Kraft getretenen Federal Rules of Civil Procedure vollzogen[9], die einen weiten Anwendungsrahmen für die unterschiedlichen Methoden des Beweisermittlungsverfahrens in Rechtsstreitigkeiten vor Bundesgerichten erschlossen. Zahlreiche seitdem vorgenommene Novellierungen der Discovery-Regeln haben den Umfang möglicher Tatsachenermittlung vor der Hauptverhandlung im wesentlichen[10] nicht beschnitten[11]. Einzelstaatliches Prozeßrecht wurde diesen Bundesvorschriften vielfach nachgestaltet und fällt heute entsprechend ähnlich, z.T. sogar identisch aus[12].

4 Zur Geschichte: Note, Developments in the Law-Discovery, 74 Harv.L.Rev. 940, 946 ff. (1961).
5 Ebenda, 947.
6 Ebenda.
7 Ebenda, 949 f.
8 Ebenda, 950.
9 Verkündet durch den Supreme Court in 308 U.S. 645 (1939). Zur Entstehung und dem Rechtsquellen-Charakter der Federal Rules vgl. *Koch*, Kollektiver Rechtsschutz im Zivilprozeß (1976), 26. ff.
10 Zur jüngsten Novellierung aus dem Jahr 1983, die einige Beschränkungen vorsieht, s. unten, V.
11 Vgl. *Louisell/Hazard*, Pleading and Procedure, 819 (1983).
12 Vgl. *Harv.L.Rev.*, a.a.O. (oben, Fn. 4), 951. Deshalb soll im folgenden auch von den Federal Rules ausgegangen werden.

II. Methoden

Die Federal Rules[13] sehen fünf verschiedene Methoden der Beweisermittlung vor[14]:

Rules 30/31	(deposition upon oral examination/written questions): Eine Partei bzw. ihr Parteivertreter richtet mündlich oder schriftlich Fragen an jede beliebige Person, einschließlich der Gegenpartei. Die Anwesenheit von Zeugen kann mit einer besonderen Ladung, der sogenannten subpoena (Rule 45) erzwungen werden[15]. Die Befragten haben mündlich und unter Eid in Abwesenheit des Gerichts auszusagen, das lediglich durch einen Protokollbeamten (officer) vertreten ist. Die mündliche Befragung darf gleich einer Vernehmung durch Anwälte in der Hauptverhandlung nach den Regeln von Verhör und Kreuzverhör ablaufen, Rule 30(c). Die schriftliche Befragung erfolgt durch einen ›officer‹, der dem zu Vernehmenden die vorformulierten Fragen einer im Termin nicht anwesenden Partei verliest und seine Antworten zu Protokoll nimmt, Rule 31(b) i.V.m. Rule 30(c).
Rule 33	(interrogatories to parties): Es handelt sich um schriftliche Beweisfragen[16], die nur der Gegenpartei gestellt werden dürfen und von ihr schriftlich und unter Eid innerhalb einer Regelfrist von dreißig Tagen nach Zustellung zu beantworten sind, Rule 33(a).
Rule 34	(production of documents and things and entry upon land for inspection and other purposes): Zur Vorlage von Dokumenten, sonstigen Gegenständen sowie zur Einwilligung in eine Ortsbesichtigung (Beispiel: Inspektion eines Betriebsgeländes) kann eine Partei sowohl den Gegner als auch Zeugen zwingen. Letztere sind von dem Ermittlungsbegehren der

13 Im folgenden auch Rule(s) genannt.

14 Ausführlicher Überblick über die Methoden bei *Mentz*, a.a.O. (oben, Fn. 1), 73 ff.

15 Bei Nichterscheinen können Ordnungsstrafen ausgesprochen werden. Erscheint eine Partei nicht, oder sucht sie erlaubte Discovery auf andere Art zu verhindern, muß sie mit Sanktionen nach Rule 37 rechnen, die bis zum Erlaß eines Versäumnisurteils gegen sie reichen können. Näheres bei *Mentz*, a.a.O., 78 und *Black/Lange*, Civil Litigation in the United States: A Practical Guide for German Companies, 64 f. (1985).

16 Zumeist in Form ganzer Fragenkataloge; Beispiele bei *Zeller*, VW 1979, 116 ff.

Partei mit einer gerichtsunabhängig zugestellten ›subpoena duces tecum‹ vorher besonders in Kenntnis zu setzen[17].

Rule 35 (physical and mental examination of persons): Insbesondere in ›personal injury cases‹ nutzt der Beklagte häufig diese Möglichkeit und setzt die ärztliche Untersuchung des Klägers durch, um sich über das tatsächliche Ausmaß der Verletzungen zu informieren[18].

Rule 36 (requests for admission): Mit der Aufforderung zum Zugeständnis von Tatsachenbehauptungen kann eine Partei z.B. in Erfahrung bringen, ob die andere die Echtheit einer Urkunde bestreitet oder zugesteht. Die frühe Trennung von streitigen und unstreitigen Tatsachen ist einer größeren Prozeßökonomie förderlich, da sie das Hauptverfahren zeitlich entlasten hilft[19].

Unmittelbare gerichtliche Überwachung findet nur für die ärztliche Untersuchung statt; als besonderer Eingriff in die Persönlichkeitssphäre des Betroffenen erfordert sie gem. Rule 35(a) einen Gerichtsbeschluß »for good cause shown«[20]. Die anderen Methoden des Beweisermittlungsverfahrens liegen grundsätzlich[21] allein in den Händen der Parteien, es sei denn, die von Discovery betroffene Person weigerte sich, dem Ermittlungsgesuch nachzukommen. Dann erst fällt die endgültige Entscheidung dem Gericht zu[22].

III. Umfang

Der Umfang der Offenlegungspflichten erstreckt sich auf alle nicht priviligierten Materialien, die relevant für den Streitgegenstand des anhängigen Verfahrens sind[23]. Dem Ermittlungsverlangen steht dabei nicht entgegen, daß die Information, um die nachgesucht wird, den für die Hauptverhandlung geltenden strengen Beweisregeln (Rules of Evidence) nicht genügt. Insbesondere hiermit kommt der gewollt weite Anwendungsrahmen deutlich zum

17 *Louisell/Hazard*, a.a.O. (oben, Fn. 11).

18 *Mentz*, a.a.O. (oben, Fn. 1), 76 mit weiteren Anwendungsfällen.

19 Ebenda, 77.

20 Da das ärztliche Gutachten für beide Parteien von Bedeutung ist, wird hierüber praktisch jedoch nur selten gestritten; vgl. *James*, Civil Procedure, 196 (1965).

21 Nach der 1983 in Kraft getretenen neuen Rule 16 soll verstärkte gerichtliche Kontrolle im Rahmen der ›pretrial conferences‹ ausgeübt werden.

22 *Black/Lange*, a.a.O. (oben, Fn. 15), 53.

23 Rule 26 (b)(1) lautet hierzu im Originaltext: »... regarding any matter, not privileged, which is relevant to the subject matter, involved in the pending action...«.

Ausdruck. Discovery soll selbst vor Tatsachen nicht haltmachen, die in der Hauptverhandlung als unzulässiges Beweismaterial gar nicht verwertbar wären. Die Zulässigkeitsvoraussetzung besteht lediglich darin, daß die beweisrechtlich unverwertbare Information bei vernünftiger Betrachtungsweise dazu dient, weiteres, zulässiges Beweismaterial zu entdecken[24].

Die große praktische Reichweite und Wirksamkeit dieses Konzepts haben sich beispielhaft in dem schon geschilderten Rechtsstreit Grimshaw v. Ford Motor Co.[25] gezeigt: Die berühmt gewordene Kosten-/Nutzen-Rechnung, mit der die Ford-Werke die Haftpflichtrisiken bewußt in Kauf nahmen, wurde durch Discovery entdeckt[26]. Das Verfahren kann damit zum tauglichen Mittel für den Kläger werden, selbst komplette Planungs- bzw. Produktionsprozesse zu erforschen, um dabei auf eine haftungsrelevante Tatsache zu stoßen, die einen Vorwurf überhaupt erst substantiierbar macht[27].

IV. Funktionen

Das Leitmotiv für intensive gerichtsunabhängige Beweisermittlung entspricht der klassischen anglo-amerikanischen Vorstellung von einem auf starke Parteiherrschaft angelegten Zivilverfahren, dem ›adversary system‹: Die Parteien sollen sich möglichst frühzeitig umfassend mit allen Aspekten des Falles vertraut machen dürfen, um ihn in der alles entscheidenden mündlichen Verhandlung abschließend, d.h. jeweils vollständig und bestmöglich zu eigenen Gunsten präsentieren zu können. Der eigentliche Prozeß ist mithin von etwaigen Überraschungen freizuhalten, die sich benachteiligend für eine Partei auswirken könnten[28].

Eine weitere Funktion von Discovery wird hier erkennbar: Die von den Parteien rigoros betriebene Sachverhaltsaufklärung dient ebenfalls prozeßökonomischen Erwägungen. Denn unvorhergesehene Tatsachen, die erst in der Hauptverhandlung bekannt werden, können den zeitlich reibungslosen Ablauf des Verfahrens, das ohne Unterbrechung abgeschlossen werden soll,

24 Rule 26 (b)(1): »It ist not ground for objection that the information sought will be inadmissible at trial if the information sought appears reasonably calculated to lead to the discovery of admissible evidence.«

25 Vgl. oben S. 92.

26 Vgl. den Bericht darüber bei *Zeller*, VW 1979, 120 f. Andere Beispiele bei *von Hülsen/Brüning-Brinkman*, RIW 1985, 187.

27 *Koch/Zekoll*, RIW 1985, 840.

28 *Louisell/Hazard*, a.a.O. (oben, Fn. 11), 818; *Mentz*, a.a.O. (oben, Fn. 1); Harv.L.Rev., a.a.O. (oben, Fn. 4), 945.

in Frage stellen[29]. Die außergerichtliche Aufforderung zu Zugeständnissen von Tatsachenbehauptungen gem. Rule 36 wird dem Anspruch in besonderer Weise gerecht; mit der Beschränkung auf die wirklich streitigen Tatsachen lassen sich überflüssige zeit- und kostenintensive Beweisantritte in der Hauptverhandlung vermeiden[30].

Das Beweisermittlungsverfahren kann schließlich[31] auch einer erhöhten Vergleichsbereitschaft auf der Grundlage rationaler Kriterien förderlich sein: Intensive und frühe Sachverhaltsaufklärung zwingt die Prozeßparteien, ihre Standpunkte im Licht der aufgedeckten Tatsachen zu überdenken und evtl. vergleichsweise einzulenken, wenn die Fortsetzung des Rechtsstreits danach sinnlos erscheint[32]. Die gesteigerte Vergleichsbereitschaft ist seit der jüngsten Novellierung der Discovery-Regeln in den Federal Rules sogar erklärtes[33] Ziel der ›pretrial conference‹, in der unter Vorsitz des Richters oder eines Gerichtsbeamten (magistrate) u.a. Vergleichsmöglichkeiten mit den Parteien erörtert werden sollen.

Der unbestritten große Einfluß von Discovery und Pretrial Conference auf die hohen Vergleichsraten in amerikanischen Zivilprozessen[34] hat freilich auch eine bedenkliche Kehrseite, die die nicht unerwähnt bleiben darf: Das Verfahren kann leicht zur Belästigung und Einschüchterung des Gegners mißbraucht werden, da es äußerst teuer und zeitintensiv für den Betroffenen sein kann, dem Ersuchen auf Sachverhaltsaufklärung nachzukommen und seinerseits mit eigenen Ermittlungsanträgen zu reagieren. Ausgedehnte Discovery, die endlose schriftliche Befragungen, mündliche Vernehmungen und Aufforderungen zur Vorlage von (im Extremfall tausenden) Dokumenten beinhaltet, ist so oft gleichbedeutend mit einer finanziellen Drohung[35], die selbst wirtschaftlich starke Unternehmen zur Annahme unangemessener Vergleichsbedingungen veranlassen kann[36]. Damit erst erhält das mißbräuchliche Zivilverfahren, das ausschließlich wegen eines Vergleichs, nicht aber zur

29 Ebenda.

30 *Mentz*, a.a.O., 77.

31 Für weitere Funktionen von Discovery, siehe *Mentz*, a.a.O., 74; auch Harv.L.Rev., a.a.O., 944.

32 Harv.L.Rev., 946; sonst wie Fn. 28.

33 Dies kommt in der 1983 neugefaßten Rule 16 gleich zweimal – in (a)(5) und (c)(7) – zum Ausdruck. Damit wurde allerdings nur kodifiziert, was informell schon unter der alten Rule 16 weitverbreitete Praxis war.

34 Daneben sind jedoch auch noch andere Faktoren für die hohen Raten verantwortlich; dazu oben, § 6 bei Fn. 122.

35 Denn die amerikanische Regel zur Prozeßkostenlast gilt auch hier: Die obsiegende Partei erhält die für Discovery erbrachten Aufwendungen grundsätzlich nicht erstattet.

36 *Stiefel*, RIW 1979, 518.

Prozeßdurchführung angestrengt wurde, seinen wahren ›nuisance value‹[37]. Für den Kläger mit einem nur geringen Anspruch scheidet Discovery andererseits häufig aus, weil er die hohen Kosten dafür nach der American Rule grundsätzlich selbst, unabhängig vom Ausgang des Rechtsstreits, zu tragen hat. Das Verfahren lohnt sich zumeist also erst bei mittleren und hohen Streitwerten, aus denen im Erfolgsfall die Kosten finanziert werden können.

V. Beschränkungen

Der weite Anwendungsbereich von Discovery findet dort seine Grenzen, wo Schutzrechte von Betroffenen unangemessen beeinträchtigt werden. Potentiellen Schutz gegen die geschilderte Mißbrauchspraxis bietet eine ›protective order‹ gem. Rule 26(c), die ein Gericht auf Antrag erlassen kann, wenn die Durchführung von Discovery zu unzumutbaren Härten wie etwa unbilliger Kostenbelastung führen würde[38]. Mit der gerichtlichen Schutzverfügung kann z.B. die Offenlegung von Geschäftsgeheimnissen oder anderer vertraulicher kommerzieller Informationen entweder ganz verhindert oder doch zumindest in einer vom Gericht besonders bezeichneten Weise angeordnet werden[39]. Allein, der Konflikt zwischen dem rechtspolitisch begründeten Interesse an möglichst umfassender Sachverhaltsaufklärung auf der einen Seite und dem Bestreben, das Verfahren von Mißbräuchen freizuhalten andererseits, ist in der Vergangenheit überwiegend zugunsten der Discovery-ersuchenden Partei entschieden worden[40]. Richterliche Intervention zur Sicherung von Schutzrechten Betroffener blieb die Ausnahme[41].

Die große Zurückhaltung der Gerichte bei der Bewilligung von Schutzverfügungen ist jedoch auf wachsende Kritik wegen der dadurch begünstigten Mißbrauchsmöglichkeiten gestoßen[42], die schließlich in der jüngsten Novellierung der Federal Rules (1983) Ausdruck gefunden hat. Ergänzungen zu Rule

37 Ebenda. Das hat sich konsequenterweise in den neugefaßten Federal Rules niedergeschlagen: Die dort vorgesehenen Sanktionsmöglichkeiten gegen diese Mißbrauchspraxis sind den Eingriffsmöglichkeiten gegen ›strike suits‹ angeglichen; dazu auch sogleich.

38 Die Kriterien in Rule 26 (c) sind: » annoyance, embarrassment, oppression, or undue burden or expense«.

39 Näheres bei *Mentz*, a.a.O. (oben, Fn. 1), 78.

40 Vgl. 8 *Wright & Miller*, Federal Practice and Procedure: Civil §§ 2036 ff. (1970).

41 Siehe z.B. Carlson Cos. v. Sperry & Hutchinson Co., 374 F. Supp. 1080 (D.Minn. 1974).

42 Vgl. *Brazil*, Civil Discovery: Lawyers' Views of its Effectiveness, Its Principal Problems and Abuses, Am.Bar Found. Res.J. 791 (1980); *ders.*, Adversary Charakter of Civil Discovery: A Critique and Proposals for Change, 31 Van.L.Rev. 1259 (1978); Note, The Emerging Deterrence Orientation in the Imposing of Discovery Sanctions, 91 Harv.L.Rev. 1033 (1978).

26(b) präzisieren die Voraussetzungen, unter denen eine ›protective order‹ erlassen werden muß. Danach ist die Sachverhaltsaufklärung zu beschränken, wenn Discovery einer unangemessenen Anhäufung von Informationen oder deren wiederholten Bestätigung dient, oder wenn sie aus anderer Quelle bequemer, weniger belastend oder billiger zu haben ist; wenn die Discovery-ersuchende Partei schon ausreichend Gelegenheit gehabt hat, die gewünschte Information zu erlangen; oder wenn Discovery unangemessen belastend und teuer ist – dies gemessen an den besonderen Bedürfnissen des Falles, dem Streitwert, den begrenzten Mitteln der Parteien sowie der Bedeutung der zur Entscheidung stehenden Streitfragen[43].

Besondere Bedeutung erlangt die Novellierung der Federal Rules durch die aktive Rolle, die den Gerichten bei der Anwendung dieser Kriterien zugedacht ist. In Abkehr von dem Grundsatz der strikten Parteiherrschaft sollen Gerichte nun, ohne den Antrag eines Betroffenen abwarten zu müssen, von Amts wegen mit einer Schutzverfügung regulierend auf das Discovery-Verfahren Einfluß nehmen, wenn es zum mißbräuchlichen Druckmittel gerät[44]. Gelegenheit, Kenntnis von dem Mißbrauch zu erlangen, bietet sich dem Gericht in der ›discovery-conference‹[45], die es auch von Amts wegen einberufen und unter Beteiligung der Anwälte mit dem Ziel größerer Verfahrensökonomie durchführen kann[46].

Eine weitere Ergänzung zu rule 26(Abs. g) setzt dort an, wo die Auswüchse des Beweisermittlungsverfahrens entstehen: Discovery-Ersuchen, darauf ergehende Antworten oder Einwendungen einer anwaltlich vertretenen Partei haben nun stets die Unterschrift eines prozeßbevollmächtigten Rechtsanwalts zu tragen. Mit der Unterschrift versichert der Anwalt u.a., daß er das Ersuchen, die Antwort oder Einwendung gelesen hat und daß damit nach seinem besten Wissen und Gewissen sowie nach angemessener Prüfung keine unbillige Belastung oder Kosten verbunden sind[47]. Bei Verstößen gegen diese

43 Im englischen Text lauten die Zusätze zu Rule 26 (b)(1): »The frequency or extend of use of the discovery methods set forth in subdivision (a) shall be limited by the court if it determines that: (i) the discovery sought is unreasonably cumulative or duplicative, or is obtainable from some other source that is more convenient, less burdensome, or less expensive; (ii) the party seeking discovery has had ample opportunity by discovery in the action to obtain the information sought; or (iii) the discovery is unduly burdensome or expensive, taking into account the needs of the case, the amount in controversy, limitations on the parties' resources, and the importance of the issues at stake in the litigation«.

44 »The court may act upon its own initiative after reasonable notice or pursuant to a motion under subdivision (c)«.

45 Dazu *Mentz*, a.a.O., 75.

46 Rule 26 f., eingeführt 1980.

47 Dazu heißt es im Originaltext: »... The signature of the attorney ... constitutes a certification that he has read the request, response, or objection, and that to the best of his knowledge, information, and belief formed after a reasonable inquiry it is: (1) consistent with these rules

Vorschrift kann das Gericht auf Antrag – aber auch von Amts wegen – Sanktionen gegen den verantwortlichen Anwalt und/oder gegen die Partei aussprechen, die z.B. eine Erstattung von angemessenen Anwaltsgebühren an die Gegenseite einschließen dürfen[48]. Folgerichtig entspricht diese Regelung damit in Tatbestandsvoraussetzungen und Rechtsfolgen der ebenfalls neugefaßten Rule 11, mit der die mißbräuchliche Einleitung eines Zivilverfahrens sanktioniert werden soll[49]. Denn ausufernde Discovery ist im Rahmen eines ›strike suit‹ oft das entscheidende Druckmittel, mit dem sich ein unangemessener Vergleich durchsetzen läßt.

Ob und ggf. inwieweit die Neufassung der Federal Rules eine stärkere gerichtliche Kontrolle und vermehrte Interventionen tatsächlich zur Folge haben wird, läßt sich bislang nicht absehen. Immerhin weisen die vorgenommenen gesetzlichen Änderungen auf die allgemein wachsende Sensibilität gegenüber groben Exzessen hin. Andererseits wäre es verfehlt, grundlegende Änderungen am Umfang der Discovery-Praxis zu erwarten. Es handelt sich nur um den Versuch einer stärkeren Mißbrauchsbekämpfung; die Grundsätze des auf rigorose Sachverhaltsaufklärung angelegten Beweisermittlungsverfahrens[50] dürften davon kaum betroffen sein. Das zeigt nicht zuletzt auch der den Federal Rules zugrundeliegende duale Mißbrauchsbegriff: Die Regeln richten sich nämlich nicht nur gegen übermäßige Discovery; sie fordern gleichermaßen zu Sanktionen auf, wenn eine Partei das Informationsbegehren der Gegenseite mit ausweichenden oder unvollständigen Antworten zu beschränken oder zu vereiteln sucht[51].

Auch die von der Rechtsprechung entwickelten Privilegien[52] betreffen nur relativ eng begrenzte Ausnahmefälle zur Sicherung von Schutzrechten Betrof-

and warranted by existing law or a good faith argument for the extension, modification, or reversal of existing law; (2) not interposed for any improper purpose, such as to harass or to cause unnecessary delay or needless increase in the cost of litigation; and (3) not unreasonably or unduly burdensome or expensive, given the needs of the case, the discovery already had in the case, the amount in controversy, and importance of the issues at stake in the litigation ...«.

48 Zu den Sanktionen lautet der englische Text von Rule 26(g): »... If a certification is made in violation of the rule, the court, upon motion or upon its own initiative shall impose upon the person who made the certification, the party on whose behalf the request, or objection is made, or both, an appropriate sanction, which may include an order to pay the amount of the reasonable expenses incurred because of the violation, including a reasonable attorney's fee.«

49 Siehe oben, Fn. 37.

50 Als ›leading case‹ für den grundsätzlich weiten Anwendungsrahmen von Discovery gilt noch immer die Supreme Court-Entscheidung Hickman v. Taylor, 329 U.S. 495, 67 S.Ct. 385, 91 L.Ed. 451 (1947).

51 Vgl. Rule 37; auch die Sanktionen der neuen Rule 26 (g) können bei Behinderung von Discovery verhängt werden. Zu dieser Form des Mißbrauchs, *Brazil*, Am.Bar Found.Res.J. 791 (1980).

52 Dazu *Nagel*, Internationales Zivilprozeßrecht, (1984), Rdn. 387.

fener und sind entsprechend selten zur Abwehr von Discovery geeignet. Das ›attorney-client privilege‹ verhindert z.B. die Offenlegung von Kommunikation, die zwischen dem Mandanten und seinem Rechtsanwalt stattgefunden hat. Die Betonung liegt hier freilich auf Kommunikation; Tatsachen, die dem Mandanten schon vorher bekannt waren, sind nicht etwa deshalb vor Aufdeckung geschützt, weil er auf sie im Verlauf des Gesprächs Bezug genommen hat[53].

Die ›work-product immunity‹ garantiert dem Anwalt, daß er auf keinen Fall eigene, persönliche Eindrücke preiszugeben braucht. Die materiellen Arbeitsunterlagen genießen durch dieses Privileg keinen absoluten Schutz; sie müssen allerdings nur herausgegeben werden, wenn die ersuchende Partei einerseits dartun kann, daß die Unterlagen von wesentlicher Bedeutung für sie sind, und es andererseits eine unbillige Härte für sie darstellte, die notwendigen Informationen aus anderer Quelle zu beschaffen[54].

Einschränkungen unterliegt auch der fünfte Zusatzartikel zur amerikanischen Verfassung, wonach natürliche Personen nicht gezwungen werden können, sich in strafrechtlicher Hinsicht selbst zu bezichtigen. Dieses ›privilege against self incrimination‹ läßt sich nur solange gegen Discovery ins Feld führen, wie die Gefahr strafrechtlicher Verfolgung tatsächlich besteht, entfällt also z.B. nach rechtskräftiger Verurteilung[55]. Gesellschaften können sich ohnehin nicht auf diesen Schutz berufen[56].

B. Die Bedeutung für Art. 12 EGBGB

Das amerikanische Beweisermittlungsverfahren ist ein weiterer Beleg für die Relativität materiellen Rechts. Die Wirkung aller Anspruchsgrundlagen im amerikanischen Produkthaftpflichtrecht – einschließlich Strict Liability – hängt im hohen Maß von der erfolgreich durchgeführten Sachverhaltsermittlung ab. Häufig läßt sich erst dadurch eine Klage schlüssig machen. In dem

53 Vgl. Upjohn Co. v. United States 449 U.S. 383, 101 S.Ct. 677, 66 L.Ed. 2d 584 (1981); City of Philadelphia v. Westinhouse Electric Corp., 205 F. Supp. 830, 831 (E.D.Pa. 1962).

54 Vgl. Hickman v. Taylor (Fn. 50); die tragenden Grundsätze dieser Entscheidung wurden in die Novellierung der Federal Rules von 1970 mit aufgenommen und finden sich seitdem – in dieser kodifizierten Form – in Rule 26 (b)(3).

55 Allgemein auch *Heidt*, Conjurer's Circle: The Fith Amendment Privilege in Civil Cases, 91 Yale L.J. 1062 (1982).

56 *Stürner*, Der Justizkonflikt zwischen U.S.A. und Europa, in: Der Justizkonflikt mit den Vereinigten Staaten von Amerika *(Walter J. Habscheid, Hrsg.)*, 16.

nach Art. 12 EGBGB vorzunehmenden Vergleich zwischen deutschem und amerikanischem Produkthaftpflichtrecht ist diese Erkenntnis zu berücksichtigen, weil das deutsche Zivilverfahren eine derartig intensive Sachverhaltsaufklärung nicht kennt[57] und sich die strenge amerikanische Haftung hier daher nicht so entfalten kann wie in einem amerikanischen Zivilprozeß. Regelmäßig dürfte sich ein deutsches Gericht schon deshalb nicht unter Berufung auf Art. 12 EGBGB weigern, einen Sachverhalt nach den Haftungsgrundsätzen der einschlägigen Variante von Strict Liability zu beurteilen[58].

C. *Discovery und prozessualer (deutscher) ordre public – Allgemeines*

Das amerikanische Discovery-Verfahren, insbesondere die geballte Intensität, mit der es zur Beweisermittlung eingesetzt werden kann, hat hierzulande zunehmend kritische Beachtung gefunden, seitdem deutsche Unternehmen davon vermehrt betroffen sind.

Schütze sieht grundlegende deutsche prozessuale Prinzipien durch Discovery verletzt[59]. Er meint, es handele sich um ein vorprozessuales Beweisermittlungsverfahren mit nach deutschem Recht unzulässigen Ausforschungscharakter. Der Anerkennung eines daraufhin ergangenen Urteils stehe der ordre public des § 328 I Nr. 4 ZPO entgegen[60].

Unrichtig daran ist zunächst einmal die Annahme, daß Discovery vor Prozeßbeginn stattfinde[61]. Voraussetzung ist grundsätzlich die Anhängigkeit der Klage[62]. Damit setzt das Verfahren in einer Phase ein, in der nach deutschem Zivilprozeßrecht die Sachverhaltsaufklärung in Gestalt der richterlichen Vorbereitung des Termins gem. § 273 ZPO beginnt. Zwar liegt die Sachverhaltsermittlung im Discovery-Verfahren regelmäßig in den Händen der Parteien bzw. deren Prozeßvertreter; das allein vermag ordre public-

57 Dazu sogleich.

58 Zur weiteren Begründung siehe oben, § 5.

59 WM 1979, 1175.

60 Ebenda.

61 Offenbar aber weiterhin *Schütze*, Konzeptionelle Unterschiede der Prozeßführung vor US-amerikanischen und deutschen Gerichten, WM 1983, 1079.

62 Rule 26(b)(1); Ausnahme: Rule 27, wonach die Sicherung von eigenen oder fremden Zeugenaussagen unter eng begrenzten Voraussetzungen schon vor Anhängigkeit der Klage zulässig ist.

Bedenken jedoch nicht zu rechtfertigen[63]. Es handelt sich lediglich um eine vom deutschen Zivilprozeß grundsätzliche verschiedene Arbeitsteilung zwischen Anwälten und Richtern[64], die Ausdruck des auf eine starke Parteiherrschaft bauenden ›adversary system‹ ist[65]. Zu berücksichtigen ist ferner, daß Discovery für den amerikanischen Zivilprozeß einen unabdingbaren Verfahrensabschnitt darstellt, weil die mündliche Hauptverhandlung, die dem Konzept nach fortlaufend, d.h. ohne Unterbrechung zum Zwecke weiterer Sachverhaltsermittlung, in einer Sequenz abgeschlossen werden soll, des gesamten vorher systematisch aufbereiteten entscheidungserheblichen Tatsachenstoffs bedarf[66].

Der Hauptvorwurf gegen Discovery zielt auf die damit verbundene Ausforschung von Parteien und Zeugen, der das deutsche Recht abhold sei[67]. Tatsächlich gilt der Ausforschungsbeweis im deutschen Zivilprozeß als grundsätzlich unzulässig[68], während das amerikanische Beweisermittlungsverfahren davon ausgeht[69]. Bloße Abweichungen (auch großen Ausmaßes) des sich nach der lex fori richtenden Verfahrens sind für die Anerkennung eines ausländischen Urteils jedoch unschädlich. Nur unerträgliche Verstöße gegen inländische prozessuale Grundprinzipien eines geordneten staatlichen Verfahrens stellen einen Verstoß gegen § 328 I Nr. 4 ZPO dar[70]. Ordre public-widrig kann eine Nichtbeachtung des Ausforschungsverbots mithin nur sein, wenn ihm der Rang eines derartigen deutschen Verfahrensgrundsatzes beizumessen wäre. Schwierigkeiten bei der rechtstheoretischen Einordnung des nicht einmal gesetzlich verankerten Verbots sowie dessen inkonsistente Auswirkungen in der Praxis legen nahe, daß ihm dieser Stellenwert nicht zukommt.

63 Vgl. *Schlosser*, Internationale Rechtshilfe und rechtsstaatlicher Schutz von Beweispersonen, ZZP 94 (1981), 391 f. Vgl. auch *Stürner*, Parteipflichten bei der Sachverhaltsaufklärung im Zivilprozeß, ZZP 98 (1985), 247, der die erhöhten Aufklärungsmöglichkeiten im dt. Zivilprozeß nach Anhängigkeit des Verfahrens hervorhebt.

64 Dazu auch *Hartwieg*, Die Arbeitsteilung zwischen Anwälten und Richtern, ZZP 96 (1983), 37 ff. (England – Deutschland).

65 S. oben, S. 131.

66 *Martiny*, Hdb. IZVR III/1, Rz. 1109; *Stürner*, Die Gerichte und Behörden der U.S.A und die Beweisaufnahmen in Deutschland, ZVglRWiss 81 (1982), 201; *von Hülsen*, Gebrauch und Mißbrauch US-amerikanischer »pre-trial discovery« und die internationale Rechtshilfe, RIW 1982, 234.

67 Vgl. *Schütze* oben, Fn. 59 u. 60; *ders.*, WM 1983, 1078.

68 Z.B. RGZ 91, 208.

69 S. oben, A.; *Stürner*, ZVglRWiss 81 (1982), 201.

70 Dazu schon oben, § 2 D.II.1.; *Stein-Jonas (Schumann/Leipold)*, ZPO (19. Aufl.), § 328 Anm. VII B. BGHZ 48, 327 (contempt of court); dazu auch *Nagel*, Internationales Zivilprozeßrecht, Rz. 679.

Der Vorwurf des Ausforschungsbeweises wird zumeist im Zusammenhang mit einem unsubstantiierten Beweisantrag erhoben[71] und richtet sich damit gegen den ungenügend bestimmten Vortrag der beweispflichtigen Partei zum Beweisthema oder Beweismittel[72]. Solchermaßen lückenhafte Beweisanträge können die Weigerung des Gerichts nach sich ziehen, die Wahrheitsermittlung per Beweisbeschluß aufzunehmen[73]. Die Partei läuft besonders Gefahr mit ihrem Vortrag unberücksichtigt zu bleiben, wenn sie Behauptungen »ins Blaue hinein«[74] mit dem Ziel aufstellt, in der Beweisaufnahme der eigenen Sache förderliche neue Tatsachen in Erfahrung zu bringen[75]. Das gilt einmal für die nach außen hin bestimmte Behauptung, die jedoch ohne echten Anhaltspunkt aufgestellt wurde und zum anderen für den Vortrag, der das Beweisthema (oder Beweismittel) nicht hinreichend substantiiert[76]. Die vielfältigen Begründungen für die Substantiierungslast werden unterschiedlich betont: Sie reichen von dem Schutz für die Beweisobjekte (Zeuge, Partei)[77] über das Gebot, daß keine Partei einem Gegner die Waffen in die Hand zu geben brauche[78], bis hin zu institutionell und individuell ausgerichteten Schutzgarantien gegen die mißbräuchliche Einleitung von Prozessen oder Beweisverfahren[79]. Uneinheitlich ist auch der Meinungsstand zum Umfang des Ausforschungsverbots: Vertreter einer eher an der Verhandlungsmaxime orientierten Meinung betonen die Notwendigkeit einer verfahrensförmigen Wahrheit[80], andere stellen das Gebot materieller Gerechtigkeit durch eine erhöhte Wahrheitspflicht der nicht beweisbelasteten Gegenpartei in den Vordergrund[81]. Abhängig von der Bewertung des rechtsethischen Spannungsverhältnisses zwischen Verhandlungsgrundsatz und Wahrheitspflicht wird das Verbot der Ausforschung verteidigt[82], aufgelockert[83] oder gänzlich verworfen[84]. In der Judikatur ist es mangels griffiger dogmatischer Orientierungshil-

71 Umfassende Nachweise aus derRspr. bei *Peters*, Ausforschungsbeweis im Zivilprozeß (1966), 55 ff.
72 Ebenda, 11.
73 Vgl. Fn. 71.
74 BGH NJW 1968, 1233 = MDR 1968, 565.
75 Dazu *Peters*, a.a.O., 14 ff.; OLG Köln VersR 1973, 130.
76 Zum Ganzen, *Peters*, a.a.O.; vgl. auch *Schlosser*, ZZP 94 (1981), 378 f.
77 *Peters*, a.a.O., 58 ff., 123.
78 Ebenda, 88 ff., 124 f.
79 *Stürner*, Die Aufklärungspflicht der Parteien des Zivilprozesses (1976), 113 ff.
80 *Ahrens*, Zur Aufklärungspflicht der nicht beweisbelasteten Partei im Zivilprozeß, ZZP 96 (1983), 12.
81 *Lüderitz* Ausforschungsverbot und Auskunftsanspruch bei der Verfolgung privater Rechte, 1966; *Peters*, a.a.O., insb. 45 ff.; *Stürner*, oben Fn. 79; in ZZP 98 (1985), 237 ff.
82 *Ahrens* ZZP 96 (1983), 1 ff.
83 *Lüderitz*, a.a.O. (oben, Fn. 81); *Stürner*, a.a.O. (oben, Fn. 79).

fen häufig zum begründungsersetzenden Schlagwort für die Ablehnung von Beweisanträgen verkommen[85]. Andererseits zeichnet sich deutlich eine Entwicklung zu zunehmender Ausweitung der Mitwirkungspflichten von an sich nicht darlegungs- und beweisbelasteten Parteien ab, die in prozessualer Hinsicht z.B. in einer erhöhten Erklärungspflicht nach § 138 II ZPO[86] und im materiellrechtlichen Zusammenhang bei der Umverteilung der Beweislast – etwa zugunsten des produktgeschädigten Klägers[87] – zum Ausdruck kommt. Die nur geringe Bedeutung des Ausforschungsverbots für den deutschen Zivilprozeß zeigt sich aber insbesondere in Verfahren mit Untersuchungsmaxime (Beispiel: Blutuntersuchung im Vaterschaftsfeststellungsverfahren, § 372 a ZPO), in dem ein Substantiierungsrisiko gar nicht oder doch nur abgeschwächt besteht[88].

Berücksichtigt man schließlich, daß das Haager Übereinkommen über die Beweisaufnahme im Ausland in Zivil- oder Handelssachen vom 18.3.1970 (HBewÜbk)[89], das für die Bundesrepublik Deutschland seit dem 26.6.1979 in Kraft ist[90], Beweisermittlung nach amerikanischen Maßstäben mittels Rechtshilfe in begrenztem Umfang sogar auf deutschem Boden ermöglicht[91], dann wird vollends deutlich, daß es sich bei dem Verbot des Ausforschungsbeweises nicht um ein zwingendes Grundprinzip deutschen Zivilprozeßrechts handeln kann[92].

Mit dem sicherlich berechtigten Hinweis auf den Ausforschungscharakter des amerikanischen Discovery-Verfahrens allein läßt sich die Anerkennung eines darauf aufbauenden Urteils nach § 328 I Nr. 4 ZPO also nicht ablehnen. Die gegenteilige Ansicht hätte die abwegige Konsequenz in Kauf zu nehmen, daß einer amerikanischen Entscheidung, der z.B. eine nach dem Haager Beweisübereinkommen gestattete Zeugenbefragung in Deutschland zugrunde läge (die damit die ordre public-Kontrolle des Abkommens passiert hätte,

84 *Peters*, a.a.O. (oben, Fn. 71).

85 Vgl. die umfassenden Nachweise bei *Hartwieg*, ZZP 96 (1983), 42 (Fn. 11); insb. 48 f.

86 Ausführlich dazu *Stürner*, ZZP 98 (1985), 237 ff.; zur erhöhten richterlichen Aufklärungspflicht, *Nagel*, Funktion und Zuständigkeit des Richters in: *Gilles,* (Hrsg.), Humane Justiz, 1977, 53 ff.

87 Eingeleitet durch BGHZ 51, 91.

88 Umfassend *Stürner* (oben, Fn. 79),127 ff.

89 BGBl. 1977 II, 1472, abgedr. z.B. *Baumbach/Lauterbach*, ZPO (43. Aufl.) Anh. § 363.

90 BGBl. 1979 II, 780.

91 Vgl. OLG München, Beschl. 27.11.1980, RIW/AWD 1981, 555 = ZZP 94 (1981), 466 = JZ 1981, 540 = IPRax 1982, 150; im folgenden nur als ZZP 94 (1981) zitiert.

92 Im Ergebnis so auch bezogen auf den ordre public des HBewÜbk (Art. 12 I b) *Stürner*, Rechtshilfe nach dem Haager Beweisübereinkommen für Common Law-Länder, JZ 1981, 522; ähnlich *Schlosser*, ZZP 94 (1981), 379 f.

Art. 12 I b HBewÜbk), hier die Anerkennung aus ordre public-Gründen versagt werden müßte[93].

Es bleibt daher bei der Pflicht zur Einzelfallprüfung im Rahmen von § 328 I Nr. 4 ZPO, bei der ein nur sehr abgeschwächter ordre public als Maßstab angelegt werden darf.

D. Discovery mit Auslandsberührung – ordre public-Fragen zur Umgehung des Haager Beweisübereinkommens

I. Jurisdiction und Völkerrecht

Großzügig ist der Antrag auf Urteilsanerkennung zu behandeln, wenn das Discovery-Verfahren ausschließlich auf amerikanischem Territorium stattgefunden hat[94]. Diese Fallgestaltung scheint für den hier interessierenden Kreis möglicher Betroffener – also mittlere und kleine deutsche Herstellerfirmen ohne Vermögen in den Vereinigten Staaten – auf den ersten Blick kaum je praktisch zu werden. Denn ein Großteil der mittels Discovery gesuchten Beweismittel (insbesondere Betriebsangehörige, Konstruktionspläne) befinden sich in der Regel auf deutschem Boden, so daß die Inanspruchnahme von Rechtshilfe nach dem Haager Beweisübereinkommen naheliegt. Tatsächlich entsprach dies anfänglich der Auffassung einiger amerikanischer Gerichte, die, gestützt auf Erwägungen zur völkerrechtlichen Comitas davon ausgingen, daß Discovery gegenüber Auslandsbewohnern von Vertragsstaaten immer erst über das Haager Beweisübereinkommen zu ersuchen sei, bevor andere Schritte unternommen werden könnten[95].

Einem neueren Verständnis innerhalb der amerikanischen Rechtsprechung zufolge[96] dürfte dieser Weg jedoch zukünftig nur noch ausnahmsweise

93 Zutreffend *Martiny*, Hdb. IZVR III/1, Rz. 1109.

94 Ebenda.

95 Nachweise bei *Schlosser*, Der Justizkonflikt zwischen den USA und Europa, 1985, 14; *Stürner*, Der Justizkonflikt zwischen U.S.A. und Europa (oben Fn. 56), 33.

96 In re Anschuetz and Company, GmbH v. Compania Gijonesa de Navigacion, 754 F. 2d 602 (5th Cir. 1985); in re Messerschmidt Boelkow Blohm GmbH, 757 F.2d 729 (5th Cir. 1985); Graco v. Kremlin, Inc., 101 F.R.D. 503 (N.D.Ill. 1984). Vgl. auch die (nach Drucklegung verkündete) Entscheidung des Supreme Court i. S. Societé Nat. Ind. Aérospatiale v. U.S. District Ct. v. 16.6.87, Slip Opinion No. 85-1695.

beschritten werden. Das mag zunächst nicht recht einleuchten, weil auch nach dieser neueren Auffassung das Beweisermittlungsverfahren auf fremden Boden nur mittels Rechtshilfe, keinesfalls aber aufgrund von Zwangsverfügungen amerikanischer Gerichte durchführbar ist[97].

Diese selbst auferlegte Beschränkung wird aber deshalb kaum zum Tragen kommen, weil hinter ihr ein ausladender amerikanischer Souveränitätsbegriff steht, der seine Berechtigung aus der nach europäischen Maßstäben eigentümlichen amerikanischen Jurisdiktionslehre[98] bezieht. Hat nämlich ein amerikanisches Gericht seine Gerichtshoheit über eine ausländische Partei[99] oder einen ausländischen Zeugen[100] erklärt, so ist es nach amerikanischer Auffassung berechtigt, ihnen unter Zwangsandrohung – am Haager Beweisübereinkommen vorbei – aufzugeben, Beweismittel aus dem Ausland auf das Territorium der Vereinigten Staaten zu schaffen, wenn dies formlos, d.h. wie in Erfüllung privater oder geschäftlicher Angelegenheiten möglich ist[101]. Unter diesen Voraussetzungen gilt die Sachverhaltsermittlung durch Discovery als allein in den Vereinigten Staaten stattfindend.

Der für Verfahren mit Auslandsberührung im deutschen Recht herrschende Dualismus zwischen Partei bzw. Streitgegenstand einerseits[102] und Beweismittel, insbesondere Zeugen[103] andererseits, ist für das amerikanische Beweisermittlungsverfahren unwesentlich[104]. Die in den Federal Rules vorgesehenen Zwangsmittel können somit gegen jeden gerichtspflichtigen, aber nicht mitwirkungsbereiten Auslandsbewohner zum Einsatz gelangen[105], ohne daß nach amerikanischer Auffassung die Grenzen fremder Souveränität überschritten würden[106]. Diese Vorgehensweise betrifft nicht nur die sanktionsbewehrte

97 *Stürner* Der Justizkonflikt zwischen U.S.A. und Europa (oben, Fn. 56), 22, 33 m.Nw.

98 Ausführlich, ebenda,15 ff.

99 Zur Begründung von ›personal jurisdiction‹ durch ›minimum contacts‹ s. oben § 2 D.III.

100 Für Zeugen (Rule 45) gilt nichts anderes; vgl. *Black/Lange*, Civil Litigation in the United States, 73; *Stürner*, Der Justizkonflikt zwischen den U.S.A. und Europa (oben, Fn. 56), 19. Mißverständlich insofern *Heidenberger*, Haager Beweisübereinkommen und Urkundenvorlage deutscher Parteien in USA, RIW 1985, 441, Fn. 25, wonach Long-Arm-Statutes und Fed. Rules die Gerichtshoheit nicht für Zeugen begründen könnten, die nicht der Kontrolle der Prozeßparteien unterlägen.

101 Vgl. die Nachweise aus der Rspr. in Fn. 96.

102 Für die nach deutschem Recht die internationale Zuständigkeit zu prüfen ist.

103 Aus deutscher Sicht ist das ein Problem der Rechtshilfe; *Stürner*, Der Justizkonflikt zwischen U.S.A. und Europa (oben, Fn. 56), 21.

104 Eine wichtige Ausnahme statuiert Rule 33: ›interrogatories to parties‹ können nur der Gegenpartei gestellt werden; s. oben, S. 129.

105 Die Sanktionsmöglichkeiten gegen Parteien und Zeugen sind unterschiedlich; dazu oben, Fn. 15.

106 Z.B. Murphy v. Reifenhauser KG, 101 F.R.D. 860 (D.Vt. 1984); Lasky v. Continental Products Corp., 559 F. Supp. 1227 (E.D.Pa. 1983).

Aufforderung zur Auslieferung von auslandsbelegenen Urkunden in die USA[107] sowie die erzwungene eidliche Beantwortung und Rücksendung von Fragenkatalogen durch auslandsansässige Prozeßparteien und deren leitende Betriebsangehörige[108]. Selbst die mit Zwangsandrohung versehene gerichtliche Aufforderung an eine im Ausland wohnende Prozeßpartei, ihre leitenden Angestellten in die USA zu entsenden, wo sich diese einer Befragung durch amerikanische Anwälte stellen müssen, wird davon inzwischen erfaßt[109]. Amerikanische Gerichte bewerten derartige Maßnahmen als bloße informelle verfahrensvorbereitende Schritte[110]. Die Pflicht zur Inanspruchnahme von Rechtshilfe nach dem Haager Beweisübereinkommen besteht nur, wenn die Beweisaufnahme auf fremdem Boden eingeleitet und dort abgeschlossen wird (z.B. Betriebsbesichtigungen – ›entry upon land for inspection‹, Rule 34) oder bei fehlender Jurisdiktion über Dritte im Ausland, an deren Mitwirkung bei der Sachverhaltsermittlung als Zeugen Interesse herrscht. Fremde Souveränität ist nach dieser Sichtweise also solange nicht tangiert, wie der ersuchte Auslandsbewohner, ohne daß ausländische Gerichtshoheit in Anspruch genommen würde, Beweismittel gleichsam nur auf den Weg in die USA zu bringen hat, wo sie in einem förmlichen Verfahren Verwertung finden[111].

Dieser weite Souveränitäts- bzw. Jurisdiktionsanspruch amerikanischer Gerichte mag als exzessiv oder gar völkerrechtswidrig[112] und damit als Verstoß gegen den deutschen ordre public anmuten; dem entspricht indessen durchaus nicht selten die deutsche Praxis. *Schlosser* hat die vielfältigen Entscheidungs-[113] und Anordnungsmöglichkeiten[114] deutscher Gerichte mit extra-territorialen Auswirkungen hervorgehoben und daraus mit Recht den Schluß gezogen, daß die Vorgehensweise amerikanischer Gerichte im internationalen Vergleich kaum als exzessiv und sicher nicht als völkerrechtswidrig gelten kann[115]. So stelle es hierzulande eine regelmäßige Übung dar, die

107 Ebenda: vgl. *Stürner*, JZ 1981, 524, zustimmend zur Vorlagepflicht Dritter.

108 Vgl. Rule 37 (b)(2) u. Rule 30 (b)(6); Fallbsp.: Graco v. Kremlin Inc., (oben, Fn. 96).

109 In re Anschuetz & Co. GmbH (oben, Fn. 96); In re Messerschmidt Boelkow Blohm GmbH (oben, Fn. 96).

110 Ebenda.

111 Deutlich in Adidas (Canada) Ltd. v. S/S Seatrain Bennington, 80 Civ. 1911 (S.D.N.Y. 1984): »What is required of Les Toles on French soil is certain acts preparatory to the giving of evidence. It must select appropriate employees to give depositions in the forum state: likewise it must select the relevant documents which it will reveal to its adversaries in the forum state. These acts do not call for French judicial participation.«

112 Zum Streitstand vgl. die umfassenden Nachweise bei *Bosch*, Das Bankgeheimnis im Konflikt zwischen US-Verfahrensrecht und deutschem Recht, IPRax 1984, 132 (Fn. 46).

113 Dazu *Schlosser*, Der Justizkonflikt zwischen den USA und Europa (oben, Fn. 95), 17 f.

114 Ebenda, 19 ff.

115 Ebenda, 21.

Beweiswürdigung zu Lasten des im Vaterschaftsfeststellungsverfahren Beklagten vorzunehmen, der es aus dem Ausland heraus ablehne, sich einer Blutuntersuchung zu unterziehen[116]. Selbst Zwangsmittel nach § 372 a II ZPO könnten gegen ihn verhängt werden, sofern sie auf deutschem Boden vollziehbar wären[117]. Auch die deutschen Gerichte der Finanzgerichtsbarkeit träfen Anordnungen mit extra-territorialer Reichweite – etwa in Form der Auflage an den Steuerschuldner, auslandsbelegene Urkunden beizubringen[118].

Diesen Gedanken hat *Stürner*[119] aufgegriffen und auf die großzügigen grenzüberschreitenden Eingriffsmöglichkeiten im Rahmen des deutschen Steuerverfahrens nach § 90 II AO hingewiesen[120]. Anders als *Schlosser* betont er zwar die strengen Zwangsmittel, die amerikanischen Gerichten zur Durchsetzung ihrer Beweisermittlungsanordnungen an die Hand gegeben sind; er sieht darin wesentlich schärfere Sanktionen als nach deutschem Recht möglich wären[121]. Insbesondere die Anordnung zur Entsendung von leitendem Firmenpersonal in die Vereinigten Staaten kenne keine Entsprechung in Europa[122]. Damit nutzten amerikanische Gerichte die Abhängigkeit des Dienstverhältnisses, um ihre an sich nur dem Arbeitgeber gegenüber bestehende Gerichtshoheit auf Angestellte auszudehnen[123]. Im Ergebnis fällt seine

116 Ebenda, 19.
117 Ebenda.
118 Ebenda, 20.
119 Der Justizkonflikt zwischen U.S.A. und Europa (oben, Fn. 56).
120 Ebenda, 25; *Schlosser*, a.a.O. (oben, Fn.95), 30, meint sogar, daß diese Norm auch die Verpflichtung zur Gestellung von Zeugen potentiell mit einschließe.
121 *Stürner*, a.a.O., 26. Zur Begründung führt er im wesentlichen an, daß amerikanische Gerichte strikte Beugemittel oder Verfahrensnachteile bei fehlender Mitwirkung sofort ohne weitere Aufklärungsversuche anordneten, während die deutsche Praxis eine Weigerung zu Lasten der ausländischen Partei erst werte, wenn der Sachverhalt deshalb ungeklärt bleibe. Diese Argumentation wird dem Ablauf des Discovery-Verfahrens nicht gerecht: Die Sachverhaltsaufklärung liegt zunächst allein in den Händen der Parteien, die intensiv um die Tatsachenermittlung bemüht sind; nur wenn dieses Verfahren fehlschlägt, kommt es zur gerichtlichen Intervention – jedoch keineswegs in Form von Sanktionen gegen die sich weigernden Betroffenen. Das Gericht ordnet zunächst Discovery relevanter Tatsachen auf Antrag der ersuchenden Partei an, Rule 37 (a)(2), und erst die Weigerung gegen diese Anordnung kann Sanktionen zur Folge haben, Rule 37 (b).
122 A.A. *Schlosser* (oben, Fn. 120).
123 *Stürner*, a.a.O., 27; daran ist richtig, daß ›jurisdiction‹ über deutsche Firmenangestellte nach amerikanischem Verständnis nicht vorliegt. Im Ausland lebende Zeugen werden Parteien insofern gleichgestellt, sind also nur gerichtspflichtig, soweit ausreichende Kontakte zum Forum (regelmäßig durch doing business) bestehen. Der These vom Dienstverhältnis als »Instrument des Souveränitätsdurchgriffs« ist allerdings anzufügen, daß sie falsche Akzente setzt. Diese Art von Beweisermittlung ist ein integraler Bestandteil der lex fori; vgl. Rule 30 (b)(6). Sie dient in den Vereinigten Staaten regelmäßig der beweistechnischen Entflechtung unübersichtlicher korporativer Strukturen, nicht aber der Ausdehnung der Gerichtshoheit. Zeugnispflichtigkeit besteht innerhalb der USA ohnehin für jede Person, arg. 45 (d)(2). Fügt sich diese

Schlußfolgerung indessen sehr ähnlich aus: keine grundsätzlich verschiedenen Souveränitätsvorstellungen zwischen Europa bzw. Deutschland und den Vereinigten Staaten[124].

Der Befund eines weithin korrespondierenden Souveränitätsverständnisses und dessen bereichsweise ähnliche praktische Auswirkungen lassen mithin den Schluß zu, daß dem Ermittlungsansinnen amerikanischer Gerichte – von Ausnahmen abgesehen[125] – in der Regel keine tragenden deutschen Verfahrensgrundsätze entgegenstehen. Ist gegen die amerikanische Jurisdiktionslehre mit ihrer großen Reichweite insofern nichts einzuwenden, dann können ebensowenig grundsätzliche Bedenken gegen die in der lex fori begründete Auffassung bestehen, Discovery finde in den oben aufgeführten Beispielen[126] ausschließlich auf amerikanischem Territorium statt. Folgerichtig kommt es nach diesem Verständnis in solchen Fällen auch nicht zu einem Konflikt zwischen amerikanischem Zivilprozeßrecht und dem Haager Beweisübereinkommen, denn letzteres regelt nur Beweisaufnahmen und andere gerichtliche Handlungen, die im Ausland von der dortigen zuständigen Behörde ausgeführt werden[127].

Im übrigen erscheinen grundsätzliche Zweifel an der von europäischer bzw. deutscher Seite oft behaupteten Exklusivität des Haager Beweisübereinkommens[128] durchaus nicht unberechtigt. Eine ausdrückliche Verpflichtung, Discovery von auslandsbelegenem Beweismaterial ausschließlich im Wege der vertraglich vorgesehenen Rechtshilfe zu ersuchen, enthält es nämlich nicht. Der eher fakultative Charakter des Beweisübereinkommens kommt bei einem Vergleich mit dem Haager Übereinkommen über die Zustellung gerichtlicher und außergerichtlicher Schriftstücke im Ausland in Zivil- oder Handelssachen[129] (HZuStÜbk) besonders deutlich zum Ausdruck: Nach Art. 1

Discovery-Methode aber ohne Bruch in das Gesamtkonzept des Verfahrens ein, dann darf sie grundsätzlich ebensowenig abgelehnt werden wie andere Formen amerikanischer Beweisermittlung mit Auslandsberührung. Im Ergebnis so auch *Schlosser*, a.a.O., 30.

124 *Stürner*, ebenda.

125 *Schlosser*, a.a.O. (oben, Fn. 95), z.B. 25, 28 ff.

126 Oben, S. 142 f.

127 Art. 1 HBewÜbk.

128 So noch die deutsche Bundesregierung in ihrem ›amicus curiae‹ – Schriftsatz vor dem Court of Appeals in Anschuetz (oben, Fn. 95); dazu *Schlosser*, a.a.O., 14 f. In einem jüngeren ›amicus curiae‹-brief zugunsten eines Antrags auf Übernahme des Rechtsstreits durch den U.S. Supreme Court (sog. petition for writ of certiorari) deutet die Bundesregierung eine vermittelnde Haltung an. Offenbar soll das Haager Übereinkommen demnach nur noch als der erste Weg zur Beweisermittlung dienen. Vgl. Brief for the Federal Republic of Germany as amicus curiae, In the Supreme Court of the United States, No. 85-89, August 1, 1985 (durch : *Heidenberger*, Washington), 7.

129 Vom 15.11.1965, BGB1 1977 II 1452; abgedr. z.B. bei *Baumbach/Lauterbach*, ZPO (43. Aufl.),Anh. § 202.

HBewÜbk »kann« die gerichtliche Behörde eines Vertragsstaats in Zivil- oder Handelssachen nach dessen innerstaatlichem Recht die zuständige Behörde eines anderen Vertragsstaats um die Durchführung einer Beweisaufnahme oder eine andere gerichtliche Handlung ersuchen. Demgegenüber bestimmt Art. 1 HZustÜbk, daß es »in allen Fällen« von Auslandszustellungen gerichtlicher oder außergerichtlicher Schriftstücke anzuwenden ist. Angesichts der großen Bedeutung von Discovery für den amerikanischen Zivilprozeß wäre eine derartig ausdrückliche Bestimmung aber gerade für das Haager Beweisübereinkommen zu erwarten gewesen, wenn dessen Exklusivität tatsächlich hätte begründet werden sollen. Denn Ausschließlichkeit bedeutete einen einschneidenden Verzicht auf gerichtliche Befugnisse, die vor dem Beitritt zum Abkommen als selbstverständliche Praxis galten[130]. Discovery ist z.B.[131] durch die stärker ausgeprägten Aussageverweigerungsrechte anderer Vertragsstaaten[132] zugunsten von Zeugen unter amerikanischer Gerichtshoheit behindert, Art. 11 HBewÜbk. Art. 23 HBewÜbk erlaubt zudem jedem Vertragsstaat, einen Nichterledigungsvorbehalt gegen Rechtshilfeersuchen zu erklären, mit denen die Urkundenvorlage mittels Discovery begehrt wird[133]. Bei Ausschließlichkeit des Übereinkommens hätte es allein im Ermessen des Vertragsstaates gestanden, dieses für amerikanische Discovery wohl wichtigste Instrument zur Sachverhaltsermittlung für Verfahren mit Auslandsberührung gänzlich zu beseitigen. Anhaltspunkte für einen vom Wortlaut des Art. 1 HBewÜbk abweichenden Willen auf amerikanischer Seite zum Zeitpunkt der Abfassung des Übereinkommens[134], der darauf gerichtet gewesen wäre, das Schicksal derartig essentieller Rechtspositionen in die Hände der Vertragsstaaten zu legen, finden sich nirgendwo. Eine Stellungnahme der mit der Bewertung des Übereinkommens befaßten U.S. -Delegation[135] sowie die vor Beitritt von dem amerikanischen Berichterstatter des Haager Exekutiv-Ausschusses abgegebene Einschätzung[136] legen sogar eine

130 Dazu In re Anschuetz (oben, Fn. 96), 2790; auch *Schlosser*, a.a.O., 30.

131 Weitere Beispiele bei *Stürner*, a.a.O. (oben, Fn. 56), 33.

132 Dazu ausführlich *Schlosser*, ZZP 94 (1981), 398 ff.

133 Von dieser auf Antrag von Großbritannien aufgenommenen Möglichkeit haben alle Vertragsstaaten – außer USA – Gebrauch gemacht. Die Bundesrepublik Deutschland lehnt jedes Rechtshilfeersuchen, das ›pre-trial discovery of documents‹ zum Gegenstand hat, unter Hinweis auf § 14 I AusfG ab; eine Rechtsverordnung gem. § 14 II AusfG, die das Verfahren für eine begrenzte Urkundenvorlage regeln könnte, steht weiterhin aus.

134 Daß die amerikanische Regierung anläßlich eines Konfliktfalles zunächst eine Haltung zugunsten der Ausschließlichkeit einnahm, ist ohne Belang; dazu auch *Schlosser*, Der Justizkonflikt zwischen den USA und Europa (oben, Fn. 95), 14.

135 Report of the United States Delegation to the Eleventh Session of the Hague Conference on Private International Law, 8 Int'l Legal Materials, 820.

136 *Amram*, Explanatory Report on the Convention on the Taking of Evidence Abroad in Civil or Commercial Matters, 5, zitiert in Anschuetz (oben, Fn. 96) (n. 32 f.).

gegenteilige Einstellung auf amerikanischer Seite nahe. Danach werde das Übereinkommen in erster Linie eine große Hilfe für die Sicherung von Beweismitteln im Ausland bedeuten, die amerikanischen Gerichten und Prozeßparteien ehedem kaum zugänglich waren[137].

Auch die häufig in Anspruch genommene Möglichkeit, freiwillige Zeugenvernehmungen auf deutschem Territorium lediglich auf der Grundlage von diplomatischen Notenwechseln zwischen der Bundesrepublik Deutschland und den USA[138] vor amerikanischen Konsulats- bzw. Untersuchungsbeamten durchzuführen[139], dokumentiert die nur begrenzte Bedeutung des Übereinkommens als Mittel internationaler Kooperation. Diese Praxis mag in rechtsquellen-theoretischer Hinsicht schwer nachvollziehbar und, bezogen auf den Aspekt der Freiwilligkeit, bedenklich sein[140]; sie läßt sich indessen problemlos unter Art. 27 HBewÜbk subsumieren, wonach ein Vertragsstaat entsprechend seinem innerstaatlichen Recht oder innerstaatlicher Übung weder gehindert ist, Handlungen, die dem Anwendungsbereich des Übereinkommens unterfallen, unter weniger einschränkenden Bedingungen vorzunehmen, noch andere als im Übereinkommen vorgesehene Verfahren der Beweisaufnahme zuzulassen.

II. Abschließende Bewertung

Zusammenfassend läßt sich für das Spannungsverhältnis zwischen den amerikanischen und deutschen Grundsätzen zu Prozeßrecht und Souveränität feststellen, daß Discovery mit Auslandsberührungen selbst in der neueren amerikanischen Praxis die Toleranzschwelle des deutschen ordre public regelmäßig nicht erreichen wird. Nach der hier vertretenen Auffassung verdient diese Form von Discovery auch keine andere Bewertung als Sachverhaltsermittlung, die allein auf amerikanischem Boden stattfindet. Denn das vor einem amerikanischen Gericht anhängige Verfahren hat nicht etwa deshalb anderen Regeln zu folgen, weil es zufällig einmal partieller und formloser Unterstützung aus dem Ausland bedarf[141]. Für die nach § 328 I

137 Gemeint sind die förmlichen Beweisaufnahmen auf fremdem Territorium sowie die Möglichkeit, Aussagen von Zeugen zu erhalten, die amerikanischer Gerichtshoheit nicht unterstehen; Graco v. Kremlin Inc., (oben, Fn. 96), 519.

138 Der Austausch von Verbalnoten zwischen den Außenministerien der USA und der Bundesrepublik Deutschland fand 1955/56 und 1979/80 statt. In Teilen abgedr. ist die letzte Verbalnote bei *Stürner*, ZVglRWiss 81 (1982), 161 (Fn. 4).

139 Zum vermuteten Umfang der Inanspruchnahme, *Koch* IPRax 1985, 247 f.

140 Krit. *Stürner*, Der Justizkonflikt zwischen U.S.A. und Europa (oben, Fn. 56), 22 ff.

141 Ähnlich auch *Koch*, IPRax, 1985, 248.

Nr. 4 ZPO notwendige Prüfung hat eine solche Bewertung der lex fori zur Folge, daß die im Discovery-Verfahren angewendeten Methoden wohlwollend – immer unter Berücksichtigung ihrer besonderen Funktion und Stellung im amerikanischen Zivilprozeß – zu begutachten sind. Erreicht die Ausforschung ein angeblich nicht mehr hinnehmbares Maß für den Betroffenen, so ist er überdies in jedem Fall gehalten, sich zunächst um den Schutz zu bemühen, den das amerikanische Prozeßrecht gegen den Mißbrauch von Discovery bereithält[142]. Echte Exzesse scheinen jedenfalls vor Bundesgerichten durch die Neufassung der Federal Rules of Civil Procedure durchaus kontrollierbar zu sein[143]. In der Vergangenheit sind die vorhandenen Schutzmöglichkeiten offenbar in Unkenntnis der Verfahrensbesonderheiten nicht immer genutzt worden[144]. Dann kann die unterlegene Partei bei der Urteilsanerkennung aber nicht mit dem Vorwurf gehört werden, daß erststaatliche Verfahren habe gegen deutsche prozessuale Grundsätze verstoßen[145]. Das gilt selbstverständlich auch, soweit im nachhinein gerügt wird, dem Ermittlungsansinnen hätte nur unter Verletzung des Bankgeheimnisses oder – besonders relevant für Produkthaftpflichtsachen – unter Mißachtung eines Gewerbegeheimnisses[146] nachgekommen werden können.

Der Antrag auf eine ›protective order‹ wird freilich nicht selten erfolglos bleiben. Amerikanische Gerichte dürften auch weiterhin dazu neigen, Verfügungen zur Wahrung von Bank- oder Gewerbegeheimnissen Ausnahmecharakter beizumessen. Neben den schon genannten Funktionen von Discovery[147] mag für den geringen Grad der Schutzwürdigkeit gewerblicher Information[148] auch – ganz allgemein – das in der amerikanischen Gesellschaft stark ausgeprägte Bedürfnis nach umfassender Informationsdurchlässigkeit eine Rolle spielen. Erklärend tritt gerade für den hier interessierenden Bereich des Produkthaftpflichtrechts der hohe Stellenwert von privaten Klagen hinzu[149]. Der Geheimnisschutz nimmt insbesondere gegenüber den Bedürfnissen des individuell Geschädigten einen nur untergeordneten Rang ein. Die für das

142 Dazu oben, § 6 F.; zur erfolgreichen Abwehr eines Discovery-Ersuchens, *Schütze* WM 1983, 1079.

143 Von einem sich wandelnden Verständnis zeugt auch der Entwurf der Neufassung des Restatement of Foreign Relations Law (1984); danach sollen die Ausforschungsmöglichkeiten für Verfahren mit Auslandsberührung deutlich beschnitten werden: vgl. *Schlosser*, Der Justizkonflikt zwischen den USA und Europa (oben, Fn. 95), 24.

144 Warnend schon *Zeller*, VW 1979, 118.

145 Vgl. *Geimer*, in *Geimer/Schütze*, Internationale Urteilsanerkennung Bd. I/2, 1478.

146 Zum Begriff *Zöller-Stephan*, ZPO (14. Aufl.), § 384 Anm. 7.

147 S. oben, A. IV.

148 Dazu *Schlosser*, ZZP 94 (1981), 405.

149 S. oben, § 5 B.

materielle Recht vorgenommene Interessenabwägung schlägt somit auf die Ausgestaltung des Verfahrens durch.

Bei der Prüfung der Anerkennungsfähigkeit des amerikanischen Urteils darf jedoch auch für diese, vom deutschen Recht abweichende Wertentscheidung eine differenzierte, am Einzelfall orientierte Vorgehensweise nicht aufgegeben werden. Vollen Schutz im deutschen Zivilprozeß genießen ohnehin nur Bank- und Gewerbegeheimnisse Dritter, §§ 383 I Nr. 6, 384 Nr. 3 ZPO[151]. Diese absoluten Schutzgarantien zugunsten von Zeugen gehören zu den unabdingbaren Grundsätzen deutschen Zivilprozeßrechts[151]; ihre Mißachtung im erststaatlichen Verfahren hätte die Nichtanerkennung des darauf ergangenen Urteils gem. § 328 I Nr. 4 ZPO zur Folge, wenn es auf Informationen beruhte, die aus der nach deutschem Recht geschützten Diskretionssphäre stammen. Im Produkthaftpflichtprozeß tritt dieser Konfliktfall jedoch kaum ein, da es regelmäßig die beklagte Partei ist, von der Informationen mittels Discovery ersucht werden, die sie unter Berufung auf das Bank- oder Gewerbegeheimnis zurückhalten möchte. Für Prozeßparteien kennt jedoch auch das deutsche Recht einen nur bedingten Schutz, wie die praktischen Auswirkungen der Rechtsprechung in Produkthaftpflichtsachen veranschaulichen. Die den Hersteller treffende Beweislastumkehr bei Konstruktions- und Fabrikationsfehlern[152] etwa läuft häufig auf die Preisgabe von Gewerbegeheimnissen hinaus, wenn er sich erfolgreich exkulpieren will[153]. Und selbst die nicht beweispflichtige Partei bleibt im deutschen Zivilprozeß nicht von Mitwirkungspflichten verschont, die schwerer wiegen können als das Interesse an umfassendem Geheimnisschutz, und deren Nichtbefolgung eine negative Würdigung durch das Gericht erlaubt[154].

Auch der lediglich relative Schutz von Bank- und Gewerbegeheimnissen der Parteien verdeutlicht mithin, daß amerikanische Discovery höchst selten unseren fundamentalen Prozeßgrundsätzen widersprechen wird. Die auferlegten Mitwirkungspflichten mögen für die Betroffenen besonders als Ausländer belastend sein; »unerträglich« i.S.v. § 328 I Nr. 4 ZPO sind sie deshalb nicht. Unerträglich wäre es vielmehr, von der lex fori zu erwarten, ausländische Parteien hinsichtlich ihrer prozessualen Mitwirkungspflichten besser zu stellen als inländische[155]. Für Produkthaftpflichtverfahren wäre am wenigsten einzu-

150 Wie Fn. 146.

151 Vgl. *Eisner*, Das Bankgeheimnis im deutsch-amerikanischen Handelsverkehr, WM 1969, 200.

152 S. oben, § 5 A.

153 So auch *Stürner*, Der Justizkonflikt zwischen U.S.A. und Europa (oben, Fn. 56), 15.

154 Als Beweisvereitelung (§§ 427, 444 ZPO) kann die Ausnutzung des Bankgeheimnisses gewertet werden; vgl. BGH NJW 1967, 2012 ff. (bes. 2013).

155 So auch *Schlosser*, Der Justizkonflikt zwischen den USA und Europa (oben, Fn. 95), 21 f.

sehen, daß der Geschädigte möglicherweise deshalb leer ausgehen soll, weil es sich bei der gegnerischen Partei zufällig um einen deutschen Hersteller handelt[156]. Schließlich hat die deutsche Partei nicht nur in aller Regel am amerikanischen Geschäftsverkehr im Sinne des zuständigkeitsbegründenden ›doing business‹ teilgenommen; auch nach deutschem Recht (§ 32 ZPO) kann kein Zweifel an der örtlichen Zuständigkeit des amerikanischen Gerichts und damit kein Einwand gegen die Anwendbarkeit amerikanischen Zivilprozeßrechts bestehen[157].

156 Ähnlich *Stürner*, ZVglRWiss 81 (1982), 213.
157 Dazu oben, § 2 D.III.

§ 10 Sonderfall: Punitive Damages und deutscher ordre public

A. Urteilsanerkennung

Anerkennungsfähig nach § 328 I Nr. 4 ZPO ist ein ausländisches Urteil nur, soweit ihm ein erststaatliches Zivilverfahren zugrundegelegen hat[1]. Die weit zu fassende Voraussetzung beurteilt sich nach deutschem internationalen Zivilprozeßrecht und liegt grundsätzlich bei allen Zivil- und Handelssachen vor[2]. Diese Qualifikation wird gelegentlich für Verfahren in Frage gestellt, in denen Strafschadensersatz nach amerikanischem Recht (Punitive Damages)[3] geltend gemacht wird; die Zweifel gründen sich auf den pönalen und präventiven Charakter dieser Schadensersatzform, die dem deutschen Zivilprozeß fremd sei[4]. Dem ist entgegenzuhalten, daß es sich – einmal losgelöst von den einzelnen Funktionen dieser Haftung – um einen Anspruch handelt, der Gegenstand privater Rechtsverfolgung ohne staatliche Intervention ist. Für den amerikanischen Produkthaftpflichtprozeß gilt es ferner zu bedenken, daß Punitive Damages immer nur einen von mehreren Schadensersatzposten ausmachen, d.h., in ein Verfahren eingebunden sind, das auf den Ersatz von Schäden zielt, die auch im deutschen Zivilprozeß erstattungsfähig sind.

Von der Bewertung als zivilrechtliche Angelegenheit zu unterscheiden ist jedoch die weiterführende Frage, ob Punitive Damages wegen eines Verstoßes gegen den materiellen ordre public des § 328 I Nr. 4 ZPO die Anerkennung versagt bleiben muß. Aufschluß über eine etwaige Verletzung tragender deutscher Rechtsgrundsätze läßt sich nur gewinnen, wenn man auf die mit Punitive Damages verfolgten Ziele im amerikanischen Zivilprozeß abstellt. Dieser Aspekt steht auch im Mittelpunkt der in Deutschland geführten

1 *Stein-Jonas* (Schumann/Leipold), ZPO (19. Aufl.), § 328 Anm. III.2.

2 *Zöller-Geimer*, ZPO (14. Aufl.), § 328 Anm. 92.

3 Dazu auch schon oben, § 4 D.IV.; § 6 B.

4 *Stiefel*, RIW 1979, 512: ablehnend zur Gewährung von Rechtshilfe nach dem Haager Beweisübereinkommen, weil Ansprüche auf Punitive Damages nach deutscher Ansicht keine Zivil- oder Handelssachen i.S.v. Art. 1 Abs. 1 HBewÜbk darstellten. Das ist schon deshalb zweifelhaft, weil die Qualifikationsfrage im Rahmen des multilateralen Vertrages nicht allein aus deutscher Sicht behandelt werden kann. Im Ergebnis so wohl auch OLG München, ZZP 94 (1981), 463 f. (»formales amerikanisches Zivilverfahren« bei einer ›treble damages‹-Klage).

Diskussion[5]. In Anlehnung an die richtungsweisende Arbeit von *Owen*[6] unterscheidet man vier Funktionen:

- Bestrafung (punishment);
- Abschreckung (deterrence);
- Rechtsdurchsetzung durch Belohnung für private Rechtsverfolgung (law enforcement);
- Schadensausgleich (compensation).

Vertreter einer Meinung, die der Anerkennung von Punitive Damages ablehnend gegenübersteht, reklamieren deren pönale und präventive Elemente, die keine Parallele im deutschen Zivilprozeß fänden[7]. Tatsächlich stehen bei der Gewährung von Strafschadensersatz im Vordergrund die private Vergeltung (private revenge)[8], die Verhinderung von profitabler Gefahrenabwälzung bei der Vermarktung durch Abschreckung[9] und die Stärkung des öffentlichen Vertrauens in Recht und Gesetz (public confidence in the legal system)[10].

Diese Motive zeugen von einer größeren Nähe zu den hierzulande gewöhnlich als Grundlage des staatlichen Strafanspruchs genannten Elementen der Vergeltungstheorie, der Spezial- und Generalprävention[11] sowie zu der strafprozessualen Privat- und Nebenklage (§§ 374 ff. StPO bzw. §§ 395 ff. StPO).

Nach *Hoechst*[12] steht der Anerkennung von Punitive Damages der staatliche Alleinanspruch auf Prävention und Strafe entgegen[13]. Er rügt ferner, daß die für Zivil- und Strafprozesse unterschiedliche Ausgestaltung des Verfahrens nicht berücksichtigt würde; auch könnte die Möglichkeit eines anschließenden Strafverfahrens zu einer vom deutschen Recht nicht gebilligten Mehrfachbestrafung (Art. 103 III GG) führen[14]. Dem bleibt anzufügen, daß gegen Punitive Damages, soweit mit ihnen vorrangig strafende bzw. präventive Ziele verfolgt werden, auch erhebliche Bedenken wegen des Bestimmtheitsgebots aus Art. 103 II GG bestehen. Denn diese Art Schadensersatz fällt

5 Vgl. *Hoechst*, VersR 1983, 13; *von Hülsen*, Produkthaftpflicht USA 1981, RIW 1982, 1; *von Westphalen*, RIW 1981, 141; *Martiny*, Hdb. IZVR, III/1, Rz. 507.

6 Punitive Damages in Products Liability Litigation, 74 Michigan L.Rev. 1257 (1976).

7 *Hoechst*, VersR 1983, 17; *von Hülsen*, RIW 1982, 8.

8 *Owen*, 74 Michigan L.Rev. 1279.

9 Ebenda, 1284 ff.

10 Ebenda, 1295.

11 Einführend *Roxin*, Sinn und Grenzen staatlicher Strafe, JuS 1966, 377.

12 VersR 1983, 17.

13 Ausgangspunkt seiner Wertung ist die Berücksichtigung von Art. 12 EGBGB im Rahmen von § 328 I Nr. 4 ZPO, die nach der hier vertretenen Ansicht abzulehnen ist. Dazu siehe oben, § 2 D.III.

14 *Hoechst*, a.a.O.

– richterlicher Inhaltskontrolle weitestgehend entzogen – in das freie Ermessen der Jury und ist für den Betroffenen somit jedenfalls der Höhe nach nicht vorhersehbar.

Demgegenüber kommen Punitive Damages nach *von Westphalen*[15] auch wesentliche Ausgleichsfunktionen zu. Insbesondere die Folgen der American Rule – also: die grundsätzliche Nichterstattung von Anwaltskosten für den obsiegenden Kläger[16] – erlaubten einen nur partiellen Schadensersatz, der durch Punitive Damages erst komplettiert werde. Diese Einbuße sei bei der Urteilsanerkennung wegen § 91 ZPO zugunsten des Geschädigten in Rechnung zu stellen[17]. Zutreffend ist daran, daß der erfolgreiche Kläger in der Tat erhebliche Abzüge in Kauf zu nehmen hat; häufig, insbesondere in Produkthaftpflichtverfahren großen Zuschnitts, schmälern die nichterstattungsfähigen Kosten für Discovery die Schadensersatzsumme um ein weiteres. Andererseits handelt es sich dabei um Einbußen, die jede obsiegende Partei ungeachtet des ihr zuerkannten Schadensersatzes treffen. Punitive Damages für solche Verluste eine kompensatorische Funktion zuzuschreiben, heißt aber, letztlich doch wieder an die vorwiegend pönalen und präventiven Zwecke dieser Schadensersatzform anzuknüpfen[18]. Denn nur die besonders verwerfliche Tat rechtfertigt ja die Gewährung von Strafschadensersatz. Ohnehin lassen sich die Unkosten auch häufig von den zumeist großzügig bemessenen Schmerzensgeldbeträgen für ›pain and suffering‹[19] bestreiten, so daß die vollständige Restitution des Geschädigten kaum in Frage steht[20]. Es darf in diesem Zusammenhang auch nicht unberücksichtigt bleiben, daß Punitive Damages in der Gesamtbilanz aller amerikanischer Produkthaftpflichtverfahren – entgegen einer sich an spektakulären Prozessen orientierenden Einschätzung[21] – eine sehr untergeordnete Rolle spielen: Die Tatsache, daß Strafschadensersatz regelmäßig nur als ultima ratio in besonders schweren Fällen pflichtwidrigen Verhaltens ausgesprochen wird – und dann oft in exorbitanter Höhe – unterstreicht die größere Nähe zu strafrechtlichen Sanktionen. Vor diesem Hintergrund kommt der Erstattung von Rechtsverfolgungskosten durch Puni-

15 RIW 1981, 141 ff.; dazu auch schon oben § 3, Fn. 7.

16 S. oben, § 8 A.

17 *von Westphalen*, a.a.O., 148; vgl. *Martiny*, Hdb. IZVR, III/1 Rz. 507, der nach dem jeweilig überwiegenden Zweck von Punitive Damages im Einzelfall unterscheiden will. Anerkennungsfähig ist ein Punitive Damages-Urteil danach, wenn es vorrangig kompensatorischen Zwecken dient.

18 A.A. *Martiny*, ebenda.

19 Dazu oben, § 6 bei Fn. 24.

20 Ähnlich *Owen*, a.a.O. (oben, Fn. 8), 1298.

21 Z.B. *von Hülsen/Brüning-Brinkmann*, Produkthaftpflicht USA 1983/84, RIW 1985, 187 f.

tive Damages eher die unselbständige Funktion einer von mehreren Rechnungsgrößen bei der Ermittlung des »Strafmaßes« zu.

Owen hat als kompensatorischen Gesichtspunkt auch die Möglichkeit hervorgehoben, mit Punitive Damages einen angemessenen Ausgleich für den seelischen Schaden zu erzielen, den der Kläger durch das böswillige und rücksichtslose Handeln des Beklagten genommen hat[22]. Gerade dieser immaterielle Schaden soll jedoch durch die Gewährung von Schmerzensgeld im amerikanischen Zivilprozeß voll erfaßt werden. Und selbst wenn es hier einmal zu Defiziten kommen sollte, so dürfte es regelmäßig an einer verläßlichen Möglichkeit mangeln, den »Fehlbetrag« zu identifizieren.

Auch der Aspekt des ›law enforcement‹ erlaubt keine abweichende Funktionsbeschreibung. Er dient zuvorderst als Mittel zur Durchsetzung der mit Punitive Damages verfolgten Ziele und stellt – wie die kompensatorische Seite des Strafschadensersatzes – allenfalls einen unbedeutenden Annex zu den von Strafe und Prävention geprägten Leitmotiven dar[23].

Unter Berücksichtigung des Schmerzensgeldanspruchs nach § 847 BGB meint *von Westphalen* ferner, daß Strafschadensersatz dem System des deutschen Anspruchsrechts auch nicht wesensfremnd sei, soweit bei der amerikanischen Haftung pönale und präventive Gesichtspunkte im Vordergrund stünden. Er betont die Doppelfunktion des deutsch-rechtlichen Anspruchs, dem neben Elementen des Schadensausgleichs auch Genugtuungsaspekte innewohnten[24]. Die aus Buße- und Sühnegedanken bestehende Genugtuungsfunktion[25] hat nach seiner Ansicht einen general- sowie spezialpräventiven Charakter und weist insofern eine Artverwandschaft zur Kriminalstrafe und damit Ähnlichkeiten mit Punitive Damages auf[26]. Dieser Bewertung kann nicht gefolgt werden. Sie verkennt die starke personale Ausrichtung des deutschen Schmerzensgeldanspruchs (§ 847 I 2 BGB!), der sich in erster Linie, auf Ausgleich für entgangene Lebensfreude zielend, nach der »Größe, Heftigkeit und Dauer der Schmerzen, Leiden und Entstellung«[27] bemißt. Diese Kriterien sind nach der Rechtsprechung des Bundesgerichtshofs immer vorrangig zu berücksichtigen[28]. Die Genugtuungsfunktion, die bei der Festlegung des Schmerzensgeldes etwa die Berücksichtigung des Verschul-

22 *Owen*, a.a.O., 1296 ff.
23 Im Ergebnis so auch *Owen*, a.a.O., 1312.
24 *von Westphalen*, a.a.O. (oben, Fn. 5), 147 ff.
25 Grundlegend BGHZ 18, 149; vgl. auch BGHZ 35, 363 = JZ 1962, 120, BGH JZ 1976, 559 = BGH NJW 1976, 1147.
26 *von Westphalen*, a.a.O., 147 ff.
27 BGHZ 18, 149, 154.
28 Ebenda, 149, 157, 167.

densgrades sowie der wirtschaftlichen Verhältnisse des Schädigers zu rechtfertigen vermag[29], tritt demgegenüber deutlich in den Hintergrund. Solche Umstände können im Einzelfall – müssen aber nicht – Eingang in die Bemessung des Schmerzensgeldes finden[30]. Im Ergebnis handelt es sich selbst nach dieser Rechtsprechung des Bundesgerichtshofs eher um Billigkeitsaspekte, die der Konkretisierung des Anspruchs dienen. Das darin verbleibende Sühneelement[31] geht auch insofern in der Ausgleichsfunktion auf, als die Rechtsprechung die Versicherung gegen (die ohnehin vergleichsweise geringen) Schmerzensgeldansprüche ohne Einschränkung gestattet[32]. Entgegen *von Westphalen* kann man dem Anspruch aus § 847 BGB nach alledem keine general- und spezialpräventive Wirkung attestieren. Eine Artverwandschaft mag die deutsch-rechtliche Anspruchsnorm mit der amerikanischen Schmerzensgeldhaftung für ›pain and suffering‹ aufweisen; Ähnlichkeiten mit Punitive Damages lassen sich angesichts der gleichsam spiegelbildlich verkehrten Proportionen in den Zielvorstellungen der beiden Haftungsgrundlagen indessen nicht feststellen.

Die Möglichkeit der Versicherbarkeit von Punitive Damages in einer Anzahl von amerikanischen Einzelstaaten[33] mindert den Straf- und Abschreckungseffekt nur unwesentlich und ist grundsätzlich anders zu beurteilen als die in der Bundesrepublik Deutschland herrschende Praxis der Risikoverlagerung von Schmerzensgeldhaftung auf die Assekuranz. Einmal wird Versicherungsschutz selbst in solchen Staaten zumeist nur ausnahmsweise für fremdes Verschulden – typischerweise für grob fahrlässig oder bedingt vorsätzlich handelnde untere Angestellte – zugelassen[34]. Zum anderen ist es Ausdruck des Bestrebens, den einschneidenden wirtschaftlichen Folgen dieser Schadensersatzform[35] wenigstens die existensbedrohende Spitze zunehmen. Punitive Damages erreichen eine Quantität, die selbst bei grundsätzlicher Versicherbarkeit, wenn nicht immer in Prävention[36], so doch in nachhaltige Strafe umschlägt. Hersteller, die Versicherungsschutz bei Verurteilung in Anspruch

29 Ebenda, 157 ff.

30 Ebenda, 168.

31 Das im übrigen auf zunehmend heftige Kritik im Schrifttum stößt; vgl. statt aller, *Honsell*, Die Funktion des Schmerzensgeldes, VersR 1974, 205 (Rückfall auf archaische Entwicklungsstufe des Rechts).

32 BGH VersR 1961, 164.

33 Dazu *Hoechst*, a.a.O. (oben, Fn. 5), 14; zum aktuellen Stand *Schumaier/McKinsey*, 72 ABA Journal, The Lawyer's Magazine, 68 ff. (March 1986).

34 *Schumaier/McKinsey,* ebenda, 68; Commercial Union Ins. Co. v. Reichard, 404 F. 2d 868 (5th Cir. 1968); Northwestern Natl. Cas. Co. v. McNulty, 307 F.2d 432 (5th Cir. 1962).

35 Vgl. dazu auch schon oben, § 6 bei Fn. 29-36.

36 Zum Streitstand über die Grundsatzfrage, ob die Versicherbarkeit von Punitive Damages den präventiven Zielsetzungen abträglich ist, *Owen*, a.a.O. (oben, Fn. 8), 1308 ff.

nehmen, sehen sich in der Folge sprunghaft steigenden Prämien und Selbstbehaltanteilen ausgesetzt, die sie oft nicht mehr über den Preis ihrer Waren an die Allgemeinheit weitergeben können. Nicht selten verweigern Versicherungsunternehmen die Risikoübernahme auch gänzlich, und in einigen Fällen hat das Ausmaß der finanziellen Belastung durch Prämienanhebung sogar dazu geführt, daß Hersteller ohne jeden Versicherungsschutz arbeiten. Hinzukommt der weitreichende Publizitätseffekt immenser Strafschadensersatzsummen und die dadurch bedingte Rufschädigung der betroffenen Unternehmen unabhängig davon, wer Punitive Damages letztlich trägt[37].

Zusammenfassend ist festzuhalten, daß die mit dem amerikanischen Strafschadensersatz verfolgten Ziele grundsätzlich pönaler und präventiver Natur sind. Die bisweilen vertretene Zuweisung anderer Funktionen läßt sich demgegenüber ebensowenig aufrechterhalten wie die Interpretation der deutschen Schmerzensgeldhaftung als Instrument präventiver Maßnahmen. Gebietet aber eine solche Funktionsbeschreibung die Einordnung von Punitive Damages als quasi-Kriminalstrafe im Zivilprozeß, so haben die oben geäußerten Bedenken dagegen im Mittelpunkt der nach § 328 I Nr. 4 ZPO vorzunehmenden Prüfung zu stehen. Insbesondere das Bestimmtheitsgebot aus Art. 103 II GG stellt eine deutsche Fundamentalnorm von verfassungsrechtlichem Rang dar, die durch eine Anerkennung von Punitive Damages regelmäßig verletzt würde. Einen Verstoß gegen den Zweck eines deutschen Gesetzes bedeutet es ebenfalls, daß dem mit Punitive Damages Bestraften im amerikanischen Zivilprozeß nicht der allgemein weitergehende Schutz des Strafverfahrens zur Seite stand[38]. Die Anerkennung von Strafschadensersatz scheidet gem § 328 I Nr. 4 ZPO somit aus[39]. Die weiteren mit dem Urteil zuerkannten Schadensersatzansprüche haben jedoch grundsätzlich Bestand[40] und sind im Wege des Teilexequaturs (§§ 722, 723 ZPO) vollstreckbar[41].

B. Rechtsanwendung

Die für Punitive Damages im Rahmen der Urteilsanerkennung getroffenen Feststellungen erübrigen eine Auseinandersetzung mit der Frage, ob deutsche

37 Zum Ganzen, *Owen*, ebenda; ähnlich auch *Hoechst*, a.a.O. (oben, Fn. 5), 15.

38 Vgl. auch schon oben, § 4 D.IV.

39 Art. 12 EGBGB kommt als Ablehnungsgrund jedoch nicht zum Zug; s. oben § 2 D.III.

40 Für die notwendige Aufschlüsselung bestehen hier regelmäßig keine Probleme. Trotz der ›general verdict‹-Praxis werden Punitive Damages im Urteilsanspruch der Jury grundsätzlich gesondert ausgewiesen.

41 Dazu schon oben, § 8 B.I.

Gerichte bei der Anwendung amerikanischen Rechts Strafschadensersatz aussprechen dürften. Ist dessen Anerkennung schon nach § 328 I Nr. 4 ZPO ausgeschlossen, dann stehen ihm erst recht die strikteren Vorbehaltsklauseln der Art. 30 EGBGB bzw. Art. 12 EGBGB entgegen.

§ 11 Schlußbetrachtung

Am Beispiel amerikanischen Produkthaftpflichtrechts hat sich zeigen lassen, daß die herrschende mechanische Abwehr fremden Rechts mit Art.12 EGBGB nicht nur aus allgemeinen rechtspolitischen Erwägungen mißbilligenswert ist, sondern darüber hinaus auch nicht zwingende rechtsdogmatische Folge dieser Inländerschutzklausel sein muß. Die oft verschuldensabhängige Haftung aus Strict Liability verdeutlicht, daß im Rahmen des nach Art. 12 EGBGB vorzunehmenden Vergleichs zunächst eine gründliche und differenzierte Auseinandersetzung mit dem ausländischen Sachrecht zu erfolgen hat: Im amerikanischen Zivilprozeß wird nach dieser Anspruchsgrundlage keineswegs immer strenger gehaftet als nach deutschem Recht. Ferner ist zu beachten, daß höhere Schadensersatzsummen zugunsten des amerikanischen Geschädigten Ausgleichsfunktionen für Schäden wahrnehmen, die hierzulande durch ein dichtes Netz sozialer Sicherung aufgefangen werden. Produkthaftpflichtverfahren in Deutschland dienen demgegenüber vorwiegend dem industrieinternen Schadensausgleich. Dieser funktionale Unterschied rechtfertigt höhere Schadensersatzsummen zugunsten des amerikanischen Klägers – seine Ansprüche gehen grundsätzlich[1] nicht weiter, »als nach deutschen Gesetzen begründet sind« (Art. 12 EGBGB).

Der Einfluß von prozessualen Rahmenbedingungen auf den Entwicklungsverlauf, vor allem aber auf die tatsächlichen Auswirkungen amerikanischer Anspruchsgrundlagen für die individuelle Rechtsverfolgung im amerikanischen Produkthaftpflichtverfahren unterstreicht die unbefriedigende Vorgehensweise bei der nach Art. 12 EGBGB vorgenommenen Rechtsvergleichung, die sich bislang mit der Gegenüberstellung von materiellen Rechten begnügt hat. Der prozessuale Rahmen ist eine conditio sine qua non für den tatsächlichen Gehalt amerikanischer Haftungsgrundlagen: Die Jury weist zwar nicht das oft vermutete konsistente Entscheidungsverhalten zugunsten des produktgeschädigten Klägers auf; immerhin tendiert sie – von Berufsrichtern kaum korrigiert – dahin, wenn sie von bestehendem Versicherungsschutz des beklagten Unternehmens weiß oder ihn vermutet. Überdies hat sie als kaum berechenbarer Faktor großen Einfluß auf die Prozeßvorbereitung durch Anwälte, die sich, auf der Basis lukrativer Erfolgshonorarverträge, um eine

1 Zu den Ausnahmen vgl. §§ 8 B., 10.

möglichst eindrucksvolle Präsentation des Falles vor den leichter beeinflußbaren Laienrichtern bemühen. Wesentlich erleichtert wird die Arbeit des Klägeranwalts dabei durch das intensive Beweisermittlungsverfahren vor der Hauptverhandlung, das vielfach erst haftungsrelevante Tatsachen hervorbringt. Das Zusammenspiel dieser Rahmenbedingungen wirkt sich fördernd auf das Anspruchsdenken von Geschädigten aus und – wichtig für die Prüfung amerikanischer Haftungsgrundlagen nach Art. 12 EGBGB – erhöht die Durchsetzbarkeit von Ansprüchen[2] im wesentlichen unabhängig davon, ob die Regeln von Strict Liability oder Negligence Anwendung finden. Fehlt diese Bedingungskette – wie im deutschen Zivilverfahren –, dann kann sich das materielle Recht nur sehr beschränkt entfalten. Aus der Relativität materiellen Rechts folgt aber, daß sich die Frage über die Anwendbarkeit oder Nichtanwendbarkeit amerikanischer Haftungsregeln nicht allein nach dem jeweiligen Stand des amerikanischen Produkthaftpflichtrechts entscheiden läßt. Diese Ergebnisse des Fallrechts geben nicht genügend Aufschluß darüber, ob die amerikanische Haftung tatsächlich strenger ausfällt als nach deutschem Recht. Die prozessuale Bedingungsanalyse legt nahe, daß sich selbst die scheinbar strengen Haftungsgrundlagen einzelner Jurisdiktionen außerhalb ihres prozessualen Rahmens vielfach denen des deutschen Rechts angleichen werden und deshalb trotz Art. 12 EGBGB durch deutsche Gerichte anzuwenden sind.

Die Anerkennung von amerikanischen Produkthaftpflichturteilen wird nur selten[3] am ordre public des § 328 I Nr. 4 ZPO scheitern und zwar nur dann, wenn mit der Anerkennung gegen fundamentale Grundprinzipien der Wertordnung des deutschen Rechts verstoßen würde. Der Grund für die hohe Toleranzschwelle dieser Vorschrift liegt in dem Verbot der ›révision au fond‹ begründet – ein ausländisches Urteil darf grundsätzlich nicht daraufhin überprüft werden, ob es in tatsächlicher oder materiellrechtlicher Hinsicht zu Recht ergangen ist. Der ordre public des § 328 I Nr. 4 ZPO ist insoweit schwächer ausgeprägt als der des Art. 30 EGBGB. Art. 12 EGBGB kann bei der Prüfung der Anerkennungsfähigkeit des ausländischen Urteils deshalb selbst dann nicht berücksichtigt werden, wenn man in dieser Vorbehaltsklausel – wie die herrschende Meinung – die spezialgesetzliche Ausprägung der

2 Dies gilt freilich nur, soweit mittlere und hohe Streitwerte auf dem Spiel stehen; ist der mögliche finanzielle Ertrag einer Klage gering, treten Schwierigkeiten bei der Rechtsverfolgung auf: Die kostenrechtlichen Bedingungen (contingent fees, American Rule) dämpfen das anwaltliche Interesse an der Übernahme solcher Mandate erheblich. Und selbst wenn es zur Mandatsübernahme kommen sollte, sind die Aussichten auf eine erfolgreiche Rechtsdurchsetzung häufig deshalb herabgesetzt, weil die Möglichkeit zu umfassender Beweisermittlung durch Discovery aus Kostengründen ausscheidet.

3 Zu den nicht anerkennungsfähigen Punitive Damages, vgl. § 10 A.

allgemeinen ordre public-Vorschrift des Art. 30 EGBGB sieht: Eine ausländische Entscheidung verstößt nicht in unerträglicher Weise gegen deutsche Rechtsgrundsätze, wenn sie die rechtspolitisch allgemein mißbilligte Vorschrift des Art. 12 EGBGB nicht beachtet hat.

Das Verbot der ›révision au fond‹ erstreckt sich gleichermaßen auf verfahrensrechtliche Abweichungen. Das Verdikt der Jury ist deshalb ebenso grundsätzlich anzuerkennen wie die Entscheidung des Berufsrichters. Für die kostenrechtlichen Besonderheiten im amerikanischen Zivilverfahren gilt nichts anderes: Im Grundsatz rechtfertigen weder die dem § 91 ZPO entgegengesetzte Regelung zur Prozeßkostenlast noch der anwaltliche Erfolgshonoraranspruch[4] ordre public-Bedenken. Liegt dem amerikanischen Urteil ein Discovery-Verfahren zugrunde, dann darf der Entscheidung nicht etwa schon deshalb die Anerkennung wegen § 328 I Nr. 4 ZPO versagt bleiben, weil das Beweisermittlungsverfahren eine im deutschen Zivilprozeß nicht zulässige Ausforschung darstellte. Das Verbot des Ausforschungsbeweises ist kein zwingendes Grundprinzip deutschen Zivilprozeßrechts. Grundsätzlich widersprechen schließlich ebensowenig[5] sanktionsbewehrte Discovery-Ersuchen dem deutschen prozessualen ordre public, wenn sie – ohne Inanspruchnahme von Rechtshilfe nach dem Haager Beweisübereinkommen – deutschen Parteien unter dem Druck drohender Prozeßnachteile aufgeben, Beweismittel in die USA zu verbringen. Ähnliche Anordnungen und Entscheidungen mit extra-territorialer Reichweite sind auch dem deutschen Recht nicht fremd, so daß tragende inländische Verfahrensgrundsätze durch die amerikanische Praxis regelmäßig nicht gefährdet sind.

4 Erfolgshonorare sind am materiellen ordre public des § 328 I Nr. 4 ZPO zu messen.

5 Ausnahmen bilden etwa Bank- und Gewerbegeheimnisse Dritter, §§ 383 I Nr. 6, 384 Nr. 3 ZPO.

Literatur- und Zitierverzeichnis

Die amerikanische Literatur wird entsprechend dem von der Harvard Law Review Association u.a. herausgegebenen, »A Uniform System of Citation« zitiert (14th ed. 1986).

Wegen der Abkürzungen im übrigen vgl. H. Kirchner/Fr. Kastner, Abkürzungsverzeichnis der Rechtssprache (3. Aufl. 1983)

Adamany, D./ Dubois, P., Electing State Judges, Wis.L.Rev. 731 (1976)
Arens, P., Zur Aufklärungspflicht der nicht beweisbelasteten Partei im Zivilprozeß, ZZP 96 (1983), 1
Alarcon, A., Political Appointments and Judicial Independence – An Unreasonable Expectation, 16 Loyola of Los Angeles L. Rev. 10 (1983)
Annual Chief Justice Earl Warren Conference on Advocacy in the United States, The American Jury, Final Report Washington DC 1977
Aumann, F.R., Selection, Tenure, Retirement and Compensation of Judges in Ohio, 5.U. of Cincinnati L.R. 408 (1931)
Baubach, A./Lauterbach, W., Zivilprozeßordnung, 42. Aufl., München 1984
Baur, F., Laienrichter – Heute? Tübinger Festschrift für Eduart Kern, Tübingen 1968, 49
Baur, F., Einige Bemerkungen zum verfahrensrechtlichen ordre public. Festschrift für Guldener, Zürich, 1973
Beasley, J.E., Products Liability And The Unreasonably Dangerous Requirement, Philadelphia 1981
Berg, H., Amerikanisches Anwaltswesen im Wandel, Bericht zu einem Vortrag von Ernst C. Stiefel, in: DAJV-Newsletter 1/86, 9
Berkson, L.C., Judicial Selection in the United States: A Special Report, 64 Judicature 176 (1980)
Bernstein, H., Rechtsstile und Rechtshonoratioren, RabelsZ 34 (1970), 443
Bernstein, H., Prozessuale Risiken im Handel mit den USA (Ausgewählte Fragen zu § 328 ZPO), Festschrift für Ferid, Konflikt und Ordnung, 75, München 1978
Birk, R., Mitbestimmung und Kollisionsrecht, RIW 1975, 589
Birk, R., Schadensersatz und sonstige Restitutionsformen im internationalen Privatrecht, Karlsruhe 1969
Birnbaum, S., Unmasking the Test for Design Defect: From Negligence (to Warranty) to Strict Liability to Negligence, 33 Vand.L.Rev. 593 (1980)
Black, S.F./Lange, D.G., Civil Ligitation in the United States: A Practical Guide for German Companies, Washington 1985
Bodewig, Th., Probleme alternativer Kausalität bei Massenschäden, AcP 185 (1985), 507
Bok, C., The Jury System in America, 287 Annals 94 (1953)
Bork, R., Sozialleistungen in den USA, RIW 1982, 878
Bosch, U., Das Bankgeheinmis im Konflikt zwischen US- Verfahrensrecht und deutschem Recht, IPRax 1984, 127
Brazil, W.D., Adversary Character of Civil Discovery: A Critique and Proposals for Change, 31 Van.L.Rev. 1259 (1978)
Brazil, W.D., Civil Discovery: Lawyers' Views of its Effectiveness, Its Principal Problems and Abuses, Am. Bar Found.Res.J. 791 (1980)
Clermont, K.M./ Currivan, J.D., Improving on the Contingent Fee, 63 Cornell L.Rev.529 (1978)
Coccia, M.A., Uniform Product Liability Legislation. A Proposed Federal Solution, The Trial Lawyers' Guide, 236 (Summer 1983)
Corbin, H.H., The Jury on Trial, 14 A.B.A.J. 507 (1928)
Crane, F.E., Judge and Jury, 15 A.B.A.J. 201 (1929)

Davis, F., Products Liability under Section 402 A of the Restatement (Second) of Torts and the Model Uniform Products Liability Act, 16 Wake Forest L.Rev. 513 (1980)
Dessauer, J.E., Zum renvoi im internationalen Deliktsrecht, ZVglRWiss 81 (1982), 215
Diederichsen, U., Wohin treibt die Produzentenhaftung? NJW 1978, 1291
Diederichsen, U., Die Entwicklung der Produzentenhaftung, VersR 1984, 797
Dubots, G.P., Punitive Damages in Personal Injury Products Liability and Professional Malpractice Cases: Bonanza or Disaster, 43 Insurance Counsel Journal, 344 (1976)
Edelstein, D.N., A Kind Word for the Civil Jury, 17 NACCA L.J. 302 (1956)
Eisner, F.W., Das Bankgeheimnis im deutsch-amerikanischen Handelsverkehr, WM 1969, 200
Emanuel,S., Civil Procedure, New Rochelle, N.Y., 1981
Federal Judicial Center, 67 Judicature 73 (1977)
Ferid, M., Internationales Privatrecht, Berlin 1975
Firsching, K., Einführung in das internationale Privatrecht, Regensburg 1981
Frank, J., Courts on Trial, Princeton 1973
Frankenstein, E., Internationales Privatrecht, Bd. II, 1929, Nachdruck Frankfurt a.M. 1974
Franklin, M.A., Chanin,R.H. and Mark, I., Accidents, Money and the Law: A Study of the Economics of Personal Injury Litigation, 61 Colum.L.Rev. 1 (1961)
Friedmann, W.G., Law in a Changing Society, New York 1972
Galanter, M., Reading the Lanscape of Disputes: What We Know and Don't Know (And Think We Know) About Our Allegedly Contentions and Litigious Society, 31 UCLA L.Rev. 4 (1983)
Geimer, R./Schütze, R.A., Internationale Urteilsanerkennung, Band I 1. Halbband, München 1983
Geimer, R./Schütze, R.A., Internationale Urteilsanerkennung, Band I 2. Halbband, München 1984
Gesler, H., § 328. Ein Beitrag zur Lehre von der zwingenden Natur der Kollisionsnormen (Diss.), Hamburg 1933
Grady, J.E., Some Ethical Questions About Percentage Fees, Litigation 20 (Summer 1976)
Green, M., Juries and Justice – The Jury's Role in Personal Injury Cases, University of Illinois L.J. 152 (Summer 1962)
Green, L. and Smith, A.E., Negligence Law, No Fault, and Jury Trial (I), 50 Texas L.Rev. 1101 (1972)
Green, L. and Smith, A.E., Negligence Law, No Fault, and Jury Trial (IV), 51 Texas L.Rev. 831 (1973)
Grossfeld, B., Probleme der Rechtsvergleichung im Verhältnis Vereinigte Staaten von Amerika – Deutschland, RabelsZ 39, (1975), 5
Hart, W.R., Shall the Jury System Be Sacrificed on the Altar of Economy?, 28 N.Y.S.B.Bull. 146 (1956)
Hartwieg, O., Die Arbeitsteilung zwischen Anwälten und Richtern, ZZP 96 (1983), 37
Hay, P., Einführung in das Amerikanische Recht, Darmstadt 1975
Heidenberger, P., Der amerikanische Juryprozeß in Produkthaftungsfällen, RIW 1982, 872
Heidenberger, P., Haager Beweisübereinkommen und Urkundenvorlage deutscher Parteien in USA, RIW 1985, 437
Heidt, R., Conjurers' Circle: The Fith Amendment Privilege in Civil Cases, 91 Yale L.J. 1062 (1982)
Hoechst, P., Zur Versicherbarkeit von punitive damages, VersR 1983, 13
Hoechst, P., Die US-amerikanische Produzentenhaftung, Köln 1986
Hogan, J.C., Story on Juries, 37 Ore.L.Rev. 234 (1958)
Hohloch, G., Das Deliktsstatut – Grundlagen und Grundlinien des internationalen Deliktsrechts, Frankfurt a.M. 1984
Hollmann, H.H., Die EG-Produkthaftpflichtrichtlinie (I. und II.), DB 1985, 2389 ff. und 2439 ff.
Honsell, H., Die Funktion des Schmerzensgeldes, VersR 1974, 205
Hopt, K., Schadensersatz aus unberechtigter Verfahrenseinleitung, München 1968
von Hülsen, H.-V., Vorlage von Dokumenten und Zeugenvernehmungen für US- Zivilprozesse (Pre-Trial Discovery) AWD 1974, 315
von Hülsen, H.-V., Produkthaftpflicht USA 1981, RIW 1982, 1

von Hülsen, H.-V., Gebrauch und Mißbrauch US-amerikanischer »pre-trial discovery« und die internationale Rechtshilfe, RIW 1982, 225
von Hülsen, H.-V./Brüning-Brinkmann, T., Produkthaftung USA 1983/84, RIW 1985, 184
Hurst, J.W., The Functions of Courts in the United States, 1950-1980, 15 Law & Society Review 401 (1980-81)
Jacob, H., Justice in America, Boston/Toronto, 1978
Jaffe, L.L., Damages for Personal Injury: The Impact of Insurance, 18 Law & Contemp.Prob. 219 (1953)
James, F.,Jr., Functions of Judge and Jury in Negligence Cases, 58 Yale L.J. 673 (1949)
Jestaedt, Th., Erstattung von Anwaltskosten im US-Prozeß?, RIW 1986, 95
Jury Trial on Trial – A Symposium, 28 N.Y.S.B. Bull. 322 (1956)
Kalven, H., Jr., The Dignity of the Civil Jury, 50 Virginia L.Rev. 1055 (1964)
Kalven, H., Jr., The Jury, the Law, and the Personal Injury Damage Award, 19 Ohio State L.J. 158 (1959)
Kalven, H., Jr., & Zeisel H., The American Jury, Chicago 1966
Kayser, U., Die Auswahl der Richter in der englischen und amerikanischen Rechtspraxis, Berlin 1969
Keeton, P., Product Liability and the Meaning of Defect, 5 St. Mary's L.J. 30 (1973)
Kegel, G., Internationales Privatrecht, München 1977
Kionka, E.J., Torts – Injuries to Persons and Property, St. Paul, Minnesota, 1977
Koch, H., Kollektiver Rechtsschutz im Zivilprozeß, Frankfurt a.M. 1976
Koch, H., Prozeßführung im öffentlichen Interesse, Frankfurt a.M. 1983
Koch, H., Zur Praxis der Rechtshilfe im amerikanisch-deutschen Prozeßrecht – Ergebnisse einer Umfrage zu den Haager Zustellungs- und Beweisübereinkommen, IPRax 1985, 245
Koch, H./Zekoll, J., Mammutverfahren im amerikanischen und deutschen Zivilprozeß, RIW 1985, 837
Koch, H., Streitverkündung und Drittklage im amerikanisch-deutschen Prozeß, ZVglRWiss 85 (1986), 11
Kötz, H., Deliktsrecht, 3. Aufl. Frankfurt 1986
Kötz, H., Über den Stil Höchstrichterlicher Entscheidungen, Konstanz 1973
Kötz, H./Homburger, A., Klagen Privater im öffentlichen Interesse, Frankfurt a.M. 1975
Kötz/Paul/Pédamon/Zander, Anwaltsberuf im Wandel: Rechtspflegeorgan oder Dienstleistungsgewerbe, hrsg. und eingeleitet von Fr. Kübler, Frankfurt a.M., 1982
Kommentar zur Zivilprozeßordnung, Reihe Alternativkommentare (Hrsg. R. Wassermann), Darmstadt, Neuwied, 1987
Kreuzer, K., Apfelschorf im »Alten Land« – Kollisionsrechtliche Probleme der Produkthaftung –, IPRax 1982, 1
Kroll, E.M., Comparative Fault: A New Generation in Products Liability, 655 Insurance L.J. 492 (1977)
Kühne, G., IPR – Gesetzentwurf: Entwurf eines Gesetzes zur Reform des internationalen Privat- und Verfahrensrechts, Heidelberg, Karlsruhe 1980
Lam, E.W., Toward a Vaild Defense Contingent Fee Contract: A Comparative Analysis, 67 Jowa L.Rev. 373 (1982)
Larenz, K., Tatzurechnung und »Unterbrechung des Kausalzusammenhanges«, NJW 1955, 1009
Lempert, R., More Tales of Two Courts: Exploring Changes in the »Dispute Settlement Function« of Trial Courts, 13 Law & Society Rev. 91 (1978)
Lend, E.A. & Shapard, J.E., Evaluation of Court-Annexed Arbitration in Three Federal District Courts, Washington DC 1983
Lorenz, W., Das internationale Privatrecht der Produkthaftpflicht, Festschrift für E. Wahl, Heidelberg 1973, 185
Lorenz,W., Die allgemeine Grundregel betreffend das auf die außervertragliche Schadenshaftung anzuwendende Recht, in: Vorschläge und Gutachten zur Reform des deutschen internationalen Privatrechts der außervertraglichen Schuldverhältnisse, vorgelegt von Ernst von Caemmerer, Tübingen 1983, 97
Louisell, D.W./Hazard, G.L./Tait, C.C., Pleading and Procedure, State and Federal Cases and Materials, Mineola (NY) 1983

Lowenfeld, A.F., Discovery-Verfahren und internationale Rechtshilfe, IPRax 1984, 51
Lüderitz, A., Ausforschungsverbot und Auskunftsanspruch bei der Verfolgung privater Rechte, Tübingen 1966
Mac Kinnon, F., Contingent Fees for Legal Services, Chicago 1964
Frhr. Marschall von Bieberstein, W., Die Produkthaftpflicht in der neueren Rechtsprechung der USA, Frankfurt 1975
Martiny, D., Anerkennung ausländischer Entscheidungen nach autonomem Recht, Tübingen 1984 (Handbuch des Internationalen Zivilverfahrensrechts, Band III/1)
Matscher, F., Zur Teilanerkennung und zur Teilvollstreckung ausländischer Urteile, Festschrift für Otto Reimer, Salzburg, München 1976
Matscher, F., Einige Probleme der internationalen Urteilsanerkennung und -vollstreckung, ZZP 86 (1973), 431
Meador, D.J., German Appelate Judges: Career Patterns and American- English Comparisons, 67 Judicature 16 (1983)
Mentz, A., Das »Pre-Trial Discovery« Verfahren im US-amerikanischen Zivilprozeßrecht, RIW 1981,73
Micklitz, H.W., Einheitliche Neuregelung der Produzentenhaftung in Europa, ZRP 1978, 37
Micklitz, H.W., Produzentenhaftung – ein Problem des Verbraucherschutzes?, ZVP 1979, 329
Mitt, D.E., Products Liability Crisis: Federal Statutory Solution, 3 University of Illinois L.Forum 757 (1983)
Münchener Kommentar zum Bürgerlichen Gesetzbuch, Band 7 Einführungsgesetz, München 1983
Nagel, H., Die Grundzüge des Beweisrechts im europäischen Zivilprozeß, Baden-Baden 1967
Nagel, H., Funktion und Zuständigkeit des Richters in: Humane Justiz (Hrsg. P. Gilles), 53, Kronberg/Ts. 1977
Nagel, H., Internationales Zivilprozeßrecht, Münster 1984
Neubecker, F.K., in: Jahrbuch für den Internationalen Rechtsverkehr 1912/13, Internationales Privatrecht auf deutsch- rechtlicher Grundlage, 84, München 1912
Neuhaus, P.H., Die Grundbegriffe des Internationalen Privatrechts, Tübingen 1976
Nußbaum, A., Deutsches internationales Privatrecht, 1932, Nachdruck Aalen 1974
Owen, D.G., Punitive Damages in Products Liability Litigation, 74 Mich.L.Rev. 1257 (1976)
Owles, D., Development of Products Liability in the United States, London 1978
Palandt, O., Bürgerliches Gesetzbuch, 45. Aufl., München 1986, bearb. von A. Heldrich u.a.
Pericak, W.C., Maintaining A Fixed and Permanent Value for Judicial Salaries in Massachusetts: The Clash of Constitutional Principles, Economic Forces and Political Realities, 16 Suffolk University L.R. 1 (1982)
Peters, E., Ausforschungsbeweis im Zivilprozeß, Köln und Berlin 1966
Pfennigstorf, W., Legal Expense Insurance, Chicago 1975
Plagemann, J./Plagemann, H., Gesetzliche Unfallversicherung, München 1981
Pollele, M.J., The Foreseeability Concept and Strict Products Liability: The Odd Couple of Tort Law, 8 Rutgers-Camden L.J. 101 (1976)
Prinz, M., Anwaltswerbung, Frankfurt/Bern 1986
Products Liability Tort Reform, Fith National Conference, Washington DC 1982
Prosser, W.L., The Assault Upon the Citadel, 69 Yale L.J. 1103 (1960)
Prosser, W.L., Law of Torts, San Francisco 1971
Raape, L., Internationales Privatrecht, Berlin, Frankfurt 1961
Raape, L./Sturm, F., Internationales Privatrecht Bd. 1, München 1977
Report of the United States Delegation to the Eleventh Session of the Hague Conference on Private International Law, 8 Int'l Legal Materials, 820
Rheinstein, M., Die Rechtshonoratioren und ihr Einfluß auf Charakter und Funktion der Rechtsordnungen, RabelsZ 34 (1970), 1
Richardson, K.P., Jury Selection – An Overview , 5 Civil Litigation Reporter 21 (1983)
Rosenberg, M., Elements of Civil Procedure, Brooklyn (NY) 1976
Roth, G.H., Der Vorbehalt des ordre public gegenüber fremden gerichtlichen Entscheidungen, Bielefeld 1967
Roth, G.H., Der Vorbehalt des ordre public im Internationalen Privatrecht, NJW 1967, 134

Roxin, C., Sinn und Grenzen staatlicher Strafe, JuS 1966, 377
Rüschemeyer, D., Juristen in Deutschland und in den USA. Eine vergleichende Untersuchung von Anwaltschaft und Gesellschaft, Stuttgart 1976
Schack, H., Art. 12 EGBGB in deutschen Urteilsanerkennungs- und Regreßverfahren, VersR 1984, 422
Schlosser, P., Internationale Rechtshilfe und rechtsstaatlicher Schutz von Beweispersonen, ZZP 94 (1981), 369
Schlosser, P., Der Justizkonflikt zwischen den USA und Europa, Berlin, New York 1985
Schmidt-Salzer, J., Entscheidungssammlung Produkthaftung Band I, Berlin 1976
Schmidt-Salzer, J., Entscheidungssammlung Produkthaftung Band II, Berlin 1979
Schmidt-Salzer, J., Die neuen Dimensionen des Produktrisikos, BB 1980, 1
Schubert, M., Asbestgefahren als rechtliches Ordnungsproblem – Erfahrungen aus den Vereinigten Staaten von Amerika, RabelsZ 47 (1983), 367 ff.
Schütze, R.A., Probleme der Anerkennung US-amerikanischer Zivilurteile in der Bundesrepublik Deutschland, WM 1979, 1174
Schütze, R.A., Konzeptionelle Unterschiede der Prozeßführung vor US- amerikanischen und deutschen Gerichten, WM 1983, 1078
Schumaier, S.G., McKinsey, B.A., The Insurability of Punitive Damages, 72 ABA Journal, The Lawyer's Magazine 68 (March 1986)
Schurtman, W./Walter, O.L., Der amerikanische Zivilprozeß, Frankfurt a.M., Deventer 1978
Schwarz, G.T., Understanding Products Liability, 67 Cal.L.Rev. 435 (1979)
Schwarz, M.L. and Mitchell, D.J.B., An Economic Analysis of the Contingent Fee in Personal Injury Litigation, 22 Stan.L.Rev. 1125 (1970)
Shanley, M.G./Peterson, M.A., Comparative Justice: Civil Jury Verdicts in San Francisco and Cook Counties, 1959-1979, Santa Monica 1983
Simon, R.J., The Jury System in America, A Critical Overview, Beverly Hills 1975
Simon, R.J., The Jury: Its Role in American Society, Lexington (MA) 1979
Soergel, H.Th., Bürgerliches Gesetzbuch, Band 8, Einführungsgesetz, 11. Aufl., Köln 1984
Spickhoff, A., Zur Reform des deutschen internationalen Deliktsrechts, VersR 1985, 124
Stecher, J.B.W., Democratic and Republican Justice: Judicial Design – Making on Five State Supreme Courts, 13 Colum.J.L. & Soc. Probs. 137 (1972)
Stein-Jonas, Kommentar zur Zivilprozeßordnung, II., 19. Aufl., Tübingen 1972; seit 1967 fortgeführt von W. Grunsky u.a.
Steinebach, L., Verbraucherschutz und Produkthaftpflicht im amerikanischen Kollisionsrecht insbesondere der neueren Rechtsprechung (Diss.), Köln 1982
Stiefel, E.C., »Discovery«-Probleme und Erfahrungen im Deutsch- Amerikanischen Rechtshilfeverkehr, RIW 1979, 509
Stoll, H., Consequences of Liability: Remedies, in: International Encyclopedia of Comparative Law, Volume XI (Chapter 8), Torts, Tübingen, Paris, New York 1972
Stürner, R., Die Aufklärungspflicht der Parteien des Zivilprozesses, Tübingen 1976
Stürner, R., Rechtshilfe nach dem Haager Beweisübereinkommen für Common Law-Länder, JZ 1981, 521
Stürner, R., Die Gerichte und Behörden der U.S.A. und die Beweisaufnahmen in Deutschland, ZVglRWiss 81 (1982), 159
Stürner, R., Parteipflichten bei der Sachverhaltsaufklärung im Zivilprozeß, ZZP 98 (1985), 237
Stürner, R., Der Justizkonflikt zwischen U.S.A. und Europa, in: Der Justizkonflikt mit den Vereinigten Staaten von Amerika (Walther J. Habscheid, Hrsg.), Bielefeld 1986
Taschner, H.C., Die künftige Produzentenhaftung in Deutschland, NJW 1986, 611
Thorn, D.E., The Impartial Jury and the Social Sciences, 5 Journal of Contemporary Law, 43 (1978)
Traynor, R.J., The Ways and Meanings of Defective Products and Strict Liability, 32 Tenn.L.Rev. 363 (1965)
Twerski, A.E., National Products Liability Legislation: In Search for the Best of All Possible Worlds, 18 Idaho L.Rev. 411 (1981)

Twerski, A.E., Restructuring Assumption of Risk in the Products Liability Era, 60 Iowa L.Rev. 1 (1974)
U.S. Department of Commerce, Interagency Task Force on Product Liability, Final Report of the Study, vol. 1/7, Springfield (VT) 1977
Walsh, L.D., The Attraction and Selection of Good District Court Judges, 39 Washington and Lee L.Rev. 33 (1983)
Walsh, M.A., The American Jury: A Reassessment, 79 Yale L.J. 142 (1969)
Graf von Westphalen, F., Die US-amerikanische Produzentenhaftung – ein Risikofaktor für den deutschen Exporteur, WM 1979, 542
Graf von Westphalen, F., Punitive Damages in US-amerikanischen Produkthaftungsklagen und der Vorbehalt des Art. 12 EGBGB; RIW 1981, 141
Winters, G.R., Selection of Judges – An Historical Introduction, 44 Tex.L.Rev. 1081 (1966)
Wright, C.A., & Miller A.R., Federal Practice and Procedure, St. Paul (Minn.) 1970
Zeisel, H./Kalven, H., Jr./Buchholz, B., Delay in Court, Greenwood 1959
Zeller, W., Zur Produkthaftpflicht aus Exporten nach USA und ihrer Versicherung, Köln 1978
Zeller, W., Aspekte der US-Produkthaftpflicht und -Versicherung, VW 1979, 115
Zitelmann, E., Internationales Privatrecht, Bd. II, München und Leipzig 1912
Zöller, R., Zivilprozeßordnung, 14 Aufl., Köln 1984
Zweigert, K./Kötz, H., Einführung in die Rechtsvergleichung auf dem Gebiete des Privatrechts, Band I: Grundlagen; Band II: Institutionen, Tübingen 1984

Notes, Comments (alphabetisch nach Fundstellen geordnet)

Note, Sindell v. Abott Laboratories, Is Market Share Liability the Best Remedy to the DES Controversy? 18 Calif. West.L.Rev. 143 (1981-82)
Note, Developments in the Law – Discovery, 74 Harv. L.Rev. 940 (1961)
Note, The Emerging Deterrence Orientation in the Imposing of Discovery Sanctions, 91 Harv.L.Rev. 1033 (1978)
Comment, Selecting Judges in the States: A Brief History and Analysis, 9 Northern Kentucky L.Rev. 469 (1982)
Note, Beshada v. Johns-Mansville Products Corp. Adding Uncertainty to Injury, 35 Rutgers L.Rev. 982 (1982-83)
Comment, Providing Legal Services for the Middle Class in Civil Matters: The Problem, the Duty and a Solution, 26 U.Pitt. L.Rev. 811 (1965)
Note, Sindell v. Abott Laboratories – A High Water Mark in Tort Law? Utah L.Rev. 655 (1981).

Verzeichnis der zitierten englischen und amerikanischen Entscheidungen

Stichwortverzeichnis

Horst Dreier

Rechtslehre, Staatssoziologie und Demokratietheorie bei Hans Kelsen

Aus vielschichtigen Gründen hat das umfangreiche Werk Hans Kelsens, dieses »Juristen des Jahrhunderts«, in Deutschland über die Jahrzehnte hinweg eine überwiegend dezidiert ablehnende Beurteilung erfahren. Noch immer gilt seine *Reine Rechtslehre* als »Rechtslehre ohne Recht«, als substanzlose und wirklichkeitsentleerte Normlogik. Zugleich hält sich mit einer gewissen Zählebigkeit der Vorwurf, diese Form des Rechtspositivismus gerate zwangsläufig zur Apologie der jeweils herrschenden Machtverhältnisse und verfüge über keine immanenten Einspruchsinstanzen gegen Perversionen des Rechts, wie sie im Dritten Reich zu erleben waren. Beide Standardvorwürfe werden – nach einer ausführlichen Analyse der Grundnorm und ihres transzendentalphilosophischen Gehaltes – im Wege einer Gesamtrekonstruktion des Kelsenschen Werkes systematisch widerlegt. Der Verfasser arbeitet die ideologie- und wissenschaftskritische Stoßrichtung der Schriften des unbestrittenen Hauptes der »Wiener Schule« heraus und zeigt den gemeinsamen Konstitutionszusammenhang zwischen der Rechtslehre und der Demokratietheorie Kelsens auf.

1986, 322 S., Salesta brosch., 69,– DM, ISBN 3-7890-1211-4
(FUNDAMENTA JURIDICA, Band 1)

NOMOS VERLAGSGESELLSCHAFT
Postfach 610 · 7570 Baden-Baden